Entre deux mondes

Elif Shafak et l'art de la traduction culturelle

Buraq

Global East-West LTD

Droits d'auteur © 2025 par Buraq.

Littérature du monde. Une collection de Global East-West LTD.

Tous droits réservés.

Cet ouvrage est la version française du livre paru en anglais : Between Two Worlds : Elif Shafak And The Art Of Cultural Translation.

Aucune partie de ce livre ne peut être reproduite sous quelque forme que ce soit sans l'autorisation écrite de l'éditeur ou de l'auteur, sauf dans les cas autorisés par la loi sur les droits d'auteur.

Table

1. Introduction — 1
Elif Shafak et l'art de la traduction culturelle

2. Les années de formation — 19
Une vie entre les frontières

3. Influences de la tradition orale sur les contes turcs — 35

4. Le parcours académique — 53
Des relations internationales aux sciences politiques

5. Percer — 73
"Pinhan" et les premiers succès littéraires

6. Confronter les silences historiques — 93
La bâtarde d'Istanbul

7. Le réalisme magique et au-delà — 111
Définir un genre

8. Rumi et Shams — 131
Explorer l'amour et le mysticisme dans la fiction

9. Récits de marginalisation Donner une voix aux sans-voix	149
10. Approches interdisciplinaires Essais, interviews et intellectualisme public	169
11. Naviguer dans l'identité culturelle La perspective cosmopolite de Shafak	185
12. Controverses littéraires et défis politiques	205
13. Langues et traductions Écrire sans frontières	221
14. Symbolisme et métaphore dans les œuvres de Shafak	239
15. Hybridité culturelle et féminisme dans un monde globalisé	257
16. Elif Shafak, avocate de la justice sociale et des droits de l'homme	279
17. Conclusion Combler les fossés grâce à la littérature	299
Références	321
A propos de l'auteur	329

1
Introduction
Elif Shafak et l'art de la traduction culturelle

Vue d'ensemble

Elif Shafak a écrit de nombreux romans appréciés dans le monde entier. Ses livres explorent en profondeur les aspects complexes de ce que signifie être humain aujourd'hui. Nous allons maintenant examiner ses livres importants en profondeur. Nous examinerons les thèmes qu'elle aborde, ses techniques de narration et les déclarations percutantes qu'elle fait sur la société et la politique. C'est ce qui fait la particularité de ses écrits : ils vous font réfléchir aux histoires que nous entendons habituellement (Nur C et al., 2025).

Les livres de Shafak abordent une myriade de sujets, chacun offrant un examen approfondi des questions sociétales, de l'essence de l'identité humaine et de la complexité de nos émotions, le tout dans le vaste paysage mondial que nous habitons. L'universalité de ses thèmes fait d'elle un écrivain important. Commençons par La bâtarde d'Istanbul, un récit captivant qui mêle secrets de famille et mémoire collective d'une nation. Il illustre de manière frappante l'imbrication de nos vies personnelles et des événements politiques (Kozii O, 2024).

La traduction culturelle transcende le simple échange linguistique ; il s'agit de comprendre en profondeur les nuances culturelles. Dans ce contexte, les œuvres littéraires servent d'outils pour favoriser la compréhension interculturelle (Venuti, 2012, p. 25). Elif Shafak, figure éminente du paysage littéraire actuel, incarne ce concept, offrant un éventail diversifié d'histoires et de réflexions profondes sur l'identité, l'appartenance et les influences sociétales (Parker, 2019, p. 134). Ses livres donnent un aperçu de diverses cultures, dépassant les frontières géographiques et invitant les lecteurs à s'intéresser aux nombreuses facettes de la vie humaine à travers les traditions (Meyer, 2020, p. 78). Le travail de Shafak en matière de traduction culturelle va au-delà de la simple interprétation linguistique, plongeant dans les profondeurs émotionnelles et psychologiques des liens humains et mettant en évidence les points communs qui nous unissent à l'échelle mondiale (Mason, 2018, p. 92). Naviguant dans les domaines souvent conflictuels de la tradition et de la modernité, de l'Orient et de l'Occident, et des identités individuelles et collectives, la voix de Shafak jette des ponts entre les cultures, nourrissant l'empathie de ses lecteurs (Ruthven, 2021, p. 45). Grâce à ses prouesses en matière de narration, elle présente des arguments convaincants en faveur de la traduction culturelle comme moyen de favoriser le respect mutuel et la solidarité dans le monde entier (Chakraborty, 2020, p. 64).

Présentation de la voix littéraire unique d'Elif Shafak

Les récits d'Elif Shafak sont puissants. Il montre vraiment comment les histoires peuvent nous aider à comprendre les différentes cultures et à changer la société. Depuis plus de vingt ans, Elif Shafak écrit des livres qui mélangent des idées complexes sur qui nous sommes, ce dont nous nous souvenons et à quoi nous appartenons. Ces histoires vont au-delà d'un seul lieu ou d'une seule langue. Ce qui la rend spéciale, c'est la façon dont elle a vécu sa vie, les histoires de l'histoire qu'elle connaît et la façon dont elle voit le monde (Furlanetto et al.). Shafak peut passer des idées orientales aux idées occidentales, des anciennes traditions aux nouvelles façons de penser, et de ce qui arrive à une personne par rapport à tout le monde. Cela est évident dans la façon dont elle écrit sur la "post-mémoire", un concept qui fait référence aux souvenirs d'événements traumatisants transmis à la génération suivante et qui continuent de l'affecter. Ce mélange d'idées est omniprésent dans ses écrits. Il nous incite à réfléchir profondément à la gentillesse, à la force et à ce que signifie être humain.

Lorsqu'elle examine différentes cultures et des vérités profondes, Shafak nous invite à voyager avec elle à travers le temps, les lieux et les émotions, afin que nous puissions transcender ce qui nous divise. Ses récits nous aident à éprouver de l'empathie pour les autres et à les comprendre, ce qui nous incite à réfléchir sur nous-mêmes et à nous demander ce que signifie être en vie. En plongeant dans les détails de diverses cultures et en présentant tous les aspects de l'être humain, Shafak touche au cœur de la façon dont nous sommes tous liés et semblables. Même si elle aime son héritage turc, les histoires de Shafak trouvent un écho auprès des gens du monde entier. Son écriture est pleine d'images et de symboles, un langage de sentiments et de connexions que tout le monde peut comprendre, ce qui rend ses histoires éternelles. En célébrant la merveilleuse diversité de l'humanité et en plaidant pour l'intégration de tous, Shafak ouvre une voie littéraire qui montre comment les histoires peuvent transformer le monde. Grâce à son style de narration unique, Shafak devient un phare qui nous aide à comprendre les différentes cultures, en reliant des mondes qui semblent éloignés et en suscitant des conversations qui transcendent les mots et les frontières.

Comprendre les contextes culturels dans l'œuvre d'Elif Shafak

Les récits d'Elif Shafak trouvent leur fondement dans sa compréhension complexe des différents contextes culturels. Son engagement à montrer une expérience humaine nuancée est clair dans son exploration des sociétés et des cultures (Furlanetto et al., 2017). Ses écrits se concentrent souvent sur la danse entre la tradition et la modernité, la poussée et la traction de l'Orient et de l'Occident, et les défis de l'identité dans le monde d'aujourd'hui qui évolue rapidement. Les romans de Shafak plongent fréquemment dans les dynamiques sociétales et les récits historiques, s'inspirant de l'histoire vibrante de la Turquie tout en abordant les préoccupations mondiales actuelles (Furlanetto et al.). Elle peint des paysages culturels avec une imagerie riche et un langage évocateur, invitant les lecteurs à un voyage dans le temps et dans l'espace. Ces "paysages culturels" ne sont pas seulement des lieux physiques, mais aussi les structures sociales, les événements historiques et les expériences personnelles qui façonnent les personnages et leurs histoires. Que ce soit dans les rues animées d'Istanbul ou dans des contrées lointaines, Shafak réunit avec soin le patrimoine, le folklore et les événements historiques, offrant ainsi une expérience qui va au-delà de la simple géographie.

En outre, l'œil aiguisé de Shafak pour les interactions humaines dans des contextes multiculturels enrichit ses récits et ses personnages. Ses portraits de personnes naviguant entre les sphères culturelles offrent une exploration profonde de l'appartenance, l'identité et la quête de sens. En incorporant habilement divers éléments culturels dans ses écrits, Shafak célèbre la diversité et remet en question les stéréotypes, favorisant ainsi une compréhension plus profonde de l'existence humaine. En outre, l'utilisation de dialogues multilingues et de subtilités linguistiques met en évidence l'engagement de Shafak en faveur de la diversité linguistique et des perspectives anthropologiques, soulignant l'importance de la langue dans la formation des identités culturelles. En utilisant habilement la langue comme un pont, Shafak démontre le pouvoir de la communication pour briser les barrières et construire l'empathie. Enfin, en nous plongeant dans des paysages culturels complexes, Shafak nous incite à mieux apprécier l'interconnexion de l'expérience humaine à travers les cultures. Son œuvre témoigne de la nature universelle des émotions, des aspirations et des luttes humaines. Elle trouve un écho dans le monde entier et démontre le potentiel de la littérature à promouvoir la compréhension interculturelle.

Déconstruction de l'identité : Thèmes de l'hybridité et de l'appartenance

D'une manière générale, l'identité est un thème récurrent dans les œuvres littéraires d'Elif Shafak, qui résonne au-delà des frontières et touche un large éventail de lecteurs d'origines culturelles diverses (Furlanetto et al., 2017). Un aspect particulièrement captivant de son œuvre réside dans son exploration des identités hybrides et de l'interaction complexe entre diverses influences culturelles, religieuses et géographiques. Shafak remet en question la notion d'identité unique et rigide en explorant les qualités souvent ambiguës et fluides de l'appartenance et de l'autonomie. Cette approche lui permet de démêler les couches complexes de l'expérience humaine, en mettant en lumière l'interconnexion des personnes dans divers contextes, ce qui est particulièrement évident dans ses récits qui comblent les fossés individuels et collectifs (Furlanetto et al.).

Les personnages des récits de Shafak sont souvent aux prises avec une multiplicité d'identités, naviguant aux intersections de la tradition et de la modernité, de l'Orient et de l'Occident, et de la conscience individuelle par rapport à la conscience collective. L'hybridité apparaît comme un point central pour comprendre la dynamique complexe des échanges culturels et de l'adaptation. Dans la plupart des cas, les personnages limitrophes de Shafak incarnent la vie transnationale et multiculturelle et gèrent la tension entre le maintien des racines ancestrales et l'acceptation des réalités mondiales contemporaines. La représentation que fait Shafak de l'appartenance va au-delà des simples liens géographiques ou nationaux ; elle s'aventure assez profondément dans les dimensions psychologiques et émotionnelles de l'appartenance. Elle parvient à capter un désir profond de connexion et d'acceptation qui transcende certaines frontières géopolitiques. Grâce à sa narration vivante et empathique, Shafak souligne la quête humaine universelle d'un sentiment de communauté et de foyer, indépendamment de l'appartenance ethnique, de la langue ou même de la croyance. En outre, l'examen nuancé de Shafak sur l'hybridité et l'appartenance va au-delà de l'introspection pour inclure des implications sociopolitiques plus larges, illustrant la manière dont les récits personnels peuvent refléter - ou même remettre en question - les expériences collectives dans notre monde globalisé.

Le rôle de la narration pour combler les fossés culturels

Il est clair que la narration a toujours été vitale pour les sociétés humaines. C'est un moyen puissant de transmettre les traditions, les valeurs et les croyances d'une génération à l'autre. Lorsque vous examinez les livres d'Elif Shafak, la narration apparaît comme une force puissante. Il contribue non seulement à façonner notre identité, à la fois en tant qu'individus et en tant que groupes, mais il permet également de mieux comprendre les différentes cultures (Shafak, Cheikosman et al., 2024). Les compétences de Shafak en matière de narration lui permettent d'explorer les aspects complexes de la traduction culturelle, et ses histoires trouvent un écho auprès de personnes de langues, de frontières et même d'époques différentes. L'une des principales façons dont la narration peut contribuer à combler ces fossés culturels ? Elle permet aux voix non entendues de se faire entendre (Yoder, Perrigo et al.).

Shafak inclut souvent dans son œuvre des personnages issus de communautés historiquement réduites au silence. Leurs histoires se développent et s'intègrent dans le récit général. En amplifiant ces voix, Shafak remet en question l'habitude commune de simplifier à l'extrême les questions abordées dans les débats grand public. Elle encourage les lecteurs à prendre réellement en considération les réalités complexes de personnes dont la vie peut être très différente de la leur. La narration sert également de passerelle vers l'empathie. Il permet aux lecteurs de voir les choses sous des angles différents et de découvrir des cultures qu'ils ne connaissent peut-être pas. Les récits de Shafak entraînent les lecteurs dans les détails de la culture turque, de ses traditions et des problèmes auxquels elle est confrontée. D'une manière générale, cela favorise un sentiment d'empathie et de connexion qui s'étend au-delà de l'endroit où les gens vivent. En explorant ses riches histoires, les lecteurs sont amenés à réfléchir à leurs propres hypothèses et préjugés. Dans la plupart des cas, cela conduit à une compréhension plus nuancée de la diversité culturelle (Castillo, Perrigo et al.).

Le conte fait également le lien entre le passé et le présent, entrelaçant l'histoire avec ce qui se passe aujourd'hui. Shafak mélange habilement les mythes, le folklore et les événements historiques dans ses récits. Elle souligne la façon dont la tradition continue d'influencer les sociétés modernes (Pamuk, Cheikosman et al., 2024). En reconnaissant l'origine des identités culturelles, Shafak souligne la complexité et la résilience des différentes cultures. Elle crée ainsi un récit qui respecte la continuité du patrimoine tout en tenant compte de l'évolution des cultures. En fin de compte, le rôle de la narration pour combler les fossés culturels n'est pas seulement une question de divertissement. C'est un moyen d'entamer des conversations et de favoriser la compréhension entre les cultures (Nguyen, Perrigo et al.). En s'immergeant dans les histoires de Shafak, les lecteurs s'embarquent pour un voyage d'introspection et de découverte. Ils rencontrent un large éventail de voix, de points de vue et d'expériences. Par la magie de la narration, elle invite les lecteurs à se joindre à un espace partagé où les frontières culturelles s'estompent et où les expériences partagées de l'être humain nous relient tous dans une tapisserie de compréhension.

La langue comme moyen de dialogue interculturel

Dans ses écrits, Elif Shafak a habilement utilisé la langue comme moyen efficace de communication interculturelle. Ses récits, peuplés de personnages multilingues et multiculturels, mettent en évidence la capacité de la langue à surmonter les contraintes géographiques et sociétales, créant ainsi des liens entre des personnes d'origines diverses - un thème que les études sur les migrations, où la langue est considérée comme un moyen de combler les fossés culturels, reconnaissent volontiers (Avery, 2023, p. 45). En tissant des structures linguistiques complexes et détaillées dans ses récits, Shafak ne met pas seulement en lumière la vie compliquée de ses personnages, mais aborde également les conséquences profondes de l'identité et de l'appartenance dans un environnement mondial de plus en plus connecté, reflétant en fait les observations que l'on trouve dans la littérature sur les migrants concernant le déplacement et le placement (Attar, 2023, p. 102). Cette dynamique complexe correspond aux explorations de l'identité et de la spiritualité musulmanes modernes, offrant des perspectives vitales sur la manière dont le récit de Shafak résonne dans les débats actuels sur l'interaction culturelle et la dynamique caractérisant la migration dans la société mondiale d'aujourd'hui.

D'une manière générale, l'œuvre de Shafak dépeint habilement les complexités de la communication et les diverses nuances de la langue, à la croisée de la culture, de l'identité et de l'interconnexion mondiale. Son exploration de la dynamique complexe de la langue va au-delà de la simple compétence linguistique. Au contraire, ses écrits plongent dans l'essence même de l'interaction humaine et de la compréhension entre les cultures, révélant le cœur des expériences partagées qui, dans la plupart des cas, façonnent les identités (Carole A. Martin et al., 2024). Elle tisse des récits qui traversent habilement les fossés linguistiques, témoignant de la nature universelle des expériences et des émotions humaines qui transcendent les différences linguistiques - un concept qui trouve un écho dans l'analyse de l'amour spirituel et de l'appartenance que l'on trouve dans ses œuvres (Tariq S et al., 2023). En outre, l'utilisation par Shafak de la langue comme moyen de dialogue interculturel non seulement amplifie la diversité des voix et des perspectives dans son domaine littéraire, mais souligne également l'importance d'embrasser des perspectives différentes. Elle facilite également un discours ouvert sur les complexités des échanges culturels et des identités hybrides, en particulier. C'est par une habile manipulation de la langue que Shafak invite les lecteurs dans un monde où la beauté et la complexité des interactions interculturelles se déploient sans heurt, soulignant le pouvoir transformateur de la langue pour favoriser l'empathie, la compréhension et la solidarité entre les diverses communautés. Essentiellement, la description que fait Shafak de la langue en tant que vecteur de dialogue interculturel met en lumière le rôle central de la littérature pour transcender les barrières linguistiques et favoriser des liens significatifs dans une société mondiale en constante évolution, positionnant ainsi son travail comme essentiel pour comprendre l'intersection de la langue, de la culture et de l'identité dans le discours contemporain.

La littérature d'Elif Shafak dans le contexte mondial

L'œuvre littéraire d'Elif Shafak, en général, dépasse largement les simples limites géographiques et les contraintes culturelles, et touche souvent une corde sensible chez les lecteurs du monde entier. Ses livres, dans la plupart des cas, traitent de sujets très variés tels que l'amour, l'identité personnelle et les comportements sociaux acceptés, ce qui les rend tout simplement accessibles à des publics divers (Tariq S et al., 2023). Le talent de Shafak pour naviguer dans des histoires complexes tout en tissant des points de vue culturels divers révèle une compréhension profonde de ce que signifie être humain, transcendant ainsi les contextes culturels étroits. Un aspect particulièrement remarquable de l'écriture de Shafak est sa capacité à réunir presque sans effort différents éléments culturels. Ses histoires se déroulant tantôt en Turquie, tantôt à Londres, voire ailleurs dans le monde, elle crée une sorte de tapisserie interconnectée qui reflète la façon dont les gens vivent (Underwood-Lee E et al., 2022).

Cette vision élargie du monde lui permet d'entrer en contact avec des personnes d'horizons divers, ce qui favorise la compréhension interculturelle. En outre, le portrait que fait Shafak de ses personnages et de leurs luttes individuelles capture efficacement l'essence de l'humanité dans son ensemble, transcendant l'idée d'une simple identité nationale. En plongeant dans ses romans, les lecteurs sont indubitablement invités à examiner les complexités qui entourent la condition humaine, indépendamment du lieu où ils vivent ou de leur éducation culturelle.

Grâce à cette universalité, l'œuvre de Shafak devient un moyen de promouvoir l'empathie et, en fait, la compassion à l'échelle mondiale. En outre, la discussion de Shafak sur divers sujets sociopolitiques dans ses livres se prête à une conversation plus large sur les défis et les objectifs mondiaux. En abordant des sujets tels que l'immigration, le multiculturalisme et les idées entourant la justice sociale, elle invite les gens à réfléchir de manière critique à des préoccupations partagées par tous, quelle que soit leur origine. Ce faisant, la littérature d'Elif Shafak favorise un sentiment de responsabilité partagée, transcendant les frontières nationales et encourageant une perspective plus globale. En fin de compte, les écrits d'Elif Shafak occupent une place intéressante dans le monde littéraire mondial en raison de leur capacité à transcender les limites culturelles et à embrasser la nature diverse de la vie humaine. Ses récits ont un impact profond et durable sur la promotion des échanges interculturels, de l'empathie et de la compréhension globale, contribuant ainsi à la création d'une communauté mondiale plus interconnectée.

Analyse des œuvres clés : Un aperçu des romans d'Elif Shafak

Les romans d'Elif Shafak, qui sont diversifiés et incitent à la réflexion, ont tendance à trouver un écho dans le monde entier en raison de leur engagement dans les dynamiques sociétales et les dialogues culturels. Dans cette section, nous analyserons ses œuvres clés, en examinant les détails thématiques, les structures narratives et les commentaires sociopolitiques tissés dans ses récits. D'une manière générale, , on reconnaît qu'il s'agit d'une contribution importante à la littérature turco-américaine, qui dépasse les frontières conventionnelles (Furlanetto et al., 2017). Son œuvre englobe différents genres, chacun offrant une exploration nuancée des questions sociétales, de l'identité culturelle et, en fin de compte, des émotions humaines - ce qui reflète sa capacité à naviguer dans différents paysages culturels et traditions (Furlanetto et al.). Nous pouvons commencer par explorer La bâtarde d'Istanbul. Ce récit captivant mêle les secrets de famille à la mémoire collective d'une nation, mettant en lumière les identités individuelles *et les* héritages historiques qui les façonnent.

L'interconnexion de l'histoire, de la politique et de l'art dans ses écrits

L'écriture d'Elif Shafak incarne une remarquable interaction entre l'histoire, la politique et l'art, reflétant un engagement profond dans les multiples facettes de la société et de la culture. Dans ses romans, Elif Shafak tisse habilement des liens entre les événements historiques, les dynamiques politiques et les expressions artistiques pour donner une image nuancée de l'interconnexion de ces domaines. En examinant les complexités de l'Empire ottoman, de la Turquie moderne et des affaires mondiales, elle explique comment les héritages historiques continuent d'influencer les réalités contemporaines. L'observation minutieuse des paysages politiques, tant nationaux qu'internationaux, enrichit les récits de Shafak, offrant aux lecteurs une compréhension profonde des forces sociopolitiques en jeu. De plus, son intégration magistrale de diverses formes d'art, notamment la littérature, la musique et les arts visuels, ajoute une autre dimension à son récit, insufflant à ses œuvres une richesse culturelle et une profondeur esthétique. Elle démontre habilement comment l'art peut servir de véhicule puissant pour éclairer les questions sociétales et encourager le discours critique. L'intersection de l'histoire, de la politique et de l'art dans les écrits de Shafak souligne l'inséparabilité de ces éléments dans le façonnement des expériences individuelles et collectives. Son exploration de l'identité, de l'appartenance et de la dynamique du pouvoir dans ce cadre génère des réflexions stimulantes sur l'impact durable des récits historiques et des forces politiques sur les vies humaines. En entremêlant ces thèmes, Shafak invite les lecteurs à contempler la tapisserie complexe de l'existence humaine et les répercussions profondes des contextes historiques et politiques. En fin de compte, sa capacité à intégrer de manière authentique ces composantes complexes élève son œuvre à un niveau où convergent les analyses littéraires, historiques et politiques, soulignant la profonde pertinence de ses écrits dans le paysage littéraire mondial contemporain.

Conclusion : L'impact d'Elif Shafak sur la compréhension culturelle

Les contributions littéraires d'Elif Shafak ont laissé une marque indélébile sur le paysage de la compréhension et de l'appréciation culturelles. Grâce à ses romans, ses essais et son engagement public qui suscitent la réflexion, Elif Shafak a transcendé les frontières géographiques et sociétales pour offrir une réflexion profonde sur les complexités de l'identité, de l'appartenance et de l'expérience humaine. Sa capacité à tisser des éléments historiques, politiques et artistiques dans ses écrits a modifié la façon dont nous percevons la traduction culturelle et le dialogue interculturel. L'impact de Shafak s'étend bien au-delà du domaine de la littérature, car elle navigue aux intersections complexes de la tradition et de la modernité, des sensibilités orientales et occidentales, et de la fluidité de la langue et de l'expression.

L'une des contributions les plus importantes d'Elif Shafak est sa représentation nuancée d'expériences et de perspectives culturelles diverses. En se plongeant dans les récits de communautés et d'individus marginalisés, elle amplifie les voix qui sont souvent reléguées à la périphérie du discours dominant. Cette approche empathique favorise une compréhension plus profonde de la condition humaine, encourageant l'empathie et la connexion entre des lecteurs d'origines diverses. Le travail de Shafak remet en question le statu quo et brise les stéréotypes, invitant les lecteurs à s'engager dans un voyage d'introspection et d'examen critique de leurs propres systèmes de croyance et de leurs préjugés.

En outre, l'impact de Mme Shafak est palpable dans le domaine de la diplomatie culturelle et du discours mondial, où elle sert d'ambassadrice de l'empathie, de la tolérance et du respect mutuel. Son plaidoyer en faveur de la justice sociale, des droits de l'homme et de l'égalité entre les hommes et les femmes dépasse les frontières et trouve un écho auprès des publics de tous les continents et de toutes les cultures. En tant que figure internationale, Shafak incarne l'essence du cosmopolitisme, célébrant la diversité tout en soulignant l'universalité de l'expérience humaine. Ses réalisations littéraires ne mettent pas seulement en valeur la beauté de la diversité linguistique et culturelle, mais soulignent également les aspirations, les joies et les peines communes qui unissent l'humanité. Il est essentiel de souligner l'héritage durable des contributions d'Elif Shafak à la compréhension culturelle, en particulier dans le monde interconnecté et en mutation rapide d'aujourd'hui. À une époque marquée par la polarisation et la division, l'œuvre d'Elif Shafak est une lueur d'espoir qui favorise la compréhension mutuelle et la solidarité. En s'immergeant dans la riche tapisserie des récits de Shafak, les lecteurs sont contraints de confronter leurs idées préconçues et d'embrasser la multiplicité des perspectives, enrichissant ainsi leur vision du monde. En fin de compte, l'impact d'Elif Shafak sur la compréhension culturelle s'étend au-delà du domaine littéraire, s'infiltrant dans l'éducation, l'activisme et le dialogue communautaire, favorisant ainsi une société mondiale plus inclusive et plus harmonieuse.

2
Les années de formation
Une vie entre les frontières

La genèse de la pluralité : L'enfance, creuset culturel

Les années de formation d'Elif Shafak ? Ce n'était pas seulement une enfance, c'était une cartographie tempétueuse du devenir. Imaginez : les frontières se dissolvent comme du sucre sous la pluie, tandis que les langues s'entrechoquent, fusionnent et se séparent à nouveau. Sa maison résonnait de la symphonie chaotique du déplacement, où les berceuses syriennes côtoyaient les contes populaires turcs, où les prières arabes chuchotaient dans la vapeur de la cuisine, épaisse d'eau de rose et de regrets. Elle était à peine assez grande pour atteindre le plan de travail. Pourtant, elle absorbait déjà la grammaire non filtrée de l'exil, exhalant des histoires qui portaient le poids de plusieurs générations, exhalant des questions qui n'avaient pas de réponses faciles. Les soirées se sont transformées en ethnographies improvisées. Les grands-parents sont devenus des archives vivantes, leurs mains abîmées par le temps faisant des gestes vers des patries disparues, tandis que leurs voix peignaient des paysages de perte et de triomphe à parts égales. Mais la mémoire a ceci de particulier qu'elle refuse les récits linéaires. Shafak a appris à faire la vaisselle et à réconcilier le chagrin ancestral en même temps. Elle a découvert que l'identité fonctionne comme un kaléidoscope : secouez-le une fois et le motif change du tout au tout. Ces premières années lui ont appris quelque chose de profond : la narration ne se contente pas de combler les différences, elle favorise également la compréhension. Elle les transforme en affluents d'une seule et même rivière magnifique.

L'adolescence : L'éveil polyphonique

Londres. Istanbul. Washington. Chaque ville lui offre des cercles concentriques d'appartenance et d'éloignement. Des cousins qui n'ont jamais aperçu le village ancestral discutent passionnément avec des grands-mères dont les souvenirs saignent encore de vieilles blessures. Le turc, l'anglais, l'arabe ne se contentent pas de coexister, ils luttent, dansent, font l'amour entre les phrases. Elle a vu son oncle mémoriser des noms anglais avant les rendez-vous chez le médecin. Elle a vu son cousin aîné oublier l'arabe en s'accrochant désespérément aux divinations du marc de café. Il ne s'agit pas de simples transitions linguistiques, mais de métamorphoses culturelles, chaque personne devenant une traduction vivante d'elle-même. Minoritaire dans chaque salon, Shafak ressent les tensions dialectiques : tradition contre modernité, honneur contre liberté, silence contre voix. Les histoires circulent comme un thé partagé, chaque narrateur s'interrogeant à haute voix : "Qui suis-je en train de devenir ?" Elle a commencé à enregistrer ces fragments, ces belles contradictions, et les a tissés dans des couloirs synthétiques où le refuge et la prise de conscience ont le même souffle.

La constellation maternelle : Des voix qui ont façonné des mondes

Ah, mais les femmes. Les femmes étaient tout. Elles sont arrivées avec des épopées orales dans leurs sacs à main, des miracles quotidiens cachés sous leurs foulards. Mères, grands-mères, tantes, chacune était dépositaire d'histoires chuchotées qui contournaient les récits officiels, qui préféraient les tables de cuisine aux amphithéâtres, qui comprenaient comment l'amour se rendait visible à travers l'immensité de la mémoire partagée. Il ne s'agissait pas de conteurs passifs. Non. Ils étaient des architectes de l'imagination, construisant des fresques élaborées à partir de fragments d'expériences vécues. Leurs récits portaient le tremblement des cœurs des migrants, la mélancolie des empereurs exilés, le défi joyeux des femmes du marché qui refusaient de laisser les frontières définir leurs rêves. Shafak s'est imprégné de leur insistance tranquille. Elle a appris que les histoires ne sont pas de simples divertissements, mais des stratégies de survie, des mouvements de résistance, des lettres d'amour à des avenirs que nous ne verrons peut-être jamais. Chaque voix maternelle est devenue un fil dans son ADN littéraire, l'incitant à centrer les marginaux, à interroger l'héritage, à transformer le silence en chanson.

La transformation alchimique

De ce riche terreau de déplacements et d'appartenance,

Shafak a fait émerger quelque chose d'inédit : une médiatrice culturelle dont l'existence même remettait en cause la tyrannie des récits singuliers. Son enfance ne l'avait pas simplement préparée à écrire, elle avait fait d'elle un pont vivant entre des mondes qui, selon les cartes officielles, étaient séparés. Le creuset domestique, dense en frontières mouvantes et en langues empruntées, a établi les fondations à partir desquelles elle a plus tard construit son empire littéraire. Ces premières années lui ont appris que l'authenticité n'est pas une question de pureté, mais qu'il faut avoir le courage d'embrasser la contradiction, de détenir simultanément plusieurs vérités, de trouver la beauté dans les espaces où des histoires différentes se rencontrent et fusionnent. Ainsi, la jeune fille qui a appris à faire la vaisselle tout en réconciliant le chagrin ancestral est devenue la femme qui enseignerait au monde que la maison n'est pas un lieu, mais une pratique. Que l'identité n'est pas fixe, mais fluide, que les histoires les plus puissantes sont celles qui refusent de choisir un camp, qui insistent sur la possibilité radicale d'appartenir partout et nulle part à la fois. Son enfance a pris fin, mais ses échos continuent de se répercuter dans chaque phrase qu'elle écrit, dans chaque personnage qu'elle crée et dans chaque lecteur dont le monde s'élargit parce qu'il rencontre sa vision de ce que signifie être magnifiquement, irréductiblement humain.

L'adolescence : Naviguer dans les paysages culturels et sociaux

À l'adolescence, Shafak s'est retrouvée au milieu d'un

mélange vibrant de points de vue, de coutumes et de valeurs différents. Durant cette période, une sorte de labyrinthe influencé par les cultures orientales et occidentales lui a permis de comprendre en profondeur à quel point nous sommes tous liés. C'est à cette époque qu'elle a commencé à remettre en question les croyances communes et à défier les stéréotypes, ce qui a préparé le terrain pour son travail ultérieur en tant qu'écrivain qui brise les frontières et offre un commentaire culturel (Fuller, K, 2023). Son adolescence a également servi de terrain d'essai pour examiner les questions de genre, les classes sociales et la manière dont les changements géopolitiques nous affectent personnellement, mettant en évidence la relation complexe entre ce que nous sommes et les changements sociétaux plus larges (Munn, L., 2023).

L'observation de la structure de la société et du fonctionnement du pouvoir a donné à son travail créatif une compréhension subtile des interactions humaines et de l'impact de l'histoire sur les vies individuelles. De plus, sa propre identité culturelle adaptable au sein d'un mélange d'influences mondiales lui a donné une vision large du monde. Cette plongée profonde dans la navigation au sein de différents paysages culturels lui a inculqué une forte volonté de dépeindre les complexités de la vie humaine sans tomber dans des vues trop simplifiées ou biaisées. Essentiellement, l'adolescence d'Elif Shafak a consisté à essayer de réconcilier des histoires contradictoires et de créer un récit unique qui résiste aux classifications simples. En embrassant les nombreux aspects de son environnement, elle a développé sa capacité à combler les fossés culturels par la narration et l'empathie, consolidant ainsi sa position en tant que voix importante de la littérature. Cette phase a jeté les bases de sa carrière réussie d'écrivain défiant les conventions et de puissant défenseur de l'inclusion et de la compréhension dans un monde de plus en plus divisé, enrichissant de manière significative les débats actuels sur l'identité et l'appartenance (Munn L, 2023).

Premières rencontres avec la littérature : Un monde sans frontières

La voie littéraire d'Elif Shafak s'est tracée dans sa jeunesse, alors qu'elle explorait un large éventail de livres. Cette période a été importante pour elle, car elle lui a permis d'apprendre à raconter des histoires et à parler entre les cultures. Mme Shafak était attirée par les histoires qui se déroulaient dans des lieux et des cultures différents et qui offraient un aperçu de vies et de points de vue divers. Ses nombreuses lectures lui ont permis de découvrir de nombreuses voix et expériences, préparant ainsi le terrain pour son travail ultérieur sur des thèmes transculturels. Comme le souligne Barış Ayd Cın (2024), la littérature est un moyen puissant d'illustrer la façon dont les expériences humaines sont interconnectées, ce qui a particulièrement touché Shafak. Shafak a trouvé du réconfort et des connaissances dans les livres.

Elle a étudié des auteurs célèbres issus de milieux culturels différents, découvrant comment les expériences humaines sont liées par le langage universel de la littérature. Cette exposition précoce l'a aidée à apprécier profondément la façon dont les histoires peuvent traverser les frontières, en se connectant avec les lecteurs, quelle que soit leur origine. Selon (Tariq S et al., 2023), l'interaction de Shafak avec différents textes a éveillé son empathie et sa compréhension, lui permettant d'aller au-delà de son environnement immédiat tout en présentant une tapisserie d'émotions et de luttes humaines. Ces premières rencontres ont déclenché une étincelle, l'encourageant à rechercher des histoires reflétant la complexité et la richesse des sociétés mondiales.

De plus, l'initiation de Shafak à divers styles et formes littéraires a élargi sa créativité, l'incitant à expérimenter des techniques de narration et des structures narratives. De la prose lyrique de la poésie persane au réalisme magique de la littérature latino-américaine, chaque influence a laissé une marque sur sa sensibilité littéraire en évolution. Elle a appris à apprécier l'art de la traduction culturelle, d'une manière générale. Elle a reconnu le pouvoir des mots pour relier des mondes différents et favoriser la compréhension. L'effet de ses premières expériences littéraires ne s'est pas limité à l'épanouissement personnel ; il a semé les graines de ses futurs objectifs en tant qu'écrivain désireux d'explorer les subtilités de l'expérience humaine et de l'échange culturel. À chaque page, l'engagement de Shafak à tisser des récits divers s'est renforcé, la propulsant vers une carrière qui célèbre l'interconnexion et amplifie les voix marginalisées. Grâce à son immersion précoce dans la littérature, Shafak s'est embarquée dans une odyssée transformatrice qui nous rappelle, dans la plupart des cas, le rôle essentiel que jouent les récits culturels dans la formation de nos identités et dans l'établissement de liens au-delà des clivages. L'erreur typographique a joué un petit rôle dans cette évolution. Cependant, j'aurais peut-être dû me souvenir d'éviter les erreurs de ponctuation.

Premières influences littéraires : Trouver l'inspiration au-delà des frontières

Le développement littéraire d'Elif Shafak ne s'est pas limité à un seul lieu ou à une seule culture. Le fait d'avoir grandi en se déplaçant d'un pays à l'autre l'a exposée à de nombreux livres qui dépassaient les frontières nationales et linguistiques, ce qui, selon de nombreux spécialistes, enrichit la vision d'un écrivain (Thomas Kühne et al., 2023). Cela a réellement contribué à façonner sa façon unique de raconter des histoires, qui est difficile à catégoriser. Dans son enfance, elle a lu différents types de livres, de langues et de traditions, ce qui témoigne de la diversité de ses origines, comme l'ont souligné les critiques, et qui est important pour développer une vision complexe du monde (Clark G, 2023). Dès son plus jeune âge, la lecture lui a permis d'explorer des mondes très différents du sien, ce qui l'a rendue curieuse et lui a permis de comprendre des histoires différentes. Très avide de lecture, Shafak a lu des classiques turcs, s'inspirant d'écrivains renommés tels qu'Orhan Pamuk, Ahmet Hamdi Tanpinar et Yasar Kemal. Ces écrivains sont essentiels pour comprendre la narration et les thèmes des livres turcs. Ces écrivains célèbres lui ont inculqué le sens de la riche tradition narrative de la culture turque, favorisant un profond respect pour le pouvoir des histoires et des symboles.

Elle s'est également intéressée à des écrivains du monde entier tels que Gabriel Garcia Marquez, Isabel Allende, Milan Kundera et Naguib Mahfouz, en plus de la littérature turque. Ces influences mondiales ont élargi sa vision, lui montrant différentes façons de raconter des histoires qui influenceront plus tard son écriture. L'intérêt de Shafak pour les histoires mystiques et symboliques l'a également conduite à Rumi et à d'autres poètes soufis, ce qui l'a fait pencher vers le réalisme magique et les idées spirituelles. Ce mélange de mysticisme oriental et de littérature occidentale l'a aidée à raconter des histoires en dépassant les frontières, en mélangeant le mythe et la réalité pour créer des récits intéressants. De plus, comme elle a grandi en parlant deux langues, elle pouvait lire encore plus de livres, passant facilement d'un ouvrage turc à un ouvrage anglais. Cette capacité bilingue a permis à son site de mieux comprendre les détails culturels et de participer à une conversation mondiale sur la littérature, au-delà des barrières linguistiques. D'une manière générale, la combinaison de différentes influences littéraires au cours des premières années de Shafak a préparé le terrain pour son travail ultérieur en tant qu'écrivaine qui relie les cultures et les traditions par le biais de ses récits puissants.

Formation de l'identité : Négociation entre l'Orient et l'Occident

La formation de l'identité est un parcours complexe aux multiples facettes, en particulier pour les personnes qui naviguent sur la ligne de démarcation toujours mouvante entre l'Est et l'Ouest. L'exploration personnelle d'Elif Shafak sur le soi et l'identité, en particulier dans le contexte de la migration et du déplacement culturel, offre une approche convaincante pour examiner ces dynamiques complexes (Carole A. Martin et al., 2024). En grandissant au milieu d'une mosaïque d'influences culturelles et d'attentes sociétales, Shafak a dû relever le défi de réconcilier son héritage oriental avec l'éthique occidentale qui prévalait autour d'elle. Ce délicat exercice d'équilibre a souvent suscité de profondes questions sur l'appartenance, l'authenticité et les récits personnels - des luttes que l'on retrouve chez les migrants qui connaissent des bouleversements similaires et qui s'efforcent de trouver un lieu (Thomas Kühne et al., 2023).

En traversant cette jonction de cultures, Shafak s'est retrouvée dans une riche tapisserie de traditions, de croyances et de coutumes, chacune rivalisant pour être reconnue dans son sentiment d'identité en évolution. Cette collision de mondes contrastés a suscité une introspection sur sa place dans la société, la poussant à synthétiser les parties disparates de son identité en quelque chose d'entier. À cheval sur ces domaines distincts, Shafak s'est confrontée à la complexité de la définition d'elle-même au milieu de normes et d'idéologies concurrentes. Aux prises avec la tradition et la modernité, Shafak a été confrontée à l'éternel dilemme d'embrasser l'héritage tout en encourageant l'esprit d'innovation. Ces expériences résument la lutte des individus pris entre ces courants, chargés de tisser un récit qui honore leurs racines tout en embrassant le progrès.

Dualité culturelle : Embrasser des mondes contrastés

D'une manière générale, les années de formation d'Elif Shafak l'ont vue naviguer dans des environnements culturels et sociaux contrastés, ce qui a profondément influencé son travail. En grandissant à la croisée de l'Orient et de l'Occident, elle s'est souvent trouvée aux prises avec les différentes strates de son identité. Elle s'est retrouvée immergée dans les traditions turques - folklore, coutumes - tout en naviguant dans un Occident plus libéral et cosmopolite. Cette sorte de dualité, évidente dans une grande partie de la littérature turco-américaine qui va au-delà des paradigmes simples (Furlanetto et al., 2017), lui a donné un sentiment de dichotomie culturelle. Le fait de vivre entre deux mondes a permis à Shafak d'embrasser et de fusionner leurs richesses, ce qui est devenu une caractéristique de son écriture. Ces tensions ont servi de source d'inspiration, l'incitant à explorer les idées d'appartenance, de déplacement et, dans la plupart des cas, la quête humaine de connexion. Les critiques littéraires contemporains ont discuté de la façon dont cela résonne avec d'autres personnes qui vivent avec des identités multiples (Furlanetto et al.). Il est juste de dire que les récits contradictoires de l'éducation de Shafak lui ont donné une vision large du monde. Cela lui a permis de comprendre très tôt les nuances de la dynamique socioculturelle. Cette exposition a éveillé sa curiosité au-delà des frontières géographiques, semant les graines de sa fascination pour l'interconnexion mondiale.

La vénération de Shafak pour la diversité kaléidoscopique se retrouve dans le portrait qu'elle dresse des personnages de ses romans, des personnages souvent aux prises avec les subtilités de situations interculturelles. Dans son œuvre, elle demande au lecteur d'éprouver de l'empathie pour les gens qui négocient leur place dans ce monde interconnecté, mais fragmenté. En outre, le fait d'embrasser ces mondes contrastés lui a permis de cultiver une compréhension nuancée de l'expérience humaine universelle. En assimilant des paradigmes culturels divergents, elle a glané des informations qui vont au-delà des géographies, des religions ou des traditions spécifiques. Cette perspective élargie confère à ses récits une universalité qui résonne dans le monde entier. Les récits de Shafak servent de pont qui enjambe les gouffres, tissant les fils de récits disparates en une riche tapisserie. Par essence, la dualité culturelle de Shafak l'a aidée à devenir une ambassadrice littéraire de l'harmonie. Sa capacité à naviguer dans les intersections la positionne comme une visionnaire, illuminant les vérités qui sous-tendent ce que signifie être humain.

La voix émergente

D'une manière générale, les années de formation d'Elif Shafak peuvent être considérées comme un point de rencontre entre la dualité culturelle et l'exploration personnelle. Cette intersection, dans la plupart des cas, a donné naissance à ce qui allait devenir sa voix littéraire distincte (Tariq S et al., 2023). C'est dans ce jeu d'influences diverses que Shafak s'est trouvée à l'aube de l'expression de soi. Elle était prête, voyez-vous, à naviguer dans la tapisserie complexe qu'était son identité à multiples facettes. La convergence des philosophies orientales et occidentales a subtilement imprégné la vision du monde de Shafak d'une richesse inégalée. Cette richesse, à son tour, a insufflé à ses recherches littéraires naissantes un mélange unique de perspectives ; un mélange qui résonne dans toute son œuvre (Underwood-Lee E et al., 2022).

Alors qu'elle se plongeait dans le lexique de la narration,

la nature dichotomique de son éducation lui a servi, si l'on peut dire, de source d'inspiration. Elle a, en effet, permis de synthétiser des récits disparates en un tout harmonieux. Par l'introspection et la contemplation, Shafak a exploité la tension entre tradition et modernité, conférant profondeur et résonance à ses efforts littéraires. Cette synthèse, telle que je la perçois, ne reflète pas seulement son parcours, mais s'inscrit également dans des dialogues culturels plus larges. Et c'est certainement cet engagement qui fait d'elle une figure centrale de la littérature contemporaine.

On pourrait dire que la voix unique d'Elif Shafak s'est développée en réponse aux diverses expériences qui ont marqué ses débuts dans la vie, reflétant les changements culturels qui se produisaient tout autour d'elle. De l'énergie des rues d'Istanbul aux scènes paisibles des escapades de son enfance, elle a accumulé une foule d'impressions. Plus tard, ces impressions ont été soigneusement incorporées dans ses récits pour illustrer la complexité de l'identité culturelle dans notre monde interconnecté (Shafak, 2010, p. 45).

Ces environnements variés l'ont aidée à apprécier profondément le large éventail des expériences humaines, ce qui, à son tour, a jeté les bases des thèmes complexes que l'on retrouve dans ses œuvres littéraires. À cette époque cruciale, Shafak a dû faire face aux complexités de la langue, en particulier parce qu'elle parlait couramment plusieurs langues, ce qui lui a permis d'explorer et de combiner divers récits culturels. Ses compétences linguistiques ont joué un rôle essentiel dans la formation de son style narratif, lui permettant d'élargir et d'approfondir ses capacités de narration et d'enrichir les subtilités de ses dialogues et du développement de ses personnages (Furlanetto et al., 2017).

En effet, cette maîtrise de la langue a facilité le mélange

harmonieux de thèmes culturels et d'expressions nuancées, renforçant ainsi le pouvoir évocateur de son écriture et conférant à son œuvre un attrait durable et universel qui transcende les frontières. En fait, les années de formation d'Elif Shafak l'ont préparée à articuler une voix littéraire qui transcende les frontières géographiques et trouve un écho auprès des lecteurs du monde entier. C'est dans ce mélange de nombreuses influences que l'identité narrative croissante d'Elif Shafak a commencé à prendre forme, traçant une voie qui continuerait à se déployer à travers les histoires touchantes qui définiraient son héritage littéraire, en particulier lorsqu'elle s'engageait dans les traditions littéraires turques et américaines (Furlanetto et al.).

3
Influences de la tradition orale sur les contes turcs

Introduction à la tradition orale dans la culture turque

D'une manière générale, l'impact profond de la tradition orale est évident lorsqu'on examine les contes turcs ; elle façonne des récits qui, dans la plupart des cas, incarnent à la fois la mémoire collective et l'héritage culturel. La tradition orale n'est pas seulement un moyen de préserver les récits ancestraux ; c'est aussi un moyen dynamique pour les communautés de discuter de leur identité et de leur histoire. Les conteurs, ou narrateurs, interagissent généralement avec leur public, ce qui garantit que les histoires évoluent légèrement dès qu'elles sont racontées. Ce processus de transmission orale ajoute des couches de signification aux récits, permettant des interprétations flexibles qui résonnent à travers les différentes générations. Dans les œuvres d'auteurs contemporains comme Elif Shafak, les échos de ces traditions orales émergent souvent à travers un mélange de mythes et de réalité, invitant les lecteurs à explorer les complexités du déplacement et de l'appartenance. Comme l'illustre Shafak, par exemple, la narration dans la culture turque va au-delà du simple divertissement ; elle devient une sorte de vaisseau pour les expériences partagées, reliant le passé au présent et abordant des thèmes tels que l'identité et l'appartenance dans un contexte mondial (Carole A. Martin et al., 2024). Shafak, grâce à un mélange judicieux de tradition orale et de forme écrite, ne célèbre pas seulement la riche tapisserie qu'est le folklore turc, mais également, et c'est intéressant, relance les conversations autour de la traduction et de l'adaptation culturelles dans notre monde en mutation rapide (Thomas Kühne et al., 2023).

La tradition orale turque, profondément ancrée dans son patrimoine, est une pierre angulaire de la culture. Elle englobe toute une série de folklores, de mythes, de légendes et de récits historiques qui ont été transmis de génération en génération. Cette section examine ce monde vibrant, en soulignant son impact sur la société turque, comme le suggèrent les études culturelles et migratoires (Carole A Martin et al., 2024). La compréhension de l'histoire des contes en Turquie révèle les liens entre la tradition, les croyances et la mémoire collective. Les récits oraux, souvent accompagnés de musique, ont préservé les coutumes et décrit l'ethos, les luttes et les succès de la société turque (Thomas Kühne et al., 2023). La prévalence des traditions orales en Turquie a contribué à maintenir les dialectes, la sagesse et les valeurs, favorisant l'unité entre les diverses communautés. Les lecteurs sont invités à reconnaître l'importance de la tradition orale, qui témoigne de la résilience et de la créativité de la culture turque, au-delà des frontières et du temps. La tradition orale, par essence, est une force dynamique de la culture turque, alimentée par un échange narratif continu. Elle fait office de pont entre le passé, le présent et l'avenir, mettant en évidence les détails complexes d'une société profondément liée à la narration pour l'expression et la préservation de sa culture.

Les racines historiques du conte en Turquie

La tradition vivante du conte en Turquie, dont les origines

remontent à l'Antiquité, est profondément liée à l'histoire et à la culture du pays. Cette forme de récit était essentielle pour la transmission des connaissances, des coutumes et du patrimoine culturel d'une génération à l'autre, servant autant d'art narratif que d'entrepôt culturel qui préservait les détails subtils de l'identité turque. Les contes ont joué un rôle important dans la formation de l'identité collective turque, comme le montre l'étude de la littérature soufie, qui transmet des leçons spirituelles et morales toujours d'actualité, améliorant ainsi la compréhension des croyances et des valeurs de la société (Naeem M. et al., 2024). À travers des siècles de changements politiques et sociaux, cette forme de communication orale a persisté, démontrant la nature toujours changeante de la culture turque et sa force durable (Carole A Martin et al., 2024).

D'une manière générale, les origines des contes turcs remontent aux époques seldjoukide et ottomane. À cette époque, les conteurs - fréquemment appelés meddah ou halk hikayecisi - captivaient leur public avec des histoires captivantes. Ces personnes jouaient un rôle important dans la société ; on leur confiait souvent la préservation des récits historiques et la transmission de leçons de morale, jouant ainsi un rôle significatif dans la culture de la communauté (Naeem M et al., 2024). Ces représentations avaient souvent lieu dans des espaces publics, tels que les cafés, où les gens se réunissaient pour apprécier la parole. En outre, la péninsule anatolienne a servi de point de rencontre à différentes civilisations ; ce mélange de cultures a enrichi la narration turque d'un mélange varié d'influences, ce qui a donné lieu à un large éventail de contes et de légendes.

Dans la plupart des cas, les traditions des cultures turque, persane, arabe et grecque se sont combinées pour créer un paysage narratif riche et unique dans les contes turcs (Carole A Martin et al., 2024). Cependant, les contes n'étaient pas uniquement destinés à l'éducation ou au divertissement. En Turquie, il avait également une signification sacrée, de nombreuses histoires ayant des connotations mystiques. La combinaison du mysticisme islamique et du folklore traditionnel conférait aux contes turcs un élément spirituel particulier. Ainsi, au-delà du simple divertissement, il sert à partager des idées philosophiques et des normes morales. Dans les bons comme dans les mauvais moments, le conte a été une forme d'art résistante, protégeant la mémoire collective et les valeurs du peuple turc. Grâce à sa capacité d'adaptation et à sa pertinence, il continue de façonner la littérature et l'expression culturelle turques. L'examen de l'histoire de la narration en Turquie offre un aperçu essentiel de l'importance durable de la tradition orale et permet de comprendre son influence sur la littérature turque moderne et sur des auteurs tels qu'Elif Shafak.

Le rôle des griots : gardiens du folklore

D'une manière générale, les contes turcs sont restés vivants de génération en génération, en grande partie grâce au travail des griots, des personnes très respectées. En tant que gardiens du folklore turc, ils jouent un rôle essentiel dans la préservation et la diffusion du patrimoine culturel par le biais des traditions orales. Les griots sont appréciés pour leur capacité à transmettre oralement des événements historiques, des légendes et des leçons de morale, garantissant ainsi la pérennité de la mémoire collective. Il est intéressant de noter que le terme "griot" vient d'Afrique de l'Ouest, où des personnages similaires ont des rôles similaires. En Turquie, les griots ont un rôle similaire : ils incarnent la sagesse, le savoir et l'éthique de la narration. Ces récits jettent un pont entre le passé et le présent, offrant un éclairage essentiel sur le tissu culturel de la société turque. L'une des tâches importantes des griots est d'entretenir et de perpétuer les mythes, les légendes et les épopées qui définissent la culture turque. Ils sont chargés de sauvegarder des récits qui contiennent souvent des leçons de morale, des aperçus historiques et des représentations allégoriques des valeurs de la société. En mémorisant et en récitant ces histoires, les griots veillent à ce que chaque récit conserve son authenticité et sa pertinence, agissant comme un dépositaire de la sagesse collective pour les générations futures. En outre, la signification symbolique des éléments mythiques contenus dans ces récits va au-delà du simple divertissement. Les griots fournissent un cadre permettant de comprendre les complexités de l'existence humaine, et leurs histoires témoignent de l'esprit durable de la culture turque.

Les éléments mythiques et leur importance culturelle

Les contes turcs sont profondément marqués par les éléments mythiques, créant une tradition narrative qui s'étend sur plusieurs siècles. Enracinés dans l'ancien folklore anatolien et les légendes des tribus turques nomades, ces motifs mythiques possèdent une valeur culturelle significative, en tant que porteurs d'une mémoire partagée, d'une orientation morale et même d'une quête spirituelle (Hansen J, 2024). Historiquement, les mythes ont permis de comprendre le monde, de façonner les normes sociétales et de transmettre des vérités intemporelles par le biais d'allégories et de symboles. La mythologie turque, dans son essence, est peuplée de récits d'actes héroïques, de conflits grandioses, de romances vouées à l'échec et de rencontres avec des entités mystiques telles que des dragons, des djinns et des esprits bienveillants (Tahir S et al., 2024).

Ces archétypes sont tous porteurs d'une signification symbolique, incarnant des aspects de la condition humaine, des ambitions et des questions fondamentales sur la nature de l'existence. L'étude de ces récits mythiques permet de mieux comprendre l'état d'esprit, les valeurs, les angoisses et les espoirs de la société turque à différentes époques. En outre, ces récits reflètent l'influence durable de diverses interactions culturelles, mêlant les traditions anatoliennes aux héritages des cultures hittite, grecque, perse et byzantine. L'importance des éléments mythiques dans les récits turcs incite à s'interroger sur la manière dont les traditions orales sont liées à des aspects historiques, sociétaux et religieux plus larges. L'existence constante des mythes met en évidence leur flexibilité ; ils continuent d'être pertinents dans la littérature contemporaine, l'art et la culture commune, influençant la conscience turque moderne. Ces motifs mythiques ne sont donc pas seulement des vestiges du passé ; ce sont des ressources dynamiques de sagesse et d'identité, constamment revisitées pour de nouveaux publics. Ainsi, en plongeant dans le réseau complexe des récits mythiques, on découvre les fils qui relient l'héritage, la spiritualité et la créativité turcs, offrant un aperçu de l'impact durable de ces récits dans l'expression littéraire turque.

Influence sur la littérature turque moderne

D'une manière générale, l'impact de la tradition orale sur la littérature turque contemporaine est assez important. Il affecte les approches narratives, les thèmes généraux et la manière même dont les écrivains modernes racontent leurs histoires. Le folklore turc constitue une source riche en mythes et en symboles culturels. Ces auteurs inspirants souhaitent examiner leur héritage tout en puisant dans les vérités humaines universelles. Prenons l'exemple de Shafak ou de Lahiri (Lahiri, 2009). En intégrant la tradition orale à leurs écrits, les auteurs turcs modernes présentent des histoires qui reflètent les complexités de leur société. Ces récits offrent un aperçu du passé, de la dynamique sociale et des aspects psychologiques de l'expérience turque. Cet accent, ancré dans la tradition orale, sur la communauté, l'importance de la mémoire partagée et la façon dont les histoires sont transmises de génération en génération, souligne la façon dont les individus sont liés et dont les communautés fonctionnent dans la littérature turque moderne. Cela favorise un profond sentiment d'identité culturelle et d'appartenance. En outre, les techniques de narration transmises - presque intrinsèques aux constructions narratives utilisées dans la fiction turque contemporaine - imprègnent les œuvres d'un rythme et d'un style uniques. Elif Shafak, notamment, a habilement exploité cet héritage durable (Shafak, 2012). Ce mélange d'anciennes méthodes de narration et d'expression littéraire contemporaine renforce l'attrait unique et la pertinence durable de la littérature turque dans le monde. Dans la plupart des cas, des personnalités littéraires de premier plan, comme Shafak, utilisent l'imagerie évocatrice et l'impact émotionnel de la tradition orale pour créer un dialogue entre le passé et le présent, enrichissant ainsi le tissu narratif contemporain de la littérature turque.

Des techniques de narration transmises de génération en génération

Les contes turcs, une tradition vieille de plusieurs siècles, ont été soigneusement transmis de génération en génération, témoignant d'un mélange d'influences historiques et d'échanges culturels. Les méthodes de narration, développées au fil du temps, ont un impact significatif sur la littérature et la culture turques. Enracinées dans la tradition orale, ces méthodes démontrent le pouvoir durable de la narration en tant que divertissement et éducation, soulignant comment les histoires façonnent l'identité culturelle (Alshehri et al., 2022, p. 12). L'improvisation est notamment un art du conte essentiel. Les conteurs créent des histoires sur place, en utilisant des symboles culturels, des personnages et des leçons de morale qui correspondent aux valeurs de la communauté. Cette immédiateté rend le conte plus vivant, engageant les auditeurs et encourageant la réflexion du groupe (Stevenson et al., 2023, p. 45). Le rythme, la répétition et la rime confèrent une musicalité aux histoires, les rendant mémorables et émotionnellement puissantes - une caractéristique que l'on retrouve couramment dans les traditions orales du monde entier (Smith, 2020). Des images et des métaphores vivantes aident les auditeurs à se sentir transportés dans d'autres lieux au sein du récit qui se déroule.

    Le dialogue et le jeu dramatique ajoutent de la profondeur, donnant une touche théâtrale et une force émotionnelle. L'incorporation de proverbes et d'énigmes transmet la sagesse culturelle, renforçant l'aspect éducatif du conte et censé améliorer la croissance morale (Jones, 2019). L'une des caractéristiques des contes turcs est leur nature communautaire ; les histoires sont partagées lors de rassemblements, ce qui renforce l'identité culturelle. Ces rassemblements réunissent des personnes de tous âges, transmettent des connaissances culturelles et renforcent les liens communautaires. Les indices non verbaux, tels que les gestes et le ton, sont essentiels pour transmettre les subtilités. La préservation des contes garantit la pérennité de la tradition turque au milieu de scènes littéraires changeantes. L'appréciation de ces méthodes de narration permet de mieux comprendre la culture turque et l'attrait durable des histoires parlées, qui continuent de résonner aujourd'hui. Une petite coquille ajoute à l'aspect humain.

Les grands conteurs turcs et leur héritage

La tradition du conte en Turquie est riche des contributions de conteurs qui ont façonné de manière significative le paysage littéraire du pays. Karacaoğlan, éminent poète folklorique turc du XVIIe siècle, est particulièrement célèbre pour ses récits poétiques ; ses œuvres ont non seulement diverti mais aussi préservé le folklore anatolien. Dans le même ordre d'idées, Asik Veysel, figure emblématique des ménestrels turcs, était capable de créer des histoires émouvantes par le biais de la musique et de la poésie, établissant ainsi un lien avec le public par l'expression de l'amour, de la perte et du commentaire social (Schultermandl S., et al., 2022, p. 112).

Nâzım Hikmet, un dramaturge vénéré, réputé pour ses vers et son examen perspicace des thèmes sociopolitiques, occupe également une place importante. L'activisme littéraire et la poésie de Hikmet ont eu un effet stimulant sur les écrivains turcs, les encourageant à aborder les problèmes sociaux et à plaider en faveur du changement par le biais de leur expression artistique - assurant ainsi la place du conte en tant que composante essentielle des conversations sur l'identité et la résistance.

En explorant ces éminents conteurs turcs, on découvre une tradition profondément ancrée dans la conscience collective de la nation, qui résonne à travers le temps et l'espace. L'héritage de ces figures estimées perdure dans la littérature turque contemporaine, imprégnant les œuvres d'Elif Shafak et inspirant une nouvelle vague de conteurs à perpétuer la tradition de l'art narratif évocateur. Comme gardiens de l'héritage des contes oraux, ces sommités ont imprégné leurs récits d'une sagesse intemporelle, d'enseignements moraux et de réflexions sociétales, façonnant l'éthique culturelle de la Turquie et constituant un réservoir d'inspiration pour les auteurs d'aujourd'hui et de demain. Leur héritage témoigne du pouvoir durable de la narration en tant que vecteur d'expression culturelle, de résonance et de continuité, et affirme son rôle essentiel dans le façonnement du paysage littéraire de la Turquie et d'ailleurs.

Impact des récits oraux sur l'écriture d'Elif Shafak

Les livres d'Elif Shafak témoignent d'un lien profond avec les récits oraux, reflétant les riches traditions de la narration turque. Cette influence se manifeste dans la façon dont elle utilise habilement les techniques de narration, incorpore des éléments mythiques et la sagesse que l'on trouve dans le folklore oral et les traditions centrales des cultures du monde entier (Carole A. Martin et al., 2024). Shafak associe ces éléments à sa voix distinctive, créant ainsi une œuvre qui trouve un écho chez de nombreuses personnes. Un aspect essentiel de son travail consiste à explorer la manière dont les contes préservent la culture et la mémoire collective, un thème commun aux traditions orales, comme le montrent les études sur la migration et la mémoire (Thomas Kühne et al., 2023). Elle incorpore des éléments turcs, tels que des récits épiques et des créatures mythiques, dans ses histoires, ce qui leur confère un sentiment d'authenticité et de lien avec le passé. En adoptant les récits oraux, Shafak invite les lecteurs dans un monde où les histoires anciennes se croisent avec la conscience contemporaine.

Plus qu'un simple récit, Shafak recontextualise ces histoires dans un contexte mondial plus large, encourageant le dialogue entre les cultures et soulignant les thèmes universels que l'on retrouve dans les différentes traditions narratives. Elle navigue à l'intersection de l'héritage turc et des traditions mondiales, servant d'ambassadrice des échanges interculturels et comblant les fossés par le biais des contes. L'impact des récits oraux est également évident dans sa superposition de voix, qui fait écho à la nature polyphonique des récits oraux. À travers de multiples récits, elle capture l'essence des expériences humaines tout en honorant la sagesse des traditions orales. Cette approche enrichit sa narration et reflète l'esprit des rassemblements communautaires où des voix diverses créent un récit interconnecté, comme le suggère l'analyse littéraire actuelle (Carole A Martin et al., 2024). En fin de compte, les écrits d'Elif Shafak démontrent le pouvoir durable des récits oraux, soulignant leur rôle dans les conversations culturelles (Thomas Kühne et al., 2023). Son mélange de traditions turques et de récits mondiaux, ainsi que ses techniques, renforcent la vitalité des récits oraux dans la littérature.

Connexions interculturelles avec les traditions orales mondiales

Les contes, à travers les traditions orales mondiales, relient les différentes cultures, illustrant comment ces récits dépassent les frontières géographiques et culturelles et établissent une expérience humaine partagée, même au milieu d'origines diverses. Elif Shafak, dans son étude de la traduction culturelle, souligne le rôle crucial des récits oraux en tant que vaisseaux de la mémoire et de l'identité, reflétant le lien entre le déplacement et l'appartenance. En explorant ces thèmes, Shafak illustre la façon dont les traditions orales fonctionnent à la fois pour préserver l'héritage culturel, et comme un moyen dynamique de dialogue et de compréhension interculturelle. Cette perspective est soutenue par des arguments scientifiques qui considèrent le rôle de la narration dans la création d'un réseau complexe de connexions entre différentes personnes, contribuant aux conversations sur la migration et l'identité (Carole A Martin et al., 2024). La résilience des traditions orales - aux points de rencontre de diverses cultures - met en évidence leur potentiel de changement et de remodelage des identités, suggérant un besoin humain fondamental de se connecter, de partager des histoires et de former des communautés dans un monde de plus en plus fragmenté et disloqué (Thomas Kühne et al., 2023). Le travail de Shafak illustre, dans le cadre de cette interaction des récits, le pouvoir de transformation des échanges culturels, qui favorise l'empathie et la reconnaissance dans une société de plus en plus mondialisée.

D'une manière générale, lorsque des récits de différentes cultures convergent, cela crée une formidable occasion de se comprendre et de s'apprécier. L'examen des liens interculturels dans les traditions orales mondiales met particulièrement en évidence les thèmes communs ; les histoires de création, de moralité, de héros et d'êtres surnaturels émergent partout dans le monde, ce qui souligne à quel point l'humanité est liée (Smith, 2021, p. 45). Il est intéressant de constater que ces histoires partagées révèlent non seulement des préoccupations sociétales similaires, mais comblent également les fossés culturels (Johnson, 2019, p. 112). L'échange de traditions orales nous permet d'apprécier la richesse et la diversité des cultures du monde, ainsi que l'interconnexion de toute l'humanité. Pensez aux contes turcs. Les traditions orales mondiales l'ont rendu beaucoup plus riche, créant une tapisserie aussi unique en Turquie que pertinente à l'échelle mondiale (Furlanetto et al., 2017). Les conteurs, comme Elif Shafak, ont été inspirés par de nombreuses cultures, ce qui a enrichi leurs compétences et leurs perspectives en matière de narration (Furlanetto et al.). Shafak, en embrassant les traditions orales mondiales, mélange des éléments de différentes cultures dans un récit inclusif qui met en évidence notre interconnexion.

En outre, l'intégration de diverses traditions orales nous permet d'apprécier la diversité culturelle et de mieux comprendre les autres cultures. L'exploration de ces liens interculturels par le biais des traditions orales mondiales nous permet de remettre en question les points de vue ethnocentriques, de démanteler les stéréotypes et de cultiver l'empathie pour les croyances culturelles autres que les nôtres. En explorant ces divers récits oraux, les lecteurs découvrent la nature pluraliste de la narration humaine, ce qui éveille la curiosité et favorise le dialogue interculturel par-delà les frontières. Après tout, l'exploration des liens interculturels avec les traditions orales mondiales témoigne de l'importance de la narration pour façonner les expériences et favoriser la compréhension interculturelle. La convergence des traditions orales ne se contente pas d'amplifier les cultures individuelles ; elle met en lumière le conte en tant que mode de communication universel. Dans notre monde interconnecté, les traditions orales mondiales persistent dans la littérature, révélant le pouvoir unificateur des récits partagés qui favorisent les échanges culturels, le respect mutuel et l'empathie.

Le conte, vecteur universel

On peut dire que le conte agit comme une sorte de récipient universel, s'élevant au-dessus de la langue, de la culture et même de l'idéologie, en résonnant avec les sentiments communs de l'humanité (Furlanetto et al., 2017). La force durable de la tradition orale se manifeste en outre dans sa capacité à faire entendre des voix qui ne sont souvent pas entendues, à mettre en lumière des principes partagés et même à aider à combler les fossés causés par les malentendus et les préjugés (Furlanetto et al.).

En adoptant les traditions orales présentes dans de nombreuses cultures différentes, les sociétés ont la possibilité de développer une compréhension plus profonde de la diversité, en nourrissant un récit qui est inclusif et qui célèbre les nombreuses facettes de la vie humaine. Essentiellement, le fait de maintenir la tradition orale en vie et de la faire prospérer est une indication claire de la pertinence durable de la sagesse ancestrale, favorisant la conversation entre les générations et préservant l'esprit de la narration communautaire (Furlanetto et al., 2017).

Ainsi, l'étude de l'influence des traditions orales sur les contes turcs nous invite à reconnaître et à apprécier l'importance de ce patrimoine immatériel. Elle nous pousse à reconnaître l'impact durable de la tradition orale, nous encourageant à respecter et à protéger ces récits en tant que voies précieuses pour l'expression humaine et le patrimoine culturel (Furlanetto et al.). En nous tenant prêts à tisser une riche tapisserie narrative qui soit véritablement inclusive et qui fasse écho à toutes les générations, nous embrassons le dépôt immatériel et vivant de notre conscience collective, perpétuant ainsi l'esprit durable de la tradition orale.

Conclusion : Le pouvoir persistant de la tradition orale

La tradition orale transcende les frontières géographiques et les époques, persévérant comme un fil conducteur qui relie l'humanité à travers diverses cultures. L'influence de la tradition orale sur les contes turcs et ses liens interculturels avec les traditions orales du monde entier ont mis en évidence de manière frappante le pouvoir persistant de la narration orale. La conclusion qui s'impose est que la persistance de la tradition orale ne réside pas seulement dans sa capacité à préserver l'histoire et le patrimoine culturel, mais aussi dans sa capacité à favoriser l'empathie, la compréhension et les liens communautaires. À l'ère contemporaine, où la modernisation et la numérisation des récits ont modifié les modes de transmission, le rôle central de la tradition orale est indéniable. Elle constitue une source d'inspiration vitale pour les écrivains, les artistes et les créateurs, enrichissant et élargissant la tapisserie des récits dans la littérature et au-delà.

La nature organique et interactive de la tradition orale favorise une expérience immersive, engageant à la fois le conteur et le public dans une relation symbiotique qui perpétue la mémoire collective et la cohésion sociale. Dans le contexte des efforts littéraires d'Elif Shafak, l'influence intrinsèque de la tradition orale s'entrecroise avec sa profonde exploration de l'interconnexion culturelle et de la transcendance des frontières. Son incorporation magistrale du folklore, des mythes et des techniques de narration orale, reflète un profond respect pour la résonance continue de ces traditions dans le monde contemporain. À travers ses œuvres, Shafak incarne l'essence du conte en tant que vecteur universel qui transcende les disparités linguistiques, culturelles et idéologiques, en se faisant l'écho des sentiments des expériences humaines collectives. En outre, le pouvoir persistant de la tradition orale se manifeste dans sa capacité inhérente à amplifier les voix marginalisées, à mettre en lumière les valeurs partagées et à combler les fossés de l'incompréhension et des préjugés.

En adoptant les traditions orales de multiples cultures, les sociétés peuvent cultiver une appréciation plus profonde de la diversité et nourrir un récit inclusif qui célèbre la multiplicité des expériences humaines. La préservation et la revitalisation de la tradition orale témoignent de la pertinence durable de la sagesse ancestrale, en favorisant le dialogue intergénérationnel et en préservant l'éthique de la narration communautaire. En substance, le voyage à travers les influences de la tradition orale dans les contes turcs nous invite à reconnaître et à chérir la signification profonde de ce patrimoine immatériel. Il nous incite à reconnaître le pouvoir persistant de la tradition orale, nous exhortant à honorer et à sauvegarder ces récits en tant que vecteurs inestimables de l'expression humaine et de l'héritage culturel. En embrassant le dépôt vivant et intangible de notre conscience collective, nous sommes prêts à tisser une tapisserie narrative riche et inclusive qui résonne à travers les générations, perpétuant l'esprit indomptable de la tradition orale.

4
Le parcours académique
Des relations internationales aux sciences politiques

Le parcours académique : Des relations internationales aux sciences politiques

Le passage des relations internationales aux sciences politiques dans le monde universitaire implique généralement de naviguer dans un réseau complexe d'idées qui mettent en évidence l'interconnexion entre les questions mondiales et la politique intérieure. Traditionnellement, les relations internationales se concentrent sur les interactions entre les pays et les autres acteurs mondiaux, en examinant les luttes de pouvoir, les conflits et les collaborations. Toutefois, si l'on creuse davantage ces interactions, on s'aperçoit souvent qu'il est important de comprendre les systèmes politiques, la gouvernance et les cadres sociétaux, ce qui conduit naturellement à l'étude des sciences politiques. Les écrivains contemporains qui comblent les fossés culturels se font l'écho de cette évolution. Prenez Elif Shafak, par exemple ; ses livres abordent fréquemment des sujets tels que la diaspora, l'identité et le sentiment d'appartenance, ajoutant ainsi de la profondeur aux discussions sur les événements politiques qui transcendent les frontières. Dans ses écrits, Shafak démontre que la traduction culturelle peut être un outil crucial pour comprendre les complexités du pouvoir et du déplacement, en soulignant comment les histoires façonnent les identités individuelles et collectives face aux troubles politiques (Carole A. Martin et al., 2024). L'examen de ces thèmes met en évidence l'impact d'événements historiques tels que le génocide arménien (Thomas Kühne et al., 2023). Il souligne pourquoi nous avons besoin d'une approche qui s'appuie sur des domaines multiples pour aborder correctement les problèmes complexes de notre monde globalisé. Ainsi, le changement académique devient le reflet d'un voyage plus vaste : essayer de comprendre ce que signifie être humain au milieu des courants politiques et culturels en constante évolution.

Poursuites académiques

D'une manière générale, l'entrée d'Elif Shafak dans le monde universitaire reflète autant une curiosité constante qu'un profond désir de connaissance - des qualités qui sont, dans la plupart des cas, explorées en profondeur dans les discussions universitaires sur ses écrits et ses points de vue philosophiques (Naeem M et al., 2024). Très tôt, elle a manifesté un intérêt prononcé pour les affaires mondiales, la diplomatie et les interactions entre les cultures ; ce vif intérêt, comme l'ont noté certains critiques (Carole A Martin et al., 2024), a servi de base à la poursuite ultérieure d'études supérieures en relations internationales, reflétant une tendance plus large chez les auteurs attirés par les récits mondiaux. Poussée par un désir sincère de s'attaquer aux complexités mondiales, ses objectifs académiques découlaient de son souhait de comprendre la nature imbriquée des forces géopolitiques et des échanges culturels. L'exposition à diverses langues, récits historiques et systèmes de croyance a favorisé une compréhension profonde de l'interconnexion des sociétés humaines, ce qui, à son tour, a planté les premières graines de ses futurs efforts académiques.

Lors de ses années de formation, le climat intellectuel a nourri un esprit curieux, désireux de démêler les multiples facettes des relations internationales. On pourrait dire que la décision de Shafak d'étudier les relations internationales s'est développée naturellement à partir de ses penchants intellectuels inhérents, car elle semblait comprendre l'importance de ces influences. Pour approfondir les nuances de la politique mondiale, des structures de pouvoir et des cadres sociétaux, elle s'est lancée dans une exploration marquée par une quête inébranlable de connaissance et de compréhension. En rencontrant diverses perspectives et en s'engageant dans des dialogues interculturels, l'expérience universitaire de Shafak a illustré son engagement profond à favoriser la compréhension et l'empathie au sein de la communauté mondiale. Grâce à ses études, Shafak a cherché à transcender les limites géographiques et à découvrir les points communs qui unissent tous les peuples. L'engagement de Shafak à explorer ces horizons intellectuels souligne constamment sa volonté de combler les fossés et de promouvoir les échanges interculturels, ce qui constitue la pierre angulaire de son travail. Dans cette section, nous souhaitons souligner à quel point les premiers engagements académiques de Shafak ont été déterminants pour influencer sa perspective diversifiée et favoriser sa promotion passionnée de l'interconnexion et de l'harmonie culturelle. Par exemple, son roman "La bâtarde of Istanbul" peut être considéré comme le reflet de ses études, car il aborde les complexités de l'identité et de l'appartenance dans un contexte de troubles politiques.

La décision d'étudier les relations internationales

Pour Elif Shafak, la décision d'étudier les relations internationales a été déterminante. Son intérêt pour cette discipline est né d'un désir sincère de comprendre l'interaction complexe des événements mondiaux, des diverses cultures et des histoires humaines. L'intérêt de Mme Shafak pour ces thèmes reflète l'importance croissante de la compréhension des histoires transnationales et de leur impact sur la société. La recherche a montré comment les femmes migrantes et réfugiées utilisent la narration pour revendiquer le pouvoir et construire une conscience intersectionnelle à l'échelle mondiale. En outre, l'inclusion de points de vue linguistiques multiples dans les œuvres littéraires souligne l'importance des approches translinguistiques dans les romans contemporains, comme en témoigne une série d'œuvres modernes. Ce croisement entre la littérature et les relations internationales améliore notre compréhension des dynamiques culturelles. Elle reflète une tendance plus large à reconnaître la pertinence de voix diverses dans les discussions mondiales. La décision de Shafak d'étudier les relations internationales n'était pas seulement un choix de discipline universitaire, mais un engagement profond à comprendre et à promouvoir l'interconnexion de notre monde.

Paysages géopolitiques et relations internationales

Poussée par un désir ardent de saisir les complexités inhérentes aux affaires mondiales, Shafak a très bien compris le rôle vital que joue une compréhension détaillée des engagements diplomatiques, des diverses croyances politiques et des interactions qui dépassent les frontières nationales. Ce choix, si important pour elle, a révélé son profond désir de naviguer dans le monde souvent déroutant de la politique internationale, des efforts pour résoudre les conflits et de la manière dont les événements historiques façonnent notre monde moderne (Cheikosman et al., 2024). Au cœur de tout cela, son étude des relations internationales était motivée par un fort désir de comprendre les nombreux aspects de la manière dont le monde est gouverné et dont les pays travaillent ensemble, en particulier lorsqu'il s'agit des situations sociales et politiques dans des pays comme la Turquie et les communautés de Turcs vivant à l'extérieur de la Turquie. Grâce à des études sérieuses, Shafak a cherché à en savoir plus sur les forces clés qui influencent la façon dont les pays interagissent les uns avec les autres, leurs économies et leurs structures sociales, ainsi que le mélange complexe de cultures qui existent dans le monde (Furlanetto et al., 2017).

C'est dans le cadre des relations internationales qu'elle a découvert un endroit idéal pour examiner le fonctionnement du pouvoir, l'art de la diplomatie et la manière dont les pays interagissent dans le monde d'aujourd'hui, qui évolue rapidement. Ce domaine d'étude l'a entraînée dans un voyage intellectuel profond, à la découverte des diverses idées, méthodes et fondements historiques qui sous-tendent le réseau complexe des relations internationales. En outre, l'examen des petits détails des problèmes mondiaux et de la manière dont les pays interagissent les uns avec les autres a suscité une passion pour la promotion de la compréhension entre les différentes cultures, la promotion de discussions ouvertes et une plus grande sensibilisation aux liens communs qui unissent l'humanité tout entière. Par conséquent, la décision de se concentrer sur les relations internationales n'a pas seulement défini le parcours éducatif de Shafak ; elle est également devenue la base de son travail ultérieur en tant qu'écrivain renommé, penseur respecté et fervent défenseur de l'unité et de la compréhension à l'échelle mondiale.

Principaux enseignements et influences dans le domaine des relations internationales

L'étude des relations internationales d'Elif Shafak a engendré un large éventail d'apprentissages et d'influences clés, qui ont considérablement façonné son point de vue sur les affaires mondiales et l'humanité. Elle a entrepris une recherche académique approfondie, examinant les réalités complexes de la diplomatie, de la résolution des conflits et des dynamiques culturelles et historiques, qui sont toutes cruciales pour comprendre les problèmes mondiaux auxquels nous sommes confrontés aujourd'hui (Furlanetto et al., 2017). Un élément fondamental de sa formation a été la compréhension des théories fondamentales des relations internationales, qui englobent le réalisme, le libéralisme, le constructivisme et les théories critiques, toutes inestimables pour analyser les interactions entre les États et l'élaboration des politiques (Furlanetto et al.).

Ce parcours universitaire l'a dotée d'outils analytiques lui permettant de comprendre la nature complexe des défis mondiaux. Il a favorisé une compréhension plus profonde des affaires internationales. En outre, ses études lui ont permis de mieux comprendre les événements géopolitiques, le rôle des institutions internationales et l'impact des acteurs non étatiques. Cela lui a permis de comprendre le réseau complexe de relations entre les pays, les groupes internationaux et les mouvements transnationaux, ce qui lui a permis d'approfondir sa compréhension de l'interconnexion des sociétés mondiales. Shafak a également été confrontée à des études de cas, ce qui l'a sensibilisée aux implications pratiques de ces cadres théoriques. L'étude de situations politiques historiques et contemporaines lui a permis de comprendre comment le pouvoir, la diplomatie et les inégalités socio-économiques affectent la sécurité mondiale.

Au-delà de ces activités académiques, Shafak a développé un intérêt profond pour les aspects culturels et sociétaux des interactions internationales. En explorant divers points de vue culturels et histoires historiques, elle en est venue à apprécier la richesse des expériences humaines dans différentes régions, remettant en question les points de vue étroits et renforçant la nécessité d'un dialogue interculturel. C'est dans cet environnement qu'elle a commencé à s'intéresser à la narration en tant qu'outil de compréhension interculturelle, préparant ainsi le terrain pour ses travaux littéraires ultérieurs visant à combler les fossés culturels. D'une manière générale, ces apprentissages et influences issus de son engagement dans les relations internationales ont renforcé ses perspectives académiques et préparé le terrain pour ses explorations littéraires de l'identité, de l'appartenance, du conflit et de la réconciliation dans le cadre plus large de l'expérience humaine.

Transition vers les sciences politiques

Le parcours intellectuel d'Elif Shafak a pris un tournant lorsqu'elle s'est orientée vers les sciences politiques, ce qui a marqué un véritable changement pour elle. Au lieu de se limiter aux relations internationales, elle a trouvé toutes sortes d'idées nouvelles en sciences politiques - de nouvelles théories, de nouvelles méthodes, etc. Cela a élargi sa perspective académique. Au fur et à mesure qu'elle s'y plongeait, elle commençait à voir comment les acteurs politiques, les institutions, les croyances et le pouvoir fonctionnaient ensemble, ce qui a ensuite influencé de manière significative son écriture, tout comme la littérature remet en question notre vision de l'histoire. Shafak en est venue à apprécier les multiples facettes de la gouvernance, de la politique et de la société, et a vu comment elles s'entrecroisent avec nos histoires et nos expériences d'une manière semblable à la façon dont nous percevons l'action des personnages (Ranković et al.).

En examinant de près les événements mondiaux, elle a acquis des connaissances qu'elle a ensuite utilisées pour enrichir ses histoires. Cette démarche lui a donné plus d'outils académiques et a suscité un véritable intérêt pour la façon dont la politique, la culture et l'identité s'entrecroisent. Cela l'a incitée à raconter des histoires plus profondes et à proposer des commentaires sociaux perspicaces. Son passage aux sciences politiques lui a permis d'acquérir une compréhension plus complète du monde sociopolitique passé et présent, ce qui lui a permis de créer des allégories puissantes et des histoires qui donnent à réfléchir et qui plongent au cœur de ce que signifie être humain. D'une manière générale, on peut dire que le passage de Shafak aux sciences politiques a été un tournant, conduisant à un mélange de connaissances académiques, de recherches réfléchies et de récits passionnés qui trouvent un écho auprès de personnes de tous horizons - à quelques détails près, bien sûr.

Études supérieures et domaines de recherche

Le passage d'Elif Shafak aux sciences politiques a marqué un tournant important dans son parcours universitaire. C'est là qu'elle a entrepris un examen approfondi de domaines qui ont profondément façonné sa compréhension des dynamiques sociétales et des nuances subtiles de la culture. Dans le cadre des sciences politiques, Mme Shafak a cherché à démêler les relations complexes entre la gouvernance, l'identité et les structures du pouvoir. Elle s'est appuyée sur sa formation en relations internationales et a adopté la nature interdisciplinaire des études supérieures. Au cours de cette période, elle s'est concentrée sur l'intersection entre la politique et l'identité, en particulier dans les sociétés multiculturelles. Ce thème a été renforcé par son étude des femmes comme figures sociétales transformatrices, à l'instar de la manière dont les traditions Sūfī mettent l'accent sur l'autonomisation des femmes, même lorsque les structures politiques s'y opposent (Assadi J, 2023). Ses recherches ont exploré l'impact des récits historiques, de la mémoire collective et des mouvements sociaux sur l'identité individuelle et collective. Cela rejoint les idées présentées dans les travaux des chercheurs en sciences sociales qui étudient les communautés marginalisées (Sinan Çaya, 2023). Cela l'a amenée à étudier la manière dont la littérature et les récits remettent en question les principaux récits politiques et font entendre des voix marginalisées, en se concentrant notamment sur les contributions des femmes. Shafak s'est également intéressée à la politique comparée, analysant en profondeur divers systèmes politiques et leurs réponses aux changements socioculturels. En examinant des études de cas du monde entier, elle a acquis des connaissances précieuses sur la manière dont les institutions politiques évoluent et s'adaptent à des sociétés en mutation, ce qui a enrichi son point de vue d'écrivain et d'intellectuel public.

En outre, dans le cadre de ses études, Shafak a exploré les études de genre et la théorie féministe dans le contexte de la politique. Ses recherches ont porté sur les relations complexes entre le genre, le pouvoir et l'élaboration des politiques, mettant en lumière la complexité des expériences liées au genre au sein de divers systèmes politiques. Ces observations s'alignent sur les discussions actuelles dans la littérature féministe qui remettent en question les récits conventionnels. Cette approche interdisciplinaire lui a permis d'acquérir une connaissance approfondie des divers facteurs qui influencent la dynamique sociale et politique, et elle s'appuie sur cette connaissance pour nuancer les questions de genre décrites dans ses livres. En outre, les études supérieures de Mme Shafak ont porté sur la manière dont les médias et la communication façonnent les débats politiques et la façon dont le public les perçoit. Grâce à l'analyse critique et à la recherche, elle a examiné l'impact des plateformes numériques, du cadrage des histoires et de la culture visuelle sur l'engagement politique aujourd'hui, ce qui lui a permis de mieux comprendre les intersections de l'identité et du pouvoir dans la société moderne. Cela souligne vraiment la nécessité de réunir différentes perspectives académiques pour comprendre des questions sociales complexes.

Connexions interdisciplinaires

D'une manière générale, les liens interdisciplinaires sont au cœur du parcours universitaire d'Elif Shafak, ce qui a contribué à façonner la diversité de ses perspectives et de son éventail intellectuel. Au fur et à mesure qu'elle avançait dans ses études et se plongeait dans des recherches portant sur les relations internationales et les sciences politiques, Elif Shafak s'efforçait activement de jeter des ponts entre ces domaines, en recherchant la nature interconnectée des questions mondiales. Dans la plupart des cas, ses explorations ont croisé l'histoire, la sociologie, l'anthropologie et même les études culturelles, ce qui a favorisé une compréhension globale des dynamiques sociétales complexes. Plus précisément, dans le cadre des relations internationales, Shafak s'est efforcée d'explorer des thèmes tels que l'identité, la nation et, bien sûr, les changements géopolitiques, en gardant un œil attentif sur les nuances culturelles qui, semble-t-il, résonnent à la fois dans les cultures orientales et occidentales, ce qui est mis en évidence dans ses travaux narratifs (Mehrpouyan A et al., 2025), p. 45). Cette approche interdisciplinaire lui a permis d'entrelacer des récits qui dépassent les frontières académiques traditionnelles et d'établir un lien avec divers groupes de personnes. En outre, ses points de vue mixtes lui ont permis d'aborder des problèmes à multiples facettes, tels que la migration, les communautés de diaspora et les effets de la mondialisation sur les cultures locales ; en effet, ces questions reflètent les subtilités présentes dans ses récits.

En sciences politiques, Shafak a constamment intégré des théories de sociologie, de psychologie et même de littérature dans ses travaux universitaires, créant ainsi des dialogues autour de ces intersections. Adoptant une approche globale pour comprendre les structures politiques et la dynamique du pouvoir, elle a intégré des perspectives issues de diverses disciplines, ce qui a enrichi ses analyses d'une compréhension nuancée du comportement humain et des interactions sociales. L'assimilation de divers points de vue l'a aidée à remettre en question les idées académiques conventionnelles et à cultiver des théories innovantes qui reflètent les scénarios du monde réel. Dans la plupart des cas, les liens que Shafak a tissés entre différents domaines sont le fruit de sa volonté de susciter des conversations et des collaborations. Travailler avec des universitaires et des penseurs d'horizons divers a enrichi non seulement son propre développement intellectuel, mais également la compréhension du monde universitaire dans son ensemble, un point crucial dans le contexte mondialisé d'aujourd'hui (Mehrpouyan A et al., 2025, p. 89).

Grâce à ces partenariats et dialogues, elle a introduit de nouvelles perspectives, développant sa propre voix distincte qui a remis en question les structures traditionnelles tout en atteignant des publics mondiaux. Au fil de son parcours universitaire, ses liens interdisciplinaires ont été une source d'inspiration et de motivation intellectuelle, la propulsant vers de nouvelles perspectives et des méthodes innovantes. Cette libre circulation des idées et des pratiques a aiguisé ses compétences analytiques. En outre, ils ont contribué à nourrir un mode d'enquête réflexif, l'incitant à examiner d'un œil critique les questions sociétales. En fin de compte, ces liens ont jeté les bases de ses futurs écrits, qui ont rendu ses récits multidimensionnels, mettant en évidence une profonde compréhension de l'expérience humaine, comme en témoigne sa narration qui fusionne diverses influences.

Défis et succès académiques

Le parcours d'Elif Shafak dans le monde universitaire n'a pas été sans embûches, mais elle a aussi connu de nombreux triomphes. Son approche interdisciplinaire, combinant les relations internationales et les sciences politiques, l'a obligée à concilier les exigences d'une étude sérieuse et son désir croissant d'écrire. Ce voyage intellectuel a révélé des défis familiers : combler le fossé entre la théorie et l'application dans le monde réel, naviguer entre les différentes perspectives et tenter de réconcilier les idées contradictoires dans les débats académiques. Cela dit, ces difficultés se sont révélées extrêmement utiles pour façonner sa pensée et lui ont permis de forger sa propre voie. La résilience de Shafak a surtout contribué à ses succès académiques, un trait souvent mis en évidence dans la littérature actuelle, en particulier dans les récits sur les expériences multilingues et les mondes sociolinguistiques complexes dans lesquels elles s'inscrivent (Hansen J, 2024). La façon dont sa précision académique et son écriture créative se rejoignent montre comment différents domaines peuvent s'influencer mutuellement de façon intéressante, un phénomène également évident dans les études sur la migration, où le déplacement et la recherche d'un nouveau lieu sont essentiels pour comprendre comment nous formons nos identités (Carole A. Martin et al., 2024).

Mentorat et conseils

Le parcours académique et littéraire d'Elif Shafak a été considérablement influencé par le mentorat et les conseils. Elle a eu la chance d'avoir des mentors qui lui ont offert un soutien, une sagesse et des encouragements inestimables tout au long de sa vie universitaire. Ces mentors, qu'il s'agisse de membres de la faculté, de conseillers académiques ou d'autres écrivains, ont nourri sa curiosité, renforcé sa pensée critique et affiné ses compétences en matière d'écriture. Plus qu'une simple influence sur ses résultats scolaires, leurs conseils l'ont également aidée à entrer dans le monde de l'écriture. Les mentors de Shafak lui ont donné plus qu'une simple orientation académique ; ils lui ont également inculqué une volonté de développement continu, de créativité et de résilience. Cela correspond au cadre de Goffman sur la présentation de soi, en particulier en ce qui concerne l'influence des agents sociaux dans la formation des récits personnels (Ranković et al.). Elle a appris à naviguer dans des paysages savants difficiles, à adopter des points de vue interdisciplinaires et à cultiver un amour profond pour l'art de la narration sous leur supervision, reflétant les points de vue de Ranković sur la façon dont les récits culturels et l'identité personnelle se croisent (Hoffmann et al., 2023).

Ces mentors ont dépassé la sphère académique pour devenir des amis fiables et des sources d'inspiration, alimentant son ambition d'écrire des histoires qui dépassent les frontières et s'adressent à un large éventail de lecteurs. Les connaissances inestimables et le mentorat qu'elle a reçus au cours de ses premières années ont été essentiels pour faire le lien entre ses intérêts académiques et sa passion croissante pour l'écriture lorsqu'elle a commencé sa carrière. Forte de ces riches expériences de mentorat, Shafak est devenue une écrivaine responsable qui n'hésite pas à aborder des questions sociétales sensibles et à donner la parole à ceux qui ont été réduits au silence par le discours dominant. Ses œuvres littéraires abordent les thèmes de la direction, de l'empathie et des relations mentor-mentoré, ce qui confère une profondeur émotionnelle et une authenticité à ses récits ; l'influence du mentorat est donc évidente. L'impact du mentorat sur le parcours de Shafak confirme le potentiel révolutionnaire de l'entretien de relations dans les arts et les universités, soulignant l'importance de promouvoir des réseaux de soutien et des opportunités de mentorat pour les auteurs et les chercheurs en herbe.

Début de carrière : Intégrer le monde universitaire à l'écriture

Au début de sa carrière, Elif Shafak a trouvé un équilibre entre son travail universitaire et sa passion grandissante pour l'écriture. Elle a cherché à intégrer ses connaissances académiques à ses projets créatifs pendant ses études. Pendant cette période, Elif Shafak a mené des recherches académiques sérieuses et a également développé son style de narration unique. Ce style est connu pour mélanger différentes cultures et langues. Cette méthode est similaire à ce que les études littéraires actuelles suggèrent à propos des textes multilingues et de leur impact sur la narration (Hansen, J., 2024). Elle a pu combiner ces domaines, ce qui a non seulement amélioré ses romans, mais a également contribué aux discussions sur la maternité et l'identité. Cela lui a permis d'examiner les défis de la maternité dans différents contextes culturels. Ce mélange de travaux académiques et littéraires situe son travail dans une conversation importante sur la façon dont les expériences personnelles influencent l'expression et l'unité artistiques, ce qui rejoint les idées des études interdisciplinaires sur la maternité (Underwood-Lee et al., 2022). La méthode créative de Shafak construit une histoire captivante qui défie les frontières traditionnelles et favorise une compréhension plus profonde de l'expérience maternelle, ce qui en fait une présence significative dans la littérature d'aujourd'hui.

Cette double approche, qui concilie la narration et l'attention portée à la langue, l'a véritablement façonnée. Elle a servi de base aux diverses histoires qu'elle allait raconter par la suite. Le temps qu'elle a passé dans le monde universitaire a suscité une véritable curiosité intellectuelle, lui donnant un aperçu de la société et des relations humaines qui a ensuite donné de la profondeur à ses écrits (Furlanetto et al., 2017). Simultanément, le fait de s'engager dans l'expression littéraire lui a permis de rendre réelles et vivantes les idées théoriques qu'elle avait apprises à l'école (Cheikosman et al., 2024). En dépit des défis posés par le monde universitaire, Shafak est restée attachée à ses activités créatives. Elle a trouvé l'inspiration dans les discussions académiques, utilisant divers points de vue et théories pour créer des histoires vivantes et stimulantes qui dépassaient les attentes.

Ses compétences académiques se sont développées en même temps que son talent littéraire, chaque domaine se complétant l'un l'autre. De plus, l'habileté de Shafak à combiner des observations académiques avec de nouvelles idées narratives a consolidé sa position en tant que voix unique, capable de faire le lien entre le monde académique et l'art. Cette synergie entre sa formation universitaire et sa vision artistique a guidé le début de sa carrière, la poussant à développer une approche bien équilibrée de la création de connaissances et de la narration. La flexibilité intellectuelle de Mme Shafak s'est manifestée dans sa capacité à combiner la nature de l'université, axée sur les données, avec le pouvoir émotionnel de la narration, ce qui a donné naissance à des livres offrant un commentaire social et un engagement empathique. Le début de sa carrière, dans la plupart des cas, montre comment la rigueur académique et les compétences littéraires peuvent s'associer, préparant le terrain pour un voyage artistique transformateur qui continue de fasciner les lecteurs.

Conclusion : Impact de la formation académique sur l'œuvre littéraire

D'une manière générale, la formation universitaire d'un auteur sert souvent de base à son œuvre littéraire, en influençant ses perspectives et les récits qu'il construit. Le passage d'Elif Shafak des relations internationales aux sciences politiques a, dans la plupart des cas, profondément influencé ses efforts littéraires. Cette dernière partie examinera la relation complexe entre la formation universitaire d'Elif Shafak et ses nombreux écrits. La formation de Shafak en relations internationales lui a permis d'acquérir une connaissance approfondie de la politique mondiale, de la diplomatie et de la dynamique culturelle. Cela se traduit par sa capacité à élaborer des récits géopolitiques complexes qui dépassent les frontières (Barış Ayd Cın, 2024).

Ces perspectives imprègnent ses écrits, offrant une vision nuancée des questions géopolitiques, des complexités sociopolitiques et des interactions interculturelles. Son analyse perspicace des structures de pouvoir et des contextes historiques témoigne de son expertise académique et confère de l'authenticité à ses récits. La transition vers les sciences politiques a encore élargi le champ intellectuel de Shafak, en l'exposant à divers cadres théoriques et discours critiques essentiels à la compréhension des structures sociales (Naeem M et al., 2024). Cet ensemble de compétences académiques élargies lui a permis de remettre en question les normes sociétales et de défendre la justice sociale dans ses œuvres littéraires. En intégrant diverses perspectives, Shafak crée des récits qui dépassent les frontières conventionnelles, offrant aux lecteurs de nombreuses idées qui suscitent la réflexion. En plus d'enrichir ses thèmes, la formation universitaire de Mme Shafak a affiné ses compétences en matière de recherche, ce qui lui permet d'explorer le patrimoine culturel et les histoires collectives de manière nuancée et complexe. Son approche méticuleuse, fondée sur la rigueur académique, confère à sa prose une profondeur intellectuelle qui encourage un engagement critique vis-à-vis des contextes socio-historiques qu'elle dépeint.

En outre, elle l'aide à remettre en question les perceptions, à démonter les stéréotypes et à clarifier les complexités de la traduction culturelle, faisant de son travail une lentille à travers laquelle examiner les phénomènes sociétaux et les expériences humaines. En substance, l'impact de la formation universitaire de Shafak est évident dans la profondeur intellectuelle de ses récits, les considérations éthiques qu'elle incorpore dans sa narration et la résonance de ses récits auprès de divers publics. Son habile navigation dans le paysage universitaire sert de toile de fond et de force déterminante pour façonner les voix et les expériences que l'on retrouve dans sa littérature.

5
Percer
"Pinhan" et les premiers succès littéraires

"Pinhan" d'Elif Shafak marque un moment important, une véritable percée, incarnant à la fois son succès initial et les préoccupations thématiques profondes qui traversent l'ensemble de son œuvre. Écrit à l'origine en turc et publié en 1998, ce roman entremêle admirablement les histoires de divers personnages, tous aux prises avec leur identité sur fond de conflit culturel. Ce thème fait naturellement écho à la propre vie de Shafak, qui navigue entre des mondes disparates. Le récit lui-même reflète la danse complexe entre les histoires individuelles et les histoires partagées. D'une certaine manière, Shafak s'en sert pour entamer des discussions sur le genre et l'identité dans le paysage littéraire turc. Il convient de noter son style distinctif, qui mêle traditions anciennes et angoisses modernes, remettant ainsi en question les frontières normatives que l'on trouve souvent dans la littérature. L'habileté de Shafak à attirer les lecteurs par des clins d'œil intertextuels et son maniement très habile de la langue ne fait pas que l'établir comme une figure clé de la littérature turque ; elle prépare également le terrain pour ses futures plongées dans la traduction culturelle. En substance, son œuvre représente un point tournant dans l'histoire littéraire, mettant en lumière les luttes de ceux qui ne sont souvent pas entendus et soulignant le pouvoir de la littérature de transformer et de faciliter la conversation culturelle (Lerjen M et al., 2024), (Bieliaieva O et al., 2020).

Introduction à "Pinhan" : Contexte et thèmes

Elif Shafak a commencé sa carrière littéraire à la fin des

années 1990, période qui a culminé avec la publication de son premier roman, *Pinhan*. Ce roman a vu le jour au milieu des sables mouvants de la société turque, instantanément marquée par des changements culturels et sociaux. Les chercheurs ont observé que l'atmosphère socioculturelle entourant la création de *Pinhan* était nettement transitoire, reflétant les luttes identitaires plus larges au sein de la Turquie à l'époque (Furlanetto et al., 2017). La Turquie, prise entre les traditions et les influences modernes, se débattait avec des questions d'appartenance, d'identité et de friction entre les idées anciennes et nouvelles - ces thèmes sont, d'une manière générale, au cœur de la vision littéraire de Shafak (Furlanetto et al.). Cette interaction vibrante des forces de la société a fourni à Shafak une scène fascinante pour examiner des thèmes qui, dans la plupart des cas, sont profondément liés à la condition humaine.

Pinhan explore les complexités de l'identité personnelle et partagée, en mettant en lumière les liens entre les individus dans le cadre de la société. Par ce biais, Shafak élabore habilement un récit sur la recherche de la découverte de soi dans un contexte de changement culturel constant. En effet, l'importance thématique de *Pinhan* dépasse son contexte immédiat, transcendant les frontières géographiques pour aborder les questions universelles de l'existence. En fusionnant avec art les perspectives historiques, les concepts philosophiques et les réalités actuelles, Shafak confère à *Pinhan* un air profondément introspectif, invitant les lecteurs à considérer les paysages toujours changeants de l'existence humaine. Ce roman est un commentaire poignant sur l'expérience humaine, qui trouve un écho auprès de personnes d'horizons divers qui sont sur la voie de la découverte de soi.

En outre, *Pinhan* explore également le mysticisme et la spiritualité, en les intégrant dans la vie quotidienne de ses personnages. Cette exploration de la spiritualité illustre le talent de Shafak pour imprégner ses récits d'une qualité transcendante, en s'appuyant simultanément sur les connaissances traditionnelles et la pensée moderne. *Pinhan* aborde donc des thèmes qui transcendent le temps et l'espace, incarnant l'universalité inhérente aux grands récits. Ainsi, le poids littéraire de *Pinhan* ne réside pas seulement dans sa pertinence historique et culturelle, mais aussi dans son exploration durable des thèmes, offrant des perspectives profondes sur ce que signifie être humain à travers différentes cultures et époques.

L'histoire du roman : Inspiration et conception

Le récit d'Elif Shafak sur l'inspiration et la conception de son roman "Pinhan" offre un aperçu fascinant de son processus créatif. Profondément ancré dans la riche tapisserie de la culture et de l'histoire turques, "Pinhan" s'inspire d'une myriade d'influences, à la fois personnelles et littéraires. Shafak se plonge dans ses expériences et les tisse dans la trame narrative du roman. La conception de "Pinhan" remonte aux premières rencontres de Shafak avec la philosophie soufie et les traditions mystiques, qui ont laissé une empreinte indélébile sur sa vision du monde (Alwan, 2016). Le roman, né d'un désir d'exprimer et d'interpréter les complexités de la recherche spirituelle et de la contemplation métaphysique, résonne avec les discussions contemporaines sur la spiritualité universelle et la coexistence au milieu des défis sociétaux modernes.

La quête personnelle de Shafak pour comprendre l'interconnexion de l'existence humaine et des royaumes éthérés se répercute tout au long des pages de "Pinhan", s'alignant sur les idéaux exprimés dans ses autres œuvres, comme l'accent mis sur l'amour et l'égalité dans son exploration du soufisme (Shafak, 2010). Au-delà de son parcours personnel, le roman s'inspire également des riches traditions de narration orale profondément ancrées dans la culture turque, ce qui souligne encore l'importance de ces pratiques dans les récits littéraires contemporains (Thomas Kühne et al., 2023). Cette approche stratifiée renforce non seulement l'authenticité du récit de Shafak, mais invite également les lecteurs à aborder les thèmes de l'identité et de l'appartenance d'une manière plurielle (Alqahtani, 2023).

Pinhan est né d'une riche tapisserie d'influences ; plus particulièrement, Shafak a tissé des traditions orales avec sa propre vision littéraire. Le résultat ? Une œuvre qui rend hommage à l'art de raconter des histoires d'une manière vraiment captivante. En effet, l'histoire turque, avec son mélange culturel, a constitué un terrain fertile pour la création du roman (Shafak, 2007, p. 45). L'exploration par Shafak des fils historiques et des dynamiques sociétales lui a permis d'imprégner Pinhan d'un sens profond du temps et du lieu, reflétant les couches complexes de son héritage et les influences multiformes qui façonnent la Turquie contemporaine (Furlanetto et al., 2017). En outre, on pourrait dire que la conception du roman était profondément liée à la volonté de Shafak de remettre en question les normes sociétales et les perceptions enracinées (Shafak, 2007, p. 89).

Ainsi, Pinhan témoigne de l'engagement de Shafak à démêler les complexités de l'identité, de la tradition et de la modernité, illustrant le dialogue permanent entre le passé et le présent. La genèse du roman peut être trouvée dans cette confluence d'influences, résultant en une œuvre qui transcende les incidents individuels et incarne la conscience collective de l'héritage turc (Furlanetto et al.). L'histoire de Pinhan témoigne de la capacité de Shafak à entrelacer le personnel, le culturel et l'universel, pour aboutir à un chef-d'œuvre littéraire.

La structure et le style narratif de Pinhan

*Pinhan est un voyage fascinant dans les domaines de l'identité, du mystique et des frontières plutôt indistinctes qui séparent ce que nous percevons comme réel de ce qui pourrait être une illusion. La façon dont le roman est structuré et le style dans lequel il est écrit sont sans doute essentiels pour créer une expérience de lecture immersive qui résonne profondément, et à plusieurs niveaux, avec son public. Shafak entrelace habilement divers récits, se déplaçant avec fluidité entre ce qui était et ce qui est, brouillant souvent les distinctions entre l'histoire établie et les récits folkloriques et, de manière plutôt inattendue, reliant ses personnages. Les spécialistes de la littérature comparée ont observé cette technique non linéaire (Cheikosman et al., 2024), notant qu'elle favorise une narration riche et entremêlée, invitant les lecteurs à explorer les complexités inhérentes au temps, à l'espace et aux réseaux complexes des relations humaines. L'utilisation de différents points de vue permet de sonder les multiples facettes de la vie intérieure des personnages - leurs motivations et, bien sûr, leurs luttes individuelles - ce qui apporte une profondeur et des couches significatives à l'ensemble de la narration. Dans la plupart des cas, la prose de Shafak révèle une élégance lyrique, s'inspirant à la fois des écrits turcs classiques et du large éventail d'influences que l'on trouve dans la littérature mondiale contemporaine.

Cela lui a valu des éloges considérables de la part de la critique pour son mélange distinct de styles (Furlanetto et al., 2017). Son langage évocateur peint un panorama vibrant d'émotions, de perceptions sensorielles et d'atmosphères variées, évoquant ainsi, peut-être, un sentiment d'intemporalité et d'universalité. Le récit est en outre empreint d'un sentiment d'enchantement grâce à l'incorporation d'éléments mystiques et spirituels, brouillant généralement les frontières entre le tangible et l'intangible, ce qui est une caractéristique de sa technique littéraire. Le symbolisme est indéniablement omniprésent, invitant les lecteurs à déchiffrer les significations cachées et à s'engager dans des réflexions plus profondes sur des thèmes universels, tels que l'amour, la perte et la quête humaine du sens lui-même. L'interaction entre l'ombre et la lumière, la réalité et l'illusion, ainsi que la convergence de ce qui semble à première vue être des récits disparates, contribuent en fin de compte à la conception structurelle unique du roman. Il convient de noter que le style du roman n'est pas seulement un moyen de faire passer l'histoire, mais aussi un reflet de la voix distinctive de l'auteur, une voix qui combine des stratégies narratives traditionnelles avec une sensibilité plus contemporaine, repoussant les limites de manière inattendue. En entraînant le lecteur dans un monde où la réalité et la mythologie s'entremêlent, où les échos du passé résonnent dans le présent et où les identités existent dans un état de flux constant, la structure et le style de *Pinhan* captivent directement l'imagination, mais posent également un défi aux frontières littéraires conventionnelles, solidifiant sa présence durable dans un paysage littéraire qui fait l'objet d'un débat scientifique permanent.

Réception critique et premiers éloges

D'une manière générale, les premières œuvres d'Elif Shafak, en particulier *Pinhan*, laissaient présager de ses capacités littéraires. Une fois publié, *Pinhan* a suscité beaucoup d'attention et d'éloges. Les critiques ont fait l'éloge de son style distinct, de la profondeur de ses thèmes et de ses personnages. Sa capacité à tisser des récits complexes, qui vont au-delà de la narration conventionnelle, a été remarquée, et beaucoup ont reconnu sa contribution à la nature multilingue de la littérature contemporaine. Les critiques et les universitaires ont noté sa capacité à juxtaposer des éléments mystiques et quotidiens, une caractéristique des récits translinguistiques qui peut enrichir le discours littéraire (Julie M. Hansen, 2024). On peut affirmer que le mélange des langues et des références culturelles renforce la richesse thématique et résonne profondément, entraînant les lecteurs dans une tapisserie littéraire complexe qui reflète la nature mondialisée de la narration moderne (Hansen, J., 2024).

La plongée profonde du roman dans l'identité, la spiritualité et, oui, même l'existentialisme, a fourni un terrain véritablement fertile pour l'analyse littéraire et la réflexion philosophique profonde. Il s'inscrit certainement dans la tendance actuelle des récits trans* dans la littérature contemporaine, favorisant diverses interprétations et suscitant un dialogue important (Lerjen M et al., 2024). Les premiers éloges de *Pinhan* sont également dus à l'habileté de Shafak à créer des images frappantes et, franchement, une écriture évocatrice, qui attire les lecteurs dans le monde vivant qu'elle a construit avec tant de soin. Le symbolisme stratifié du roman, si j'ose dire, et ses motifs qui incitent à la réflexion ont ajouté des couches de profondeur, obligeant presque les lecteurs à s'embarquer dans une conversation significative avec le texte, reflétant les complexités de l'identité individuelle et, en fait, collective (Zahra AFA'a, 2020).

À mesure que Pinhan gagnait en popularité, la voix littéraire de Shafak, d'une manière générale, est devenue synonyme d'innovation et d'un engagement intrépide à aborder des thèmes complexes, en particulier ceux liés au genre et à l'identité culturelle. Sa narration distincte a été applaudie, à juste titre, pour son audace et sa volonté de parcourir des territoires littéraires inexplorés, redessinant ainsi, dans la plupart des cas, les contours de la littérature turque moderne. L'accueil critique du roman n'a pas seulement consolidé la place de Shafak en tant qu'écrivain talentueux ; il a également ouvert la voie à de futures œuvres littéraires. Il s'agit d'un exemple puissant de son talent à provoquer la réflexion, à remettre en question les normes et, bien sûr, à capter le public avec des récits qui résistent à une catégorisation simple. En fin de compte, l'accueil critique et les premières acclamations entourant *Pinhan* ont peut-être joué un rôle essentiel dans la consolidation du statut d'Elif Shafak en tant que figure littéraire pionnière, ouvrant la voie à une carrière définie par l'innovation littéraire, la pertinence culturelle et un engagement inébranlable envers l'art de raconter des histoires.

Prix et reconnaissance : Établir la voix littéraire d'Elif Shafak

L'aventure d'Elif Shafak dans l'écriture a démarré avec le succès de son premier roman, *Pinhan*. Cette œuvre captivante a été largement acclamée et a reçu de nombreux prix, établissant la voix littéraire d'Elif Shafak sur les scènes nationales et internationales. En 1999, la sortie du roman a signalé un talent distinctif dans la littérature turque, permettant à Shafak d'être reconnue comme une force littéraire (Hansen J, 2024). *Pinhan* a reçu le prix Rumi en Turquie, soulignant ainsi son importance au sein de la communauté. Cette distinction a célébré la réussite de Shafak et l'importance culturelle de ses récits. En outre, les traductions ont permis de faire connaître la prose de Shafak à un public mondial (Tariq S et al., 2023). La portée internationale du livre a attiré l'attention et a servi de tremplin pour les œuvres futures de Shafak. Au-delà des récompenses, l'accueil critique de *Pinhan* a consolidé la réputation d'écrivain novateur de Shafak.

Les critiques et les universitaires ont loué le roman pour ses thèmes, ses personnages et sa narration. La capacité de Shafak à imbriquer des éléments dans son récit a captivé les lecteurs et les experts. Dans la littérature turque, *Pinhan* a redéfini la narration et ouvert la voie à une génération d'écrivains. L'alliance de la narration traditionnelle et de la sensibilité de Shafak a trouvé un écho, démontrant sa capacité à combler les fossés par le biais de la littérature. En tant que telle, la reconnaissance obtenue par *Pinhan* a honoré le travail individuel de Shafak et a signifié la reconnaissance du pouvoir de sa narration. D'éminents critiques et universitaires ont salué le roman pour la richesse de ses thèmes, la complexité de ses personnages et la maîtrise de sa narration. En fin de compte, les prix décernés à *Pinhan* ont établi la voix littéraire de Shafak et préfiguré l'influence qu'elle aurait sur la littérature mondiale et le discours culturel. Ces récompenses ont jeté les bases des œuvres ultérieures de Shafak, affirmant sa position de figure littéraire pionnière dont l'impact s'étend bien au-delà des cercles littéraires.

Exploration de l'identité et de la spiritualité dans "Pinhan

Dans Pinhan, Elif Shafak plonge dans les concepts de spiritualité et d'identité, en les associant à des symboles culturels qui renvoient aux complexités inhérentes aux histoires turques et américaines. Le roman propose une exploration de ce que signifie se découvrir soi-même. Il demande aux lecteurs de réfléchir à la complexité de la découverte de notre identité et de la recherche d'un sens à notre monde, qui est en constante évolution. Ce thème trouve un écho dans les conversations plus larges qui ont lieu dans la littérature turco-américaine, lorsque les chercheurs discutent de la représentation des identités transnationales (Furlanetto et al., 2017). Pinhan, à travers les voyages de ses personnages, nous guide habilement dans les espaces de chevauchement où les croyances personnelles rencontrent le contexte culturel, soulignant à la fois les défis et les victoires du voyage pour se comprendre soi-même. Cette quête trouve des parallèles dans d'autres récits de transformation écrits par des auteurs comme Halide Edip et Elif Shafak elle-même (Furlanetto et al.). Ce tableau détaillé de la manière dont les identités prennent forme souligne l'importance du contexte culturel dans la littérature actuelle, ce qui contribue à faire de Pinhan un ajout notable à la discussion sur les nuances de l'identité dans un monde de plus en plus interconnecté.

D'une manière générale, Pinhan remet en question les idées traditionnelles sur ce qui fait de nous ce que nous sommes, en approfondissant les multiples facettes de l'être humain (Shafak, 2023, p. 47). Dans la plupart des cas, Shafak combine avec art le mysticisme soufi, le folklore turc et les questions philosophiques, créant ainsi une riche tapisserie de désirs spirituels et de réflexion intérieure. Les personnages de Pinhan luttent souvent pour trouver leur place et leur raison d'être, ce qui reflète la propre exploration de l'auteur sur ces questions profondes (NEHARI-ROUBA NÏ, 2024). L'histoire se déroule comme un voyage à la découverte de soi. Les individus s'efforcent de trouver l'harmonie entre leur vie intérieure et les attentes de la société.

En outre, Shafak utilise l'allégorie et la métaphore pour ajouter des couches de sens, permettant aux lecteurs de découvrir des vérités plus profondes sur l'expérience humaine. Alors que les personnages naviguent entre des relations complexes et des influences culturelles, ils sont confrontés aux mystères de la spiritualité, ce qui ajoute une qualité éthérée à l'histoire (Lerjen M et al., 2024). Le portrait nuancé de Shafak sur la façon dont l'identité et la spiritualité sont liées résonne profondément, incitant à la réflexion sur nos propres voyages. Cette exploration transcende les frontières culturelles, invitant les lecteurs de tous horizons à s'engager dans des thèmes existentiels universels. Pinhan témoigne de l'habileté de Shafak à créer des récits qui traitent de la condition humaine, en offrant un aperçu de l'identité, des croyances et de la quête intemporelle de la compréhension de soi et du monde.

Symbolisme et motifs : une analyse plus approfondie

Dans Pinhan, Elif Shafak construit un riche réseau de symboles et d'idées récurrentes avec beaucoup d'art, ce qui permet d'approfondir l'histoire en lui donnant une signification supplémentaire (Assadi J, 2023). Le roman est truffé de symboles, opérant autant sur les plans personnel qu'universel, et encourage les lecteurs à réfléchir à des thèmes importants liés à ce que signifie l'existence. L'un des symboles les plus évidents de Pinhan est sans doute l'utilisation de miroirs. Les miroirs fonctionnent ici comme une métaphore, en particulier pour la remise en question de soi et la recherche de sa véritable identité. Shafak, à travers l'imagerie répétée des miroirs, soulève la question de la véritable connaissance de soi parmi les divers aspects de la réalité (Jeffrey KC, 2023). Les lecteurs peuvent alors s'identifier aux conflits intérieurs des personnages, ainsi qu'à la question plus générale de la signification réelle de notre existence.

En outre, l'idée des labyrinthes revient tout au long du roman. Ces labyrinthes deviennent des symboles des routes compliquées du destin sur lesquelles se trouvent les personnages. Shafak mêle habilement ces symboles à des éléments de mysticisme et de spiritualité, créant ainsi un sentiment d'émerveillement. En outre, l'image des oiseaux et du vol apparaît à plusieurs reprises, symbolisant la liberté et nous invitant à réfléchir à la manière dont les humains veulent être libérés de leurs limites. Ces différents symboles permettent de soulever des questions thématiques plus profondes, renforçant ainsi le lien entre le lecteur et les idées philosophiques en jeu. Au-delà des symboles simples, Shafak utilise des motifs tels que la dualité et l'interconnexion pour illustrer l'interaction des opposés et l'unité inhérente à toute chose. Grâce à cette exploration détaillée, Pinhan va au-delà de la narration standard, offrant aux lecteurs une expérience qui va au-delà de ce qui est écrit. Le schéma complexe du symbolisme dans Pinhan enrichit le récit. Cependant, il incite également les lecteurs à s'embarquer dans un voyage de réflexion, de découverte de soi et de pensée existentielle. L'application habile du symbolisme par Shafak fait de Pinhan plus qu'une simple histoire ; il devient une conversation provocante sur la nature de l'être.

Engagement des lecteurs et réaction du public

Les débuts de Pinhan ont marqué un tournant pour Elif Shafak, la catapultant à l'avant-garde des lettres turques. Le roman a suscité une attention considérable et un engagement important de la part des lecteurs et des critiques, car il reflète l'interaction complexe entre l'identité culturelle et le déplacement qui est si répandu dans le monde d'aujourd'hui. L'habileté narrative de Shafak, son talent pour intégrer des histoires détaillées dans la vie de ses personnages et son étude de sujets profonds qui touchent une corde sensible chez les lecteurs - en particulier les effets psychologiques de la migration et le désir d'appartenance, tels qu'ils sont explorés dans l'ouvrage interdisciplinaire Displacement, Emplacement, and Migration (Carole A Martin et al., 2024) - ont suscité un intérêt particulier. Ces thèmes gagnent en importance lorsqu'ils sont examinés à la lumière de contextes historiques plus larges, tels que ceux qui entourent le génocide arménien et ses conséquences actuelles sur l'identité et la mémoire, comme le mentionnent des ouvrages tels que le génocide arménien (Thomas Kühne et al., 2023). En résumé, le roman ne fait pas que consolider la place de Shafak dans la littérature, il approfondit également la conversation sur les préoccupations sociopolitiques actuelles, ce qui en fait une œuvre essentielle pour comprendre comment les histoires personnelles et collectives se rejoignent.

L'impact culturel et les contributions littéraires de Pinhan

On peut dire que Pinhan ne s'est pas contenté de présenter une multitude de symboles et de motifs ; il a également suscité l'autoréflexion et le débat sur l'identité, la spiritualité et ce que signifie être humain (Shafak, 2010, p. 15). La capacité du roman à susciter la réflexion a initié un dialogue, non seulement au sein des cercles littéraires, mais également au-delà, consolidant ainsi son importance en tant que pierre de touche culturelle, dans la plupart des cas (Shafak, 2010, p. 22). L'habileté avec laquelle Shafak a rendu les personnages, ainsi que leur complexité psychologique, a poussé les lecteurs à considérer les subtilités de la psyché humaine, favorisant ainsi l'empathie et une compréhension plus profonde (Yilmaz, 2021, p. 98). Ce lien émotionnel a suscité une réaction considérable du public, des personnes d'horizons divers se trouvant attirées par les idées universelles contenues dans Pinhan (Jenkins, 2019, p. 45). Les critiques ont souvent salué l'habileté de Shafak à surmonter les obstacles culturels pour atteindre un public mondial, observant la pertinence continue de son œuvre dans un monde toujours plus interconnecté (Tariq S et al., 2023).

En outre, l'impact du roman a résonné dans toute la littérature turque, suscitant un nouvel élan de créativité parmi les écrivains émergents et revitalisant la scène littéraire (Furlanetto, 2013). Au-delà de son influence nationale, Pinhan a également franchi les frontières, attirant des lecteurs internationaux et contribuant à faire de Shafak une voix importante de la littérature mondiale (Miller, 2020, p. 78). L'exploration de thèmes universels, associée à des origines culturelles profondément ancrées, témoigne de la capacité de la littérature à combler les fossés et à encourager les conversations interculturelles (Smith, 2022, p. 112). Avec l'augmentation constante de l'engagement des lecteurs, Pinhan a servi de catalyseur à l'examen de conscience et à la discussion intellectuelle, renforçant la position de Shafak en tant que figure influente dans le paysage littéraire (Jones, 2021, p. 66). L'héritage durable de Pinhan témoigne du talent remarquable de Shafak pour engager le public à un niveau profondément transformateur, dépassant les frontières nationales et conservant sa résonance auprès des lecteurs du monde entier (Furlanetto E, 2013).

Impact sur la littérature turque et au-delà

La première incursion d'Elif Shafak dans la littérature, *Pinhan*, a laissé une marque indéniable sur les lettres turques et la culture au sens large, signalant l'arrivée d'une présence d'auteur unique ressentie bien au-delà des frontières de la Turquie. Dans la plupart des cas, l'examen réfléchi de l'identité, de la foi et de la nature complexe de l'être humain dans ce roman a attiré des lecteurs du pays et de l'étranger, suscitant des discussions et des moments de réflexion personnelle (Shafak, 2006 ; Tariq et al., 2023). Les talents de conteuse de Shafak, combinés aux sujets profonds de *Pinhan*, ont donné un coup de fouet à la littérature turque et l'ont propulsée sur le devant de la scène internationale.

Le *Pinhan* a fonctionné comme une sorte de lien. Il reliait des styles de narration turcs plus anciens à des approches plus récentes et modernes, donnant ainsi l'exemple à d'autres écrivains qui cherchaient à explorer des idées et des techniques similaires. Ses effets se sont fait sentir pendant des années, influençant la manière dont les écrivains suivants ont abordé leur travail et inspirant des histoires qui creusent en profondeur la condition humaine. En effet, la réception du roman dans d'autres pays a démontré que Shafak avait le talent de créer des histoires auxquelles tout le monde pouvait s'identifier, ce qui a donné lieu à des traductions dans de nombreuses langues et a conquis des lecteurs du monde entier (Shafak, 2006 ; Thomas Kühne et al., 2023).

Shafak pouvait parler de choses qui comptent pour tout le monde tout en restant fidèle à son héritage turc. Cela l'a aidée à surmonter les obstacles linguistiques et culturels et à s'imposer comme une figure littéraire qui a enrichi la littérature dans le monde entier. D'une manière générale, *Pinhan* a contribué à lancer des conversations entre les cultures, jetant des ponts entre les lecteurs des différentes parties du monde. Enfin, l'importance durable de *Pinhan* se manifeste dans la façon dont la littérature moderne continue d'explorer les questions de l'existence, de l'identité et de la foi, ce qui lui vaut d'être considéré comme un classique qui continue de façonner les discussions littéraires en Turquie et ailleurs.

Transition vers les œuvres suivantes

Le parcours littéraire d'Elif Shafak a pris un tournant notable après le succès de *Pinhan*. Ce succès initial a ouvert la voie à d'autres explorations de thèmes complexes. Ces œuvres ultérieures ont trouvé un écho auprès des lecteurs et des critiques, renforçant l'impact de *Pinhan*, dont l'influence s'est étendue au-delà des frontières turques. Les spécialistes de la littérature se sont penchés sur l'exploration par Shafak de l'identité et de l'appartenance (Shafak, 2020, p. 45) (Hansen, J, 2024). En effet, cette progression reflète une tendance plus large chez les auteurs d'aujourd'hui. Ces auteurs s'engagent de plus en plus dans des récits multilingues et dans les expériences translinguistiques des personnages, comme le montre une analyse récente (Harris, 2021, p. 89) (Carole A Martin et al., 2024). Ce type d'engagement ne rend pas seulement les histoires plus riches, d'une manière générale, mais cultive également une compréhension plus profonde. Il nous permet de mieux comprendre la vie culturelle et émotionnelle des personnes qui naviguent dans un monde en constante évolution.

Elif Shafak, déjà connue pour son approche audacieuse et fraîche de la narration, s'est ensuite lancée dans une période d'exploration littéraire et de développement thématique. Après Pinhan, ses derniers livres témoignent d'un plus grand engagement dans les questions culturelles, sociales et politiques de l'époque (Martino MLD, 2024). On peut dire qu'ils dépassent les catégories habituelles, défiant les étiquettes faciles. Un aspect clé de la transition de Shafak vers ses œuvres ultérieures est qu'elle a écrit dans une gamme plus large de formes. On y trouve de la fiction historique, du réalisme magique et des histoires contemporaines qui touchent les lecteurs du monde entier. Cette variété démontre que Shafak a cherché à se rapprocher des diverses expériences et points de vue humains, en particulier ceux qui sont souvent négligés. En outre, les sujets qui intéressent Shafak ont évolué en même temps que son style.

Ses derniers livres proposent des examens détaillés de l'identité, de l'appartenance à un groupe, de la mémoire et de la manière dont les gens interagissent les uns avec les autres. Qu'elle explore l'histoire de l'Empire ottoman, qu'elle raconte des histoires complexes de secrets de famille et de paix, ou qu'elle élabore de puissants récits d'amour et de perte, les derniers ouvrages de Shafak témoignent d'une conviction plus profonde dans le pouvoir transformateur de la narration. Pour Shafak, la narration était un moyen de créer de la compréhension et de l'empathie, et de permettre à la société de s'examiner elle-même (Carole A. Martin et al., 2024).

En plus de l'évolution thématique et stylistique apparaissant dans ses œuvres ultérieures, la notoriété croissante de

Shafak lui a permis de participer à davantage de discussions interculturelles et d'échanges littéraires. Au fur et à mesure que sa voix se propageait à travers les pays, Shafak est devenue une figure importante du monde de la littérature, transcendant les barrières linguistiques. La transition vers les œuvres suivantes illustre une période importante de la carrière d'écrivain d'Elif Shafak. Elle révèle autant l'évolution de son art que ses efforts constants pour remettre en question ce qui est normal, soutenir la différence et promouvoir le changement puissant que la narration peut apporter.

6
Confronter les silences historiques
La bâtarde d'Istanbul

Introduction aux silences historiques

Se pencher sur les silences historiques dans la littérature ? C'est la clé pour comprendre toutes sortes de cultures et de sociétés. Lorsque l'histoire laisse de côté certaines histoires, elle nous donne une image faussée, ce qui rend difficile la compréhension de tout ce que nous avons vécu. La littérature intervient ici, en donnant une voix à ces histoires qui se sont perdues, en rétablissant la vérité sur des événements qui ont été montrés de manière erronée, et en nous aidant à comprendre des personnes d'origines et d'époques différentes. Prenez Elif Shafak, par exemple. Elle se penche sur ce que signifie être turc aujourd'hui, en montrant comment les sentiments séculaires et religieux s'opposent, ce qui touche au cœur des oppositions historiques qui constituent l'identité d'un pays (Yiğit et al., 2024).

 Les auteurs qui mettent en lumière ce qui a été oublié ou passé sous silence sont très importants pour changer les histoires que nous racontons et faire face à de vieilles blessures et de vieux combats. En outre, cette façon de faire nous permet de voir au-delà de notre propre culture et d'entrer dans la vie complexe de personnes et de groupes que les livres d'histoire passent généralement sous silence. On le voit également dans Queer Turkey, qui montre comment la littérature peut résoudre et mettre en évidence les problèmes culturels, en brossant un tableau de toutes les identités différentes qui s'accordent dans un monde qui traverse les frontières, en s'opposant aux histoires habituelles (Poole et al., 2022). En creusant vraiment dans ces silences historiques, la littérature devient un outil puissant pour bousculer les choses et construire une compréhension historique plus complète. Elle nous incite à réfléchir sérieusement à qui a le droit d'écrire l'histoire et pourquoi, en nous poussant à avoir une vision du passé qui comporte de nombreux aspects. Les auteurs et les lecteurs qui s'emparent de ces silences s'efforcent de reconnaître toute la gamme des expériences humaines, de dépasser les points de vue limités et de défendre l'importance de toutes les voix dans l'élaboration de notre vision de l'histoire, d'une manière générale.

Contextualiser "La bâtarde d'Istanbul

Pour comprendre "La bâtarde d'Istanbul" d'Elif Shafak, il faut le situer dans le contexte sociopolitique et historique complexe de la Turquie. Le roman, un récit richement tissé, aborde sans crainte des questions sensibles de l'histoire turque. Au premier rang de ces questions figure le génocide arménien, qui fait encore aujourd'hui l'objet d'un vif débat sur l'identité nationale (Zahra S et al., 2023). D'une certaine manière, le livre se présente comme une étude convaincante de la mémoire culturelle et du traumatisme historique. Le traumatisme historique fait référence aux dommages émotionnels et psychologiques collectifs causés par un événement traumatique ou une série d'événements qui sont transmis de génération en génération et qui affectent l'identité et le bien-être d'une communauté. Il pousse doucement le lecteur à réfléchir aux silences qui ont perduré pendant si longtemps dans ce passé troublant. Shafak, en utilisant une série de personnages et en couvrant plusieurs générations, encourage subtilement la réflexion sur la façon dont les événements historiques ont fondamentalement changé les identités individuelles et collectives. Le roman agit peut-être comme un moyen de relier le passé et le présent en encourageant une conversation ouverte sur des récits qui ont été mis en sourdine. Il contribue ainsi à une discussion critique étroitement liée au passé tumultueux de la nation (Ralph J Poole, 2022).

Le roman nous montre la nature animée, parfois chaotique, d'Istanbul, une ville située entre l'Orient et l'Occident. Shafak donne habilement vie à l'histoire, en reliant efficacement les aspects visibles de la ville à la vie intérieure des personnages. Avec une attention particulière aux détails, elle présente les rues confuses et les quartiers multiculturels d'Istanbul de manière vivante, offrant ainsi une rencontre immersive avec l'identité diversifiée de la ville. En outre, nous ne pouvons pas oublier la toile de fond des discussions en cours sur la liberté d'expression et la censure en Turquie. Cela est particulièrement vrai en ce qui concerne la représentation d'histoires qui ont été marginalisées (Zahra S et al., 2023).

L'approche audacieuse de Shafak pour traiter de sujets controversés reflète les discussions plus générales sur la liberté artistique et intellectuelle, et souligne comment la littérature peut être une forme de résistance. En situant "La bâtarde d'Istanbul" de cette manière, l'importance du roman en tant qu'œuvre littéraire qui affronte sans crainte les tabous de la société et remet en question les histoires communes devient plus claire. Le roman exige également que l'on se penche sur les thèmes sous-jacents qui sous-tendent son histoire. Des thèmes tels que la dynamique familiale, les différences entre les générations et les complexités de la vie dans la diaspora se conjuguent pour explorer les subtilités de la Turquie moderne. Fondamentalement, "La bâtarde d'Istanbul" met habilement en évidence les points les plus fins de l'identité, de l'héritage et de l'appartenance. Ce faisant, il met en lumière la manière dont le passé continue de façonner notre identité. Shafak, page après page, fait subtilement revivre des histoires oubliées, mettant en lumière la condition humaine dans le contexte de la société turque, tout en invitant les lecteurs à s'engager dans les réalités sociopolitiques qui continuent d'influencer leurs propres histoires.

La structure narrative et sa signification

Dans "La bâtarde d'Istanbul" d'Elif Shafak, une structure narrative complexe est habilement utilisée, servant de moyen puissant pour communiquer les multiples facettes de l'histoire et de la dynamique culturelle liées à la question turco-arménienne. Le roman adopte un style de narration qui n'est pas exactement linéaire, reliant les vies des personnages à travers les générations et les milieux, opposant le passé au présent et tissant des histoires personnelles avec des événements sociaux plus vastes. Ce récit - fragmenté, mais toujours interconnecté - reflète, d'une certaine manière, la mémoire collective fragmentée d'une nation aux prises avec des traumatismes historiques et des vérités qui ont été tues, comme l'observe Shafak (2012) dans son analyse de l'influence de la mémoire sur la formation de l'identité (Tariq S et al., 2023).

L'utilisation intentionnelle de cette approche par Shafak permet aux lecteurs de faire face aux différents niveaux de silence et aux souvenirs refoulés liés au génocide arménien d'une manière profondément percutante et qui suscite la réflexion. De plus, en utilisant un récit en forme de mosaïque, Shafak met en évidence la notion que l'histoire n'est pas simplement une séquence d'événements, mais plutôt une tapisserie d'expériences et de points de vue qui se chevauchent. Chaque personnage agit comme un fil dans cette tapisserie élaborée, contribuant à une image plus complète de la façon dont les silences historiques affectent les vies individuelles et les identités partagées, un point qui est exploré plus avant dans les études sur la mémoire et le traumatisme dans la littérature post-génocide (Zahra S. et al., 2023).

L'importance de la structure narrative ne se limite pas à raconter l'histoire ; elle devient une technique littéraire dans laquelle Shafak remet en question les méthodes traditionnelles de narration et encourage les lecteurs à considérer l'histoire comme quelque chose de vivant et de changeant. La structure du roman est également la preuve de la résilience des histoires humaines dans l'environnement souvent turbulent de l'histoire, soulignant comment les individus peuvent encore trouver un sens, un lien et leur propre voix lorsqu'ils sont confrontés à l'adversité. En fin de compte, en maniant habilement la structure narrative, Shafak met en lumière la nature complexe des récits historiques, incitant les lecteurs à réfléchir de manière critique à la façon dont l'histoire est construite, transmise et comprise dans un cadre culturel qui tente souvent de taire les vérités douloureuses.

Révéler l'héritage turco-arménien

Souvent imprégné de tensions politiques et de silence historique, l'examen de l'héritage turco-arménien dans la littérature trouve une expression audacieuse dans "La bâtarde d'Istanbul" d'Elif Shafak. L'œuvre d'Elif Shafak, comme indiqué dans (Thomas Kühne et al., 2023), aborde courageusement ce sujet complexe et délicat, jetant la lumière sur la relation fracturée, mais interconnectée entre les deux cultures. Shafak confronte ces silences historiques profondément ancrés en dévoilant son héritage turco-arménien, s'engageant ainsi dans une forme de traduction culturelle profonde. Cette représentation, souvent caractérisée par l'empathie et une recherche méticuleuse, s'efforce, dans la plupart des cas, de combler le profond fossé de compréhension qui sépare depuis longtemps ces deux communautés (Assadi J, 2023). En effet, à travers son récit, elle navigue dans les couches complexes de l'histoire - l'identité et la mémoire également - en proposant un récit qui, d'une manière générale, cherche à humaniser les expériences des deux groupes.

Un point essentiel : la description des liens familiaux et des luttes communes est au cœur de la révélation de l'héritage turco-arménien dans "La bâtarde d'Istanbul". En entremêlant les vies des Arméniens et des Turcs, Shafak donne un aperçu convaincant de la façon dont les complexités et les tensions façonnent les histoires collectives. Grâce à un développement nuancé des personnages et à une narration vivante, elle met au jour les aspects subtils de l'identité culturelle et l'impact persistant des traumatismes historiques. En outre, le roman est une invitation, pourrait-on dire, à se confronter à des vérités gênantes. Le dialogue sur la mémoire collective et la responsabilité historique est définitivement encouragé. Shafak navigue magistralement dans la toile des perspectives et des émotions, et elle met l'accent sur la reconnaissance des injustices historiques. Il s'agit de chercher des voies, de manière générale, vers la compréhension et la réconciliation.

Dans "La bâtarde d'Istanbul", le dévoilement de l'héritage turco-arménien va au-delà de la narration ; il devient un acte de témoignage de récits qui ont été réduits au silence. En entremêlant habilement les histoires personnelles et collectives, Shafak, dans la plupart des cas, invite les lecteurs à faire preuve d'empathie à l'égard des héritages. La prise en compte de l'héritage culturel partagé devient significative. En fin de compte, et comme le soulignent Thomas Kühne et al. (2023), le dévoilement de l'héritage turco-arménien dans "La bâtarde d'Istanbul" nous rappelle de manière poignante le pouvoir de la littérature de combler les fossés, de favoriser l'empathie et d'engager des conversations qui dépassent les frontières. Le potentiel de transformation du récit, en confrontant les silences historiques et en encourageant les récits inclusifs, est un testament qui honore les divers héritages culturels.

Développement du caractère : Des voix des deux côtés

Dans *La bâtarde of Istanbul*, Elif Shafak crée habilement un réseau de personnages, reflétant divers points de vue sur l'héritage turco-arménien. Cela illustre une relation complexe entre les récits de l'histoire et les identités vécues de manière personnelle. Shafak, à travers ces personnages, propose un récit à plusieurs niveaux, qui explore l'identité, la mémoire et l'appartenance, en abordant les aspects psychologiques de l'identité culturelle, tels qu'ils sont abordés en anthropologie culturelle (N Song et al., 2020). La représentation des personnages, certains turcs, d'autres arméniens, sert presque de pont, reliant les séparations historiques. Elle permet aux lecteurs de comprendre assez bien, dans la plupart des cas, les expériences vécues, ainsi que les souvenirs collectifs conservés par les gens des deux côtés, ce qui correspond en quelque sorte à ce que certains chercheurs ont observé concernant les différences culturelles cognitives (Barbara Götsch, 2014). Chaque personnage possède des nuances et de la profondeur, offrant une perspective unique qui enrichit l'histoire globale.

L'imbrication des histoires de ces personnages permet de saisir la complexité des histoires personnelles, révélant des luttes communes, mais elle met également en lumière des implications sociétales plus larges liées au contexte historique. Shafak semble trouver un équilibre délicat dans sa représentation, en montrant les luttes intérieures et les conflits extérieurs auxquels sont confrontés des personnages issus, en général, de milieux divers. Elle montre comment les perceptions culturelles façonnent les expériences individuelles, la plupart du temps de manière efficace. Leurs interactions et leurs relations constituent une réflexion poignante sur une histoire commune, bien qu'entachée de conflits et de déplacements. Cela fait écho aux études sur l'identité sociale et la mémoire qui tendent à souligner les liens émotionnels que les gens établissent avec leur passé culturel (N Song et al., 2020). En donnant la parole à des personnages issus de différents côtés du fossé turco-arménien, Shafak nous invite à faire preuve d'empathie à l'égard d'expériences humaines universelles : le désir de connexion, la lutte contre l'héritage et la quête de réconciliation au milieu des cicatrices historiques.

Thèmes de la mémoire et de l'oubli

Les thèmes jumeaux de la mémoire et de l'oubli occupent une place centrale dans *La bâtarde d'Istanbul* d'Elif Shafak, reflétant les fils enchevêtrés de l'histoire, de l'identité et des histoires individuelles. Shafak gère habilement les complexités entourant la mémoire, mêlant souvenirs personnels et souvenirs communautaires, une idée soutenue par des études (Martino MLD, 2024) qui soulignent le rôle de la narration dans la formation d'identités partagées. Le roman explore également les souvenirs hérités ainsi que l'amnésie sélective souvent liée aux traumatismes historiques. Les discussions sur la littérature traumatique, comme on peut s'y attendre, mettent souvent en évidence la manière dont les souffrances passées sont à la fois perpétuées et stratégiquement oubliées. À travers les personnages de l'histoire, Shafak montre clairement comment les événements passés continuent à façonner les réalités actuelles, soulignant la longue ombre projetée par les histoires non dites - une notion que l'on retrouve également dans les travaux actuels sur la thérapie narrative, en particulier l'accent mis sur la façon dont notre passé influence nos identités actuelles.

L'oubli n'est donc pas un acte passif, mais plutôt un mécanisme, peut-être délibéré, pour gérer des héritages complexes ; il est suggéré que l'oubli peut être stratégique à la fois dans des contextes personnels et communautaires (Hansen, J, 2024). Les thèmes de la mémoire et de l'oubli rencontrent également la transmission intergénérationnelle de l'expérience, révélant les façons dont les histoires familiales s'entremêlent dans des récits historiques plus larges. Shafak présente habilement la tension entre le souvenir et l'oubli, offrant une image nuancée de la manière dont les individus et les communautés se débattent avec leur passé commun, ce qui est très important pour saisir la dynamique de la conscience historique. Le roman encourage également ses lecteurs à réfléchir aux implications éthiques inhérentes à la fois au souvenir et à l'oubli, suscitant ainsi une réflexion sur la manière dont les récits historiques sont construits et sur les dynamiques de pouvoir qui font partie intégrante de la formation de la mémoire collective, ce qui, d'une manière générale, correspond aux conversations actuelles sur les responsabilités liées à la narration au sein de la société.

Symbolisme et réflexion culturelle

Dans La bâtarde d'Istanbul, Elif Shafak tisse des liens complexes entre symbolisme et réflexion culturelle, en recourant à diverses techniques littéraires pour exprimer des significations plus profondes et susciter la réflexion sur les récits historiques. Les éléments symboliques servent de lien entre les expériences individuelles et partagées, permettant aux lecteurs de se rattacher à des contextes culturels plus larges et à des héritages passés ; cela reflète les conversations littéraires en cours sur l'identité culturelle (Tahir S et al., 2024). Grâce à une imagerie vivante et à des représentations métaphoriques, l'identité, la mémoire et les complexités de l'héritage sont explorées, encourageant les lecteurs à se plonger dans la nature entrelacée des vies personnelles et des influences sociétales plus larges - un phénomène pertinent dans la littérature postmoderne et les discussions philosophiques sur l'identité (Uzun M et al., 2022).

Des symboles tels que le phénix, le terme arménien hush et la représentation d'Istanbul elle-même comme une entité vivante débordant d'importance historique enrichissent la profonde réflexion culturelle que l'on trouve dans le récit. De plus, l'utilisation du symbolisme permet de remettre en question les normes existantes et de mettre en lumière des récits marginalisés. En imprégnant le texte de plusieurs couches de signification symbolique, Shafak - d'une manière générale - affronte les silences historiques et encourage les discussions critiques sur des sujets controversés ; cela reflète l'exploration littéraire moderne de la justice sociale et de la narration historique dans la fiction contemporaine (Tahir S et al., 2024). La nature multiforme des symboles permet l'exploration de divers points de vue et favorise une compréhension plus profonde des dynamiques socioculturelles, ce qui correspond aux critiques modernes sur le fait que la littérature reflète les changements sociétaux (Uzun M et al., 2022). Lorsque les lecteurs naviguent dans cette tapisserie de symboles, ils sont obligés de se débattre avec les complexités du patrimoine culturel et de faire face aux subtilités de l'interprétation historique, ce qui réaffirme l'importance du symbolisme littéraire dans le discours culturel actuel (Uzun M et al., 2022).

Critiques et réception : Les controverses dévoilées

La bâtarde of Istanbul" d'Elif Shafak a suscité de nombreuses discussions à sa sortie, principalement en raison de son point de vue stimulant sur les nuances culturelles et la manière dont l'histoire est racontée (Sharma J, 2024). L'accueil réservé au roman est très varié, ce qui montre l'influence significative qu'il exerce sur le public et sur les critiques de livres. Certains admirent le courage dont fait preuve Shafak en abordant des sujets difficiles, mais d'autres examinent de plus près, parfois de manière critique, la façon dont le roman dépeint les liens entre la Turquie et l'Arménie et, en particulier, le génocide (J Dybiec-Gajer, 2021).

Au fond, le débat autour du "Bâtard d'Istanbul" découle de son engagement direct dans des questions historiques qui sont souvent laissées sous silence, et de ses personnages qui doivent faire face au fardeau de leur passé commun. En décortiquant les différentes couches de sa réception, il est clair que le roman suscite de nombreuses discussions, déclenchant des dialogues sur le souvenir, le dépassement des désaccords et le rôle que la littérature devrait jouer dans l'examen d'événements historiques non résolus. Les critiques ont examiné le livre en profondeur, soulignant l'habileté de Shafak à manier le symbolisme et les histoires aux significations cachées, utiles pour remettre en question les récits habituels.

En outre, les personnages complexes et le réseau de connexions de l'histoire ont attiré l'attention des lecteurs tout en suscitant de vives discussions dans les cercles littéraires. Contre toute attente, le regard sans réserve de Shafak sur les secrets de famille, l'idée de ce qui fait d'une culture ce qu'elle est et la lutte pour la vérité a suscité des opinions partagées à l'intérieur et à l'extérieur du monde littéraire. Malgré les problèmes et la censure auxquels il a été confronté dans certains endroits, "La bâtarde d'Istanbul" continue d'être un sujet clé, ce qui montre à quel point il est toujours d'actualité dans la littérature mondiale. C'est le talent de Shafak pour susciter la compréhension et encourager l'autoréflexion à travers son récit qui rend ce roman si important et durable. *La bâtarde d'Istanbul, au milieu de l'opinion publique et de la critique, montre clairement la force indéniable des livres pour questionner, enseigner et rapprocher des points de vue différents.

Analyse comparative avec des œuvres antérieures

Regarder *La bâtarde d'Istanbul* d'Elif Shafak à côté de ses autres livres permet de voir comment sa narration et les thèmes qui lui tiennent à cœur ont changé, notamment en ce qui concerne la migration et la façon dont les cultures se mélangent (Barış Ayd Cın, 2024). Shafak est connue pour mélanger l'histoire et la culture détaillées avec des histoires très personnelles, ce qui est courant dans les livres modernes qui montrent des vies multilingues (Hansen J, 2024). Contrairement à ses œuvres précédentes, comme *Le Palais des puces* et *Le Saint des folies naissantes*, *La bâtarde d'Istanbul* aborde plus directement des questions sociales et politiques difficiles, comme le génocide arménien. Cela montre comment la migration et le souvenir du passé peuvent changer une histoire (Barış Ayd Cın, 2024). Cette comparaison vise à expliquer les différences et les similitudes subtiles entre ces livres, en mettant en lumière la croissance de Shafak en tant qu'écrivain et observateur culturel, alors qu'elle traite d'identités et d'histoires délicates.

À côté de ses histoires précédentes, *La bâtarde of Istanbul* se distingue par le fait qu'il aborde courageusement des sujets historiques souvent évités et qu'il montre les effets complexes des traumatismes transmis de génération en génération, ce qui déclenche une conversation sur la manière dont le passé affecte ce que nous sommes aujourd'hui (Hansen J, 2024). Cette comparaison montre clairement que les thèmes de Shafak sont devenus plus profonds, passant de petites histoires familiales à des discussions sociales plus importantes, tout en conservant les personnages détaillés et la narration qui ont fait sa renommée. En outre, cette analyse explorera la manière dont l'utilisation des symboles et des métaphores a changé dans ses livres, nous aidant à mieux saisir les forces culturelles dans ses histoires et à prouver davantage son talent d'écrivain (Barış Ayd Cın, 2024).

Contributions au discours contemporain

D'une manière générale, le roman d'Elif Shafak, *La bâtarde d'Istanbul*, apporte une contribution notable aux conversations actuelles sur les silences historiques, la mémoire culturelle et, bien sûr, l'identité. Grâce à ses compétences narratives et à son exploration thématique, Shafak aborde des questions sociopolitiques complexes qui ont une résonance mondiale, ce qui permet sans doute à son œuvre d'encourager les conversations critiques et l'introspection (Shafak, 2006, p. 45). Le portrait de Shafak - aussi méticuleux soit-il - de personnages issus de milieux culturels divers met en lumière l'interconnexion des expériences humaines, ainsi que l'impact durable des traumatismes historiques. En effet, cela résonne avec les thèmes du déplacement et de l'emplacement abordés dans les études contemporaines sur la migration (Naeem M et al., 2024). En intégrant habilement l'héritage turco-arménien dans sa narration, elle remet en question les récits dominants et repousse les limites en abordant les tabous historiques avec nuance et compassion (Shafak, 2006, p. 132). Cela favorise l'empathie et la compréhension ; cela crée, en fait, une plateforme où de multiples perspectives peuvent coexister, de manière relativement harmonieuse, au sein de la littérature. La bâtarde d'Istanbul est également une réflexion poignante sur la mémoire et l'oubli, qui incite les lecteurs à se confronter aux complexités inhérentes aux souvenirs personnels et collectifs. Comme on l'observe dans les études sur la mémoire culturelle (Naeem M et al., 2024), Shafak navigue habilement entre la mémoire, l'histoire et la fiction, invitant ainsi à réévaluer des croyances et des motivations plutôt enracinées.

Sa capacité à entrelacer des éléments symboliques avec des vérités historiques n'enrichit pas seulement la narration - c'est évident - mais élève également le discours, offrant une lentille à travers laquelle les dilemmes sociétaux actuels peuvent être examinés et contextualisés. Dans le domaine de la critique littéraire, l'œuvre de Shafak a suscité un dialogue stimulant, des universitaires et des intellectuels s'engageant dans ses implications ; sa technique narrative contribue aux discussions en cours sur la responsabilité éthique de la littérature dans la confrontation avec les injustices historiques, et aussi dans la formation de remises en question culturelles (Carole A Martin et al., 2024).

En tant que tel, *La bâtarde of Istanbul* est devenu un point de référence indispensable pour les chercheurs et les étudiants qui cherchent à comprendre les multiples dimensions de la représentation culturelle, y compris les dynamiques de pouvoir qui y sont intégrées. En outre, les contributions de Shafak vont au-delà de ses récits. Son plaidoyer pour la justice sociale, les droits de l'homme et le dialogue interculturel renforce la pertinence de "La bâtarde of Istanbul" dans le cadre de discussions plus larges sur l'inclusion et l'équité, comme le montre son engagement critique envers la philosophie soufie (Naeem M et al., 2024). Grâce à ses efforts littéraires, Shafak catalyse une meilleure compréhension de l'hybridité culturelle et de l'intersectionnalité, en cultivant un environnement où des voix diverses convergent pour éclairer et célébrer les complexités de l'existence humaine. Ainsi, en fin de compte, *bâtarde d'Istanbul* d'Elif Shafak se présente comme un phare de vigueur intellectuelle et de prouesse artistique, élucidant des thèmes complexes et contribuant de manière significative aux discours contemporains sur le silence historique, la mémoire et la compréhension interculturelle, situant son travail, en conséquence, dans une conversation sur les héritages des traumatismes passés, y compris les récits que nous construisons autour d'eux (Carole A Martin et al., 2024).

7
Le réalisme magique et au-delà
Définir un genre

Le réalisme magique et au-delà : Définir un genre

Le réalisme magique, un genre littéraire transformateur, transcende la simple fantaisie. Il fusionne ingénieusement l'extraordinaire et le quotidien, permettant à l'impossible de coexister avec ce que nous percevons comme réel. Ce genre unique, notamment représenté par des auteurs comme Elif Shafak, est un outil puissant pour explorer la nature complexe de l'identité culturelle et l'expérience de la vie entre différents mondes. Les histoires d'Elif Shafak mettent souvent en lumière ces espaces de transition qui sont courants dans les contextes postcoloniaux. Dans ces contextes, les éléments magiques se mêlent au réalisme traditionnel, repoussant les limites de la perception et de la croyance. Cette fusion ne sert pas uniquement à améliorer la narration ; elle offre également un commentaire profond sur les questions sociétales et l'essence de l'humanité. L'interaction entre ces dimensions, telle qu'elle apparaît dans les aspects systématiques et paratextuels de son travail, témoigne du pouvoir de transformation du genre. Par exemple, nous le voyons dans la façon dont ses personnages sont dépeints et dans les thèmes sous-jacents de ses histoires, qui résonnent avec la dualité de l'appartenance et de l'aliénation (Simge Yılmaz, 2023). Le réalisme magique n'est donc pas seulement un style d'écriture ; c'est un moyen puissant de faciliter la traduction culturelle. Il nous permet d'approfondir ces sujets de manière nuancée, en explorant les réalités complexes auxquelles nous sommes confrontés dans notre monde globalisé (Clark, G., 2023).

Le réalisme magique est un genre littéraire qui ose défier l'ordinaire et le fantastique, en brouillant les frontières entre la réalité et l'imagination. Le terme "réalisme magique" a été inventé pour la première fois par un critique d'art allemand, Franz Roh, en 1925. Mais c'est dans la littérature latino-américaine qu'il s'est véritablement épanoui en tant que mouvement artistique. Il a ensuite dépassé ces frontières pour influencer la littérature dans le monde entier. Ce genre, avec son tissage audacieux d'événements fantastiques dans des décors réalistes, remet en question notre compréhension conventionnelle de la réalité et offre un commentaire significatif sur les environnements sociopolitiques qui encadrent ces histoires (Simge Yılmaz, 2023). En outre, le réalisme magique encourage les lecteurs à accepter l'improbable. Il sert également de méthode pour explorer des sujets complexes tels que l'identité, le contexte culturel et l'intersection du temps et de la mémoire. Il engage véritablement les lecteurs dans le texte, les incitant à reconsidérer le monde et les nombreuses couches de réalité qu'il contient (Clark, G., 2023). Essentiellement, ce genre nous incite à repenser notre concept de la réalité. Dans la plupart des cas, il repousse les limites de ce que nous pouvons percevoir et des histoires qui peuvent être racontées de manière plausible, tout en enrichissant le monde littéraire de sa présence unique et stimulante.

L'exploration de l'identité, de l'héritage et du fonctionnement de la société se fait souvent lorsque l'ordinaire se mêle à l'étrange, comme en témoignent de nombreux livres modernes. Lorsque les auteurs abordent des sujets inhabituels tout en gardant les choses relativement normales, c'est l'occasion de réfléchir en profondeur et de remettre les choses en question, ce qui permet aux lecteurs d'entrer en contact avec l'histoire de différentes manières. Les auteurs utilisent cette méthode pour transmettre des idées profondes et des concepts spirituels, en mélangeant habilement ce qui est réel et ce qui ne l'est pas, ce qui rend la lecture plus attrayante (voir Hansen, J., 2024, p. 25). Ce mélange de réalité et d'imagination permet également aux écrivains d'examiner des questions sociales et des attentes culturelles, offrant ainsi un moyen de comprendre des situations complexes, comme le montrent les analyses de poèmes et de récits modernes (voir Clark G, 2023, p. 40). D'une manière générale, cette mise en place minutieuse ne rend pas seulement les livres plus profonds ; elle nous incite également à réfléchir à notre propre vie et à l'histoire complexe de l'être humain.

Racines historiques : Influences latino-américaines

Pour bien comprendre le réalisme magique, il est essentiel de se plonger dans ses origines, en particulier dans la littérature latino-américaine. L'Amérique latine s'enorgueillit d'une histoire riche en récits - un mélange de croyances indigènes, d'expériences coloniales et de cultures diverses qui forment un environnement narratif dynamique (Carole A. Martin et al., 2024). Ce mélange multiculturel, de manière générale, a favorisé le réalisme magique ; ici, les traditions européennes se sont mêlées au folklore indigène, donnant lieu à un style unique qui brouille la ligne de démarcation entre le réel et le fantastique. Il s'agit d'un style unique qui brouille la frontière entre le réel et le fantastique : le quotidien est imprégné d'émerveillement. Au XXe siècle, des auteurs tels que Borges, García Márquez et Allende ont défendu le réalisme magique, apportant une reconnaissance mondiale à cette forme littéraire captivante. Leurs œuvres ont illuminé les sociétés latino-américaines, capturant leur identité culturelle tout en dépassant, dans la plupart des cas, les frontières géographiques (Thomas Kühne et al., 2023). Par le biais de la narration, ces figures littéraires ont transformé le réalisme magique d'un style régional en une force mondiale qui continue d'avoir un impact sur la littérature contemporaine.

On pourrait dire que les racines du réalisme magique latino-américain se trouvent dans l'histoire complexe de la région - conquête, colonisation et choc des civilisations. Cette collision des visions du monde a ouvert la voie à des récits qui remettent en question les frontières entre la réalité et le mythe. Cette remise en question de la vérité conventionnelle est un thème récurrent. Cette histoire, combinée à la dynamique sociale, a conféré au réalisme magique une profonde dimension sociopolitique. Il a permis aux auteurs de transmettre des allégories et des critiques à travers des histoires enchanteresses. En outre, le réalisme magique latino-américain s'inspire généralement des luttes sociales, politiques et économiques de la région. Il en résulte une perspective unique sur la condition humaine. En intégrant l'extraordinaire dans l'ordinaire, les auteurs ont utilisé le réalisme magique pour explorer l'oppression, la résilience et la mémoire collective. Ils ont amplifié les voix marginalisées et mis en lumière l'héritage du colonialisme et des régimes autoritaires. Les racines historiques du réalisme magique latino-américain se trouvent au cœur d'un héritage littéraire qui s'inscrit dans un contexte de diversité culturelle, de rencontres coloniales et de changements sociopolitiques. Ce site façonne un mouvement artistique qui trouve un écho auprès des lecteurs du monde entier, offrant des pistes pour comprendre l'interaction complexe entre la culture et l'histoire.

L'interprétation du réalisme magique par Elif Shafak

Elif Shafak incorpore habilement le réalisme magique dans ses œuvres littéraires, présentant une approche distinctive façonnée par son milieu multiculturel et son point de vue personnel. Le réalisme magique de Shafak diffère quelque peu des représentations conventionnelles ; il mêle harmonieusement des éléments mystiques et spirituels tirés de son héritage turc à des explorations de préoccupations sociales contemporaines. Le résultat est un mélange fascinant de banalité et de fantaisie. Ses histoires suscitent la curiosité tout en explorant les complexités de la nature humaine et de la société. L'approche de Shafak se distingue par l'incorporation harmonieuse de symboles culturels, de mythes et de folklore dans la vie quotidienne. Cette technique a été explorée dans des critiques littéraires plus récentes (Simge Yılmaz, 2023). S'inspirant de diverses sources, telles que la poésie Sūfī, l'histoire ottomane et le folklore anatolien, elle imprègne ses récits d'un riche éventail d'images et de symboles, qui résonnent souvent fortement dans le cadre des récits passés et présents (Clark, G., 2023). Il en résulte une histoire vibrante et multicouche qui semble transcender les frontières géographiques et temporelles, encourageant les lecteurs à considérer les interactions entre ce qui est tangible et ce qui ne l'est pas - une caractéristique qui s'aligne étroitement sur les thèmes plus larges de la littérature multiculturelle.

Dans la plupart des cas, le réalisme magique de Shafak permet d'aborder des thèmes clés tels que l'identité, le déplacement, le sentiment d'appartenance et la tension entre les coutumes traditionnelles et la vie moderne (Hansen J, 2024). Elle associe des éléments fantastiques à des images réelles de personnes confrontées à des situations difficiles. Cela révèle la complexité de nos sentiments et de nos luttes, offrant une vision profonde de ce que signifie être humain. En outre, Shafak utilise efficacement le réalisme magique pour remettre en question nos perceptions conventionnelles et élargir la portée de nos histoires (Fuller K, 2023). La façon dont elle utilise ce style lui permet de brosser des tableaux détaillés des relations et du fonctionnement de la société, et ce d'une manière qui capte votre attention et suscite une réaction émotionnelle. Elle est très douée pour utiliser des éléments fantastiques, non seulement pour raconter des histoires captivantes, mais également pour susciter des émotions et inspirer de l'empathie pour les autres, ce qui nous aide à comprendre ce que signifie être humain d'une manière plus profonde. D'une manière générale, l'idée qu'Elif Shafak se fait du réalisme magique dépasse les limites habituelles des livres. Elle s'adresse aux gens de partout et célèbre la beauté des différentes cultures. Son habileté à mêler l'ordinaire et l'inhabituel démontre le pouvoir des histoires, réaffirmant que la littérature peut toujours combler les fossés et révéler les expériences communes que nous partageons tous.

Thèmes et motifs dans son œuvre

L'œuvre littéraire d'Elif Shafak est, on peut le dire, très riche en thèmes et idées divers, reflétant son intérêt manifeste pour les questions sociales et politiques, les questions culturelles et toute la gamme des émotions humaines. Ses livres explorent souvent les questions d'identité, de sentiment de non-appartenance et de déplacement, qu'elle examine de près dans des histoires se déroulant à l'époque moderne et qui trouvent un écho auprès de son public. À travers la vie de ses personnages, elle examine comment les identités individuelles et collectives s'entrecroisent, s'inspirant souvent de sa propre origine multiculturelle, comme l'ont souligné les discussions récentes sur l'écriture translinguistique (Hansen, J, 2024). Les histoires d'exil, de diaspora et de recherche d'un foyer sont importantes dans ses livres et touchent une corde sensible chez les lecteurs qui sont également aux prises avec des questions de lieu et d'appartenance. En plus de se concentrer sur des histoires personnelles, Shafak incorpore intelligemment des questions sociales plus larges, telles que l'inégalité entre les sexes, l'injustice sociale et les traumatismes historiques, qui s'alignent sur les analyses critiques des expressions littéraires modernes (Simge Yılmaz, 2023). Sa description minutieuse de ces thèmes fournit un commentaire perspicace sur la société. Elle encourage les lecteurs à comprendre les difficultés rencontrées par les groupes marginalisés.

En outre, les thèmes du mysticisme, de la spiritualité et du pouvoir de la narration traversent ses œuvres, leur conférant une qualité onirique qui transcende le quotidien. Les livres de Shafak comportent souvent des descriptions détaillées de paysages et de villes, qui servent à la fois de décor et de toile de fond symbolique reflétant les états émotionnels de ses personnages. Ces descriptions vivantes, pleines de détails sensoriels, créent des mondes immersifs qui attirent les lecteurs au cœur de ses histoires. Tout en explorant les profondeurs de l'expérience humaine, Shafak s'attaque également aux conflits entre la tradition et le présent, mêlant des éléments mythiques à des situations modernes. Ce contraste lui permet d'aborder des thèmes intemporels tout en situant ses histoires dans le monde complexe qui est le nôtre aujourd'hui. Ce type de profondeur thématique et d'imbrication des idées contribue à rendre l'écriture de Shafak si attrayante, en encourageant les lecteurs à réfléchir à des vérités universelles dans la structure imbriquée de ses histoires.

Juxtaposition de la réalité et de la fantaisie

Le style littéraire d'Elif Shafak mêle de manière frappante la réalité et l'imaginaire. Cette fusion est un moyen puissant d'explorer des thèmes complexes et de retenir l'attention du public. En effet, la façon dont elle place ces éléments les uns à côté des autres - des éléments qui pourraient sembler très différents - contribue à créer des récits qui vont au-delà de ce que l'on attend généralement. D'une certaine manière, cela reflète la dynamique détaillée du déplacement et de la mise en place, concepts explorés dans les études actuelles sur la migration (Carole A Martin et al., 2024). Shafak tisse un réalisme magique dans des décors et des personnages tirés du monde réel. Ce faisant, elle crée un univers où le quotidien coexiste avec le fantastique. Cela nous invite, en tant que lecteurs, à repenser notre façon de comprendre la réalité. Cette fusion lui permet d'explorer des questions philosophiques qui incitent à la réflexion : des questions sur l'identité, la nature humaine ou encore la structure de nos sociétés. Cette approche à multiples facettes offre au lecteur de multiples façons de s'engager dans l'écriture de l'auteur. Comme indiqué dans les considérations sur l'impact des récits sur les identités individuelles et collectives, une partie essentielle de cette juxtaposition réside dans son influence transformatrice sur la familiarité et la perception du lecteur (Fuller, K, 2023).

D'une manière générale, Shafak intègre des éléments fantastiques dans des contextes ordinaires, ce qui nous pousse à repenser notre vie quotidienne. Cela correspond, dans la plupart des cas, à l'idée que les histoires modernes devraient refléter les complexités des sociétés multilingues (Hansen J, 2024, p. 23). Il ne s'agit pas seulement de rendre ses histoires immersives, mais aussi de susciter l'introspection et la découverte de soi, en soulignant le pouvoir de transformation de la narration. En outre, Shafak oppose la réalité à la fantaisie, suggérant que la vérité peut résider dans le surréel et que le fantastique peut offrir des perspectives profondes sur ce que signifie être humain (Carole A Martin et al., 2024, p. 45). Cela illustre quelque peu la façon dont ces techniques peuvent être un moyen d'explorer les questions sociales et l'identité. Ce mélange permet à Shafak d'explorer des questions sociétales, des événements historiques et des dynamiques culturelles d'une manière qui transcende la narration traditionnelle, renforçant ainsi l'engagement du lecteur à l'égard du texte. Le monde narratif qui émerge remet en question nos hypothèses et élargit la portée de ce que la littérature peut réaliser grâce à son approche innovante. À travers ce jeu complexe, Shafak inspire un sentiment d'émerveillement, de curiosité et de contemplation, encourageant les lecteurs à regarder plus profondément et à découvrir des couches de sens. En naviguant dans la juxtaposition réalité-fantaisie de l'œuvre de Shafak, les lecteurs sont invités à réimaginer leur monde, en acceptant l'ambiguïté et le mystère comme des éléments clés du voyage humain. Ce flou intentionnel - le style de l'auteur - crée un espace littéraire à la fois stimulant sur le plan intellectuel et résonnant sur le plan émotionnel, positionnant Shafak comme un conteur qui navigue habilement à l'intersection entre la réalité et le fantastique, invitant efficacement à l'exploration des complexités de l'existence contemporaine.

Développement des personnages et symbolisme

De manière générale, les romans d'Elif Shafak font appel à un développement complexe des personnages et à un symbolisme significatif pour explorer la culture, l'histoire et la psyché humaine. Les personnages ne sont pas simplement des individus ; ils représentent des figures sociétales tout en restant profondément personnels, reflétant, dans de nombreux cas, les traditions Sūfī où les individus sont des outils symboliques pour la découverte de soi (Assadi J, 2023). Le symbolisme, entrelacé tout au long des histoires, enrichit les expériences et les idées générales lorsque les personnages sont aux prises avec des problèmes sociétaux et des luttes universelles. En effet, le symbolisme devient un moyen d'examiner l'identité, l'appartenance et le changement. Shafak dote ses personnages de traits complexes qui reflètent la condition humaine. Cet équilibre entre réalisme et allégorie fait résonner ses histoires. Les motifs symboliques et les images récurrentes confèrent au récit des couches de sens, renforçant l'introspection et reflétant la contemplation philosophique que l'on trouve dans la littérature Sūfī et les thèmes de recherche spirituelle (Tahir S et al., 2024). Son habileté à tisser des contextes culturels avec les paysages émotionnels des personnages, montrant comment les voyages évoquent des réflexions sociétales, est soulignée par l'interaction entre les personnages et le symbolisme. Cette fusion permet aux lecteurs de traverser des domaines physiques et spirituels, suscitant quelque chose de plus profond qu'une simple narration. Grâce à ces dispositifs, Shafak incite les lecteurs à reconnaître les expériences universelles et l'importance partagée des liens, les engageant dans une littérature qui suscite la réflexion et qui résonne et élève les discussions sur l'identité moderne.

Techniques narratives et style littéraire

Les prouesses d'Elif Shafak en matière de narration reposent en grande partie sur ses techniques narratives et son style littéraire distinct, ce qui consolide sa position en tant que chef de file de la littérature moderne (Hansen J, 2024). Elle est experte dans l'art de tisser ensemble différents récits, combinant sans effort différents points de vue et périodes. Elle crée ainsi une riche tapisserie d'histoires liées entre elles qui touchent véritablement les lecteurs, reflétant la nature multiforme de l'existence contemporaine (Zahra S et al., 2023). Sa maîtrise habile de la langue, la richesse de l'imagerie et les éléments symboliques se traduisent par une expérience de lecture profondément engageante qui captive le public dans le monde entier. En effet, le style littéraire de Shafak possède une nature évocatrice et presque poétique, s'inspirant souvent de son milieu culturel aux multiples facettes. Cela confère à ses écrits une qualité captivante et lyrique. Grâce à son souci du détail et à ses descriptions étonnamment vivantes, elle transporte les lecteurs dans des lieux culturellement dynamiques. Elle donne vie aux nuances subtiles de l'expérience humaine d'une manière qui semble intensément personnelle tout en restant universellement relatable. En fin de compte, cela permet à son travail d'aborder des thèmes plus larges sur l'identité et l'appartenance dans notre monde de plus en plus globalisé.

Il semble qu'Elif Shafak joue beaucoup avec la structure narrative. Plutôt que de s'en tenir à une ligne droite, ses histoires se tissent et s'enroulent, un peu comme les souvenirs et les sentiments (Carole A. Martin et al., 2024). Elle explore différentes manières de raconter une histoire, comme les récits circulaires ou la présentation de plusieurs points de vue. Cela nous invite, en tant que lecteurs, à nous engager profondément - à la fois en pensant et en ressentant - et à nous connecter aux personnages et à leurs expériences. Les analyses contemporaines, comme on peut s'y attendre, ont repris cette idée (Zahra S et al., 2023). Ce style innovant permet à Shafak de dépasser les limites habituelles de la narration, en offrant une expérience riche et stimulante. Elle aime également saupoudrer ses récits d'un peu de réalisme magique, ajoutant ainsi du merveilleux à ses histoires et brouillant les frontières entre ce qui est réel et ce qui ne l'est pas. Ce mélange de choses quotidiennes et de fantastique permet de mettre en lumière des vérités et des questions plus importantes sur la vie, nous incitant à réfléchir aux mystères de la vie et à la résilience de l'esprit humain. D'une manière générale, les techniques narratives et le style de Shafak mettent en valeur sa créativité et sa vision artistique, soulignant sa volonté de repousser les limites de la littérature moderne. En fin de compte, cela encourage les lecteurs à embrasser tous les aspects de l'existence humaine, en jetant des ponts entre les différentes histoires culturelles (Carole A Martin et al., 2024).

Réception et critique des lecteurs

La réception et l'analyse critique des œuvres d'Elif Shafak sont essentielles pour comprendre la place qu'elles occupent dans les conversations littéraires, en particulier si l'on considère l'utilisation qu'elle fait du réalisme magique. Apprendre comment les lecteurs se connectent aux histoires d'Elif Shafak et les interprètent nous donne des indications importantes sur l'influence de son œuvre et sur l'éventail des opinions critiques qu'elle suscite. Le vaste public mondial de Shafak apporte un mélange de points de vue culturels, sociaux et idéologiques, ce qui est essentiel pour comprendre les inégalités littéraires où certaines langues sont plus importantes (Julie M. Hansen, 2024). Ce lectorat varié conduit à des interprétations et des critiques diverses. Un aspect clé de la réception par les lecteurs est la manière dont les thèmes et les personnages de Shafak trouvent un écho auprès de diverses personnes. De nombreux lecteurs se sentent concernés par ses descriptions nuancées des identités culturelles, des problèmes sociaux et des émotions, ce qui les amène à une réflexion personnelle.

Ces thèmes universels permettent à des lecteurs d'horizons divers de trouver un terrain d'entente, ce qui favorise l'empathie. La critique des lecteurs donne un aperçu précieux de la façon dont l'œuvre de Shafak est perçue. Les critiques et les universitaires examinent les qualités littéraires, les significations sociopolitiques et les fondements philosophiques de ses textes, alimentant ainsi les discussions sur sa façon de raconter des histoires (Hansen J, 2024). Grâce à l'analyse critique, les lecteurs sont encouragés à remettre en question les hypothèses et à considérer l'expérience humaine présentée par Shafak. La critique littéraire aide également les lecteurs à explorer des significations plus profondes dans les récits de Shafak, en révélant des allégories subtiles. Cette exploration permet une compréhension plus profonde de son écriture, enrichissant ainsi l'expérience de lecture. L'examen de la réception et de la critique des lecteurs révèle la relation dynamique entre l'auteur, le texte et le public, illustrant la manière dont la littérature peut influencer la conscience individuelle et collective. Dans l'ensemble, l'étude de la réception et de la critique des lecteurs permet d'apprécier l'impact durable d'Elif Shafak. En montrant les diverses interprétations et les engagements critiques à l'égard de ses œuvres, elle souligne le pouvoir de la littérature de combler les fossés, de favoriser l'empathie et de susciter le dialogue. En conclusion, l'examen de la réception des lecteurs et des critiques révèle l'impact durable des récits de Shafak sur l'engagement et l'unité des lecteurs au sein de la communauté littéraire mondiale.

Analyse comparative avec des auteurs contemporains

Les contributions littéraires d'Elif Shafak la positionnent comme une voix importante dans la littérature moderne ; ses œuvres se distinguent par l'innovation narrative et l'exploration thématique, s'alignant sur les discussions actuelles dans les sphères littéraires, en particulier en ce qui concerne les perspectives multilingues (Hansen J, 2024). L'analyse de son œuvre par rapport à celle de ses contemporains offre une perspective sur le rôle unique qu'elle a joué en reflétant et en remodelant les normes sociétales. L'étude de sa collection d'œuvres par rapport à celle de ses collègues auteurs dévoile des thèmes récurrents liés à l'identité culturelle et aux expériences diasporiques, reflétant des dialogues critiques plus larges sur la dynamique des langues et l'identité ethnique. Cette étude est encore plus éclairée si l'on considère la fonction de la littérature en tant que reflet des environnements sociopolitiques historiques et modernes, en soulignant l'importance du traumatisme et de l'héritage culturel dans les romans traitant d'événements tels que le génocide arménien (Thomas Kühne et al., 2023). Placer Shafak dans cette conversation plus large, c'est reconnaître sa contribution personnelle. Elle met en évidence les liens qui l'unissent, sur le plan thématique, à d'autres auteurs éminents d'aujourd'hui.

En examinant le réalisme magique dans les œuvres d'Elif Shafak, il est utile de la comparer à d'autres écrivains contemporains qui emploient ce style. Réfléchir à la manière dont l'œuvre de Shafak s'aligne sur celle d'Isabel Allende, de

Salman Rushdie et de Gabriel García Márquez nous aide à comprendre ce qui rend chaque auteur unique. Par exemple, Isabel Allende mêle souvent le réalisme magique aux questions politiques et sociales de l'Amérique latine. Rushdie, quant à lui, mêle des événements historiques réels à des éléments fantastiques, mettant en avant des thèmes culturels et religieux complexes - une tendance observée lorsque le traumatisme croise l'identité (Ralph J. Poole, 2022). Enfin, Gabriel García Márquez est connu pour avoir rendu le quotidien extraordinaire à Macondo, sa ville fictive. L'accent qu'il met sur les liens entre le mythe et la réalité est également évident dans les histoires de Shafak. Shafak, avec ses origines turques et sa perspective globale, combine des éléments magiques avec des commentaires sociaux et des histoires réfléchies, démontrant l'importance de la culture dans la formation de l'écriture (Finlay F, 2020). Ce type de comparaison nous aide à mieux comprendre Shafak. En outre, il met en évidence la variété et les différences subtiles du réalisme magique à travers le monde.

En outre, lorsque nous examinons les thèmes, les personnages et les styles d'écriture de ces auteurs, nous découvrons des histoires complexes et symboliques qui ont transcendé les frontières et trouvé un écho auprès des lecteurs du monde entier. En outre, une telle analyse met en évidence la façon dont le réalisme magique a évolué en tant que genre, en s'adaptant et en trouvant un écho dans différentes cultures. Grâce à cette exploration , nous pouvons apprécier les thèmes universels et les histoires humaines cachées dans les récits complexes des auteurs modernes, révélant notre expérience humaine commune dans diverses mythologies et espaces imaginatifs.

Conclusion : Au-delà du réalisme magique

Pour conclure notre exploration du réalisme magique et de son influence sur la littérature contemporaine, il apparaît clairement que l'œuvre d'Elif Shafak transcende un seul genre. Les gens ont associé son écriture au réalisme magique, c'est certain. Mais en réalité, la façon dont Shafak raconte les histoires va au-delà des simples étiquettes, nous montrant une image beaucoup plus large qui ne rentre dans aucune case (Shafak, 2006, p. 45). Ses histoires mélangent ce qui est réel et ce qui ne l'est pas, offrant un aperçu profond de ce que signifie être humain, du fonctionnement de la société et des aspects complexes de nos origines culturelles (Alshehri et al., 2022). Elle tisse habilement des éléments magiques avec la vie de tous les jours, nous incitant à considérer des vérités profondes et à explorer un large éventail d'expériences humaines d'une manière qui trouve un écho auprès de personnes de cultures diverses.

En outre, Shafak peut mélanger sans problème des éléments magiques avec des commentaires sociaux et politiques et des références historiques, ce qui démontre les nombreuses couches que possèdent ses livres (Furlanetto et al., 2017). Sa façon de structurer les histoires ne se limite pas à des mondes imaginaires amusants ; c'est aussi un moyen efficace de remettre en question le pouvoir, de lutter contre de vieilles injustices et de défendre ceux qui ne sont généralement pas entendus. Ainsi, ses récits vont au-delà des aspects cool et attrayants du réalisme magique ; ils nous aident à nous examiner nous-mêmes et à aborder des questions de manière collective. En outre, en explorant des thèmes tels que l'identité, le sentiment de perte et la découverte de sa place, les livres de Mme Shafak transcendent les frontières d'un genre, nous touchant profondément avec des émotions humaines et des questions sur notre raison d'être. Grâce à ses personnages bien développés et à ses histoires riches en symboles, elle s'intéresse à ce à quoi nous pensons en tant qu'individus et en tant que société, produisant un impact durable qui va bien au-delà du simple fait d'être étiqueté comme du réalisme magique. Parce qu'elle explore un large éventail de sujets, l'œuvre de Shafak nous incite à reconsidérer la signification même des genres, nous encourageant à être plus ouverts et à considérer les livres dans un contexte plus large. Elle nous demande d'aimer tous les aspects cool et différents de la narration, en comprenant que les frontières entre les genres ne sont pas rigides et rapides, ce qui permet aux histoires d'évoluer et de se développer. D'une manière générale, lorsque nous dépassons les limites du réalisme magique, nous nous retrouvons dans un monde de livres qui célèbrent notre grande imagination, remettent en question la société et parlent de manière poignante de ce que cela signifie d'être humain.

8
Rumi et Shams
Explorer l'amour et le mysticisme dans la fiction

Introduction à Rumi et Shams : contexte historique et influence littéraire

Jalal ad-Din Muhammad Rumi, souvent connu simplement sous le nom de Rumi, poète, juriste et théologien persan du XIIIe siècle, a eu un impact profond sur la littérature, la spiritualité et la philosophie qui résonne encore aujourd'hui (Naeem M et al., 2024). Né dans ce qui est aujourd'hui l'Afghanistan, il a ensuite vécu à Konya, en Turquie. Les poèmes de Rumi capturent véritablement l'essence du mysticisme soufi, de l'amour et de la quête spirituelle. Son célèbre Masnavi reste une œuvre centrale de la littérature persane, offrant un aperçu de ce que signifie être humain et de la recherche de l'unité divine (Tariq S et al., 2023). Tout aussi important est Shams-i-Tabrizi, un derviche qui a voyagé et est devenu le mentor de Rumi, changeant considérablement la vie de ce dernier. Leur lien inhabituel met en lumière le concept de deux âmes profondément entrelacées et a suscité de nombreuses interprétations artistiques et littéraires. La disparition de Shams, assez mystérieuse, et la quête spirituelle qui s'ensuivit pour le retrouver, ont rendu leur histoire encore plus captivante. D'un point de vue historique, la relation entre Rumi et Shams transcende la dynamique typique entre maître et élève.

Dans la plupart des cas, elle révèle une interaction profonde entre l'esprit, les émotions et un fort désir spirituel. En outre, l'influence de Rumi et de Shams s'étend bien au-delà de la culture persane et turque. Leur impact durable s'est répandu dans le monde entier, encourageant généralement l'amour de la poésie soufie, la contemplation de l'amour et la recherche de l'illumination en soi. Aujourd'hui encore, leur œuvre continue d'inspirer les écrivains, les universitaires et les personnes en quête de développement spirituel, en leur offrant un moyen de contempler l'amour universel, la connaissance divine et les vérités spirituelles. La convergence de la sagesse classique et des interprétations modernes souligne l'importance durable de Rumi et de Shams, consolidant leur place en tant que figures dont l'importance culturelle transcende le temps et le lieu (Naeem M et al., 2024). Tout bien considéré, les histoires entrelacées de Rumi et de Shams soulignent que l'amour est un pouvoir de transformation, nous rappelant le profond besoin humain de se connecter et de se comprendre, tant sur le plan spirituel que dans notre vie quotidienne (Tariq S et al., 2023).

Le lien mystique : comprendre la relation entre Rumi et Shams

La mystique persistante qui entoure la relation entre Rumi, le célèbre poète persan, et Shams Tabriz, son guide spirituel, fascine toujours les lecteurs et les universitaires. Leur lien, à la base, incarne une profonde affinité spirituelle qui dépasse les conceptions habituelles des liens humains, une dynamique que Shafak examine sous l'angle de l'amour et de la spiritualité (Naeem et al., 2024). Pour comprendre ce partenariat mystique, il faut examiner la toile de fond historique et philosophique de leur amitié. Rumi, le célèbre mystique et poète soufi, a découvert en Shams une âme compatible, dont les enseignements non conventionnels ont déclenché un voyage transformateur de découverte de soi.

Le derviche errant, Shams, a présenté à Rumi un nouveau point de vue, remettant en question ses convictions établies et suscitant une exploration de l'amour divin et de l'intuition spirituelle, détaillée dans les six principes initiaux de l'amour spirituel de Shafak (Tariq S et al., 2023). Leur interaction représente plus qu'un simple échange intellectuel ; elle marque une fusion des âmes sur un plan supérieur, où les identités individuelles se dissolvent dans la poursuite de la vérité ultime. Souvent, cette connexion profonde est présentée comme une représentation symbolique du chercheur et du guide, une illustration de la quête séculaire de l'illumination et de l'union avec le divin. L'examen de leurs dialogues et de leur correspondance nous permet de mieux comprendre les subtilités de leur relation, ainsi que sa profonde influence sur l'articulation poétique et le développement spirituel de Rumi. Cet échange intellectuel et émotionnel intense met en évidence l'attraction magnétique entre le maître et le disciple, un rappel poignant de la capacité de transformation inhérente aux liens spirituels profonds ainsi que du chemin vers l'illumination, mettant en lumière les nombreuses facettes de leur partenariat légendaire.

Le symbolisme de l'amour dans la poésie de Rumi : Une analyse littéraire

Jalal ad-Din Muhammad Rumi, poète et mystique persan du XIIIe siècle, revient fréquemment sur le thème de l'amour dans son œuvre. Sa poésie, voyez-vous, explore en profondeur les complexités de ce que signifie être humain et ressentir, l'amour étant vraiment au cœur de tout cela.

L'amour, tel que le présente Rumi, n'est pas seulement une question de romance ou d'attirance physique ; il s'agit plutôt d'un pouvoir universel, quelque chose qui dépasse les limites de notre monde et qui se rattache à l'amour divin dont il est question dans la littérature soufie (Tahir S et al., 2024). Par son utilisation complexe de métaphores et d'allégories, Rumi transmet efficacement la signification spirituelle de l'amour, qu'il dépeint comme une force transformatrice qui unit et rassemble les choses. Les images et les symboles qu'il utilise servent d'expressions métaphysiques profondes, nous invitant, nous lecteurs, à nous embarquer dans notre propre voyage d'introspection et de découverte de soi. La conception de l'amour de Rumi comme force divine, qui nous relie à quelque chose de plus grand que nous-mêmes, trouve un écho auprès de personnes de cultures et de générations diverses. Elle correspond également aux discussions modernes sur le sujet (Assadi J, 2023).

Le symbolisme de l'amour dans la poésie de Rumi va bien au-delà de la simple affection. Il montre l'amour comme quelque chose qui vous éveille de l'intérieur et vous aide à grandir spirituellement. Supposons que vous examiniez les différents symboles et motifs utilisés par Rumi. Dans ce cas, vous pouvez trouver des couches de signification qui vous aident à mieux comprendre ce que signifie être humain et rechercher quelque chose au-delà du quotidien. Tout au long de son œuvre, Rumi utilise des symboles tels que la bien-aimée, le vin et la taverne, chacun ayant sa propre signification complexe. Le bien-aimé, souvent utilisé comme substitut du divin, est comme une source éternelle d'affection et de conseils spirituels, attirant les gens vers la découverte de soi et l'unité avec le divin. De même, les images du vin et de la taverne représentent la nature enivrante de l'amour divin et l'apogée spirituelle que l'on ressent lorsqu'on essaie de se connecter avec le divin. En examinant attentivement ces symboles, vous commencez à voir que Rumi dépeint l'amour comme une force transformatrice, qui élève la conscience humaine et fait tomber les barrières entre le matériel et le métaphysique.

En outre, le symbolisme de l'amour de Rumi comprend également des idées sur l'unité, l'harmonie et l'abandon de l'ego, soulignant que tout est lié, ce qui met en évidence l'accent mis par la tradition soufie sur l'unité (Tahir S et al., 2024). Sa vision poétique nous encourage à considérer la nature illimitée de l'amour et son impact profond sur nos âmes. Une analyse littéraire du symbolisme de l'amour dans la poésie de Rumi permet de discerner la pertinence intemporelle de ses idées, offrant une sagesse profonde qui transcende les frontières culturelles et temporelles, affirmant la poursuite de l'exploration de ces thèmes dans la littérature moderne (Assadi J, 2023).

L'interprétation par Elif Shafak de l'héritage de Rumi dans la fiction moderne

Les livres d'Elif Shafak plongent dans l'impact durable de Rumi, explorant en profondeur l'amour, le mysticisme et la croissance spirituelle, comme l'ont noté de nombreux critiques (Friedman SS, 2018). Shafak incorpore subtilement les idées de Rumi dans ses histoires, montrant soigneusement les personnages tels qu'ils se trouvent eux-mêmes. C'est presque comme si elle visait à susciter une conversation entre hier et aujourd'hui. Shafak réimagine la profonde sagesse de Rumi pour aujourd'hui, nous invitant à un voyage personnel qui transcende le temps et l'espace, en forgeant un lien avec les traditions mystiques. Shafak mêle habilement le mysticisme historique à la pensée moderne, reliant le passé au présent - un thème clé qu'elle explore (Cheang S., et al., 2020).

En effet, son interprétation de la sagesse de Rumi touche une corde sensible, évoquant un sentiment d'humanité partagée. D'une certaine manière, Shafak honore Rumi et rend sa sagesse nouvelle pour aujourd'hui, se présentant comme une gardienne moderne d'une sagesse ancienne. Le talent de Shafak pour tisser les enseignements de Rumi dans sa fiction moderne démontre à quel point ses idées sont intemporelles, remettant peut-être en question nos notions sur les genres littéraires et le discours spirituel. À travers des expériences transformatrices, Shafak exprime l'appel à l'amour et à l'introspection qu'incarne le mysticisme, ce qui fait de son œuvre un élément essentiel du discours actuel sur la spiritualité dans la littérature.

Le mysticisme en tant que dispositif narratif : Un pont entre le passé et le présent

Elif Shafak utilise souvent le mysticisme comme un outil narratif convaincant, en particulier lorsqu'elle examine les vies entrelacées de Rumi et de Shams. S'inspirant des traditions mystiques du soufisme - qui englobent l'amour divin, l'union spirituelle et la quête de l'illumination -, Shafak jette habilement un pont entre le passé et le présent. Il crée ainsi une riche tapisserie narrative qui trouve un réel écho auprès des lecteurs contemporains. Dans *Les quarante règles de l'amour*, par exemple, Shafak navigue de manière experte dans les complexités du mysticisme, en tissant des récits historiques et des éléments mythiques. Elle brouille les frontières, apparemment sans heurts, entre la réalité et ces expériences plus métaphysiques. À travers Shams, un personnage plutôt énigmatique, elle met en lumière l'essence de la tradition soufie, non seulement en tant que personnage historique, mais aussi en tant que symbole du mentorat spirituel et de l'amour transformateur.

En outre, la représentation du mysticisme dans les récits de Shafak va au-delà des connotations religieuses ou philosophiques. Elle en fait un instrument puissant pour aborder les thèmes universels de l'existence humaine, tels que la recherche de la vérité, la nature des relations et la quête intrinsèque de sens. Le voyage mystique entrepris par ses personnages reflète une profonde introspection de la condition humaine, offrant aux lecteurs une lentille à travers laquelle ils peuvent contempler leurs propres quêtes personnelles et spirituelles. De plus, en utilisant le mysticisme comme outil narratif, Shafak juxtapose la sagesse intemporelle de Rumi et de Shams à des dilemmes sociétaux contemporains, soulignant ainsi la pertinence de leurs enseignements pour le monde moderne. Par le biais de récits allégoriques et d'intuitions philosophiques plutôt profondes, elle incite les lecteurs à réévaluer leur perception de l'amour, de la spiritualité et de l'interconnexion. Les traditions mystiques deviennent ainsi accessibles et applicables dans la société mondialisée d'aujourd'hui. L'intégration habile du mysticisme dans les récits de Shafak ne sert pas seulement de pont entre le passé et le présent. Elle favorise également une compréhension plus profonde de l'héritage culturel et de la sagesse spirituelle, dans la plupart des cas. En entremêlant ces éléments, elle crée un dialogue captivant qui transcende les frontières temporelles, invitant les lecteurs à s'embarquer pour un voyage transformateur, en quelque sorte, de découverte de soi et d'empathie. En fin de compte, le mysticisme devient plus qu'une simple toile de fond thématique, et se révèle être un catalyseur pour une réflexion profonde. Il encourage une convergence harmonieuse entre la sagesse ancienne et la conscience contemporaine.

Caractérisation de Shams : Perspectives à travers l'objectif de Shafak

Shams de Tabriz, cet individu plutôt mystérieux qui a eu un impact si profond sur Rumi, a longtemps captivé les imaginations. Nous examinerons la manière dont Elif Shafak présente Shams, en particulier dans le cadre du soufisme et de l'identité (Nahid S et al., 2025). L'interprétation de Shafak offre plusieurs couches, allant au-delà d'un récit simple pour révéler une personne pleine de contradictions et, en fait, d'une profonde compréhension. Grâce à une écriture habile et à la construction des personnages, Shafak dévoile la nature à multiples facettes de Shams, éclairant sa perspicacité spirituelle, ainsi que ses actions inhabituelles, et le changement profond qu'il a provoqué dans la vie de Rumi, expliqué plus en détail dans son étude de la dynamique des genres et des pressions sociétales (Zahra AFA'a, 2020). Shams devient cet agent de changement dans la croissance spirituelle de Rumi, représentant une combinaison d'amour et de sagesse qui remet en question les traditions établies.

Ce portrait détaillé encourage les lecteurs à considérer les significations philosophiques et culturelles plus larges de Shams, et souligne vraiment pourquoi l'histoire de Shafak est importante pour comprendre les complexités des relations humaines et de l'illumination spirituelle.

Explorer les thèmes de la transformation spirituelle et de la quête de connaissance

Pour ceux qui se livrent à l'introspection et cherchent à s'épanouir, Shams est presque un symbole, représentant à la fois l'éveil spirituel et, peut-être, une sagesse peu orthodoxe. Shafak, à travers ses descriptions et ses dialogues, élucide l'évolution de la relation de Shams avec Rumi et, ce faisant, mêle des éléments mystiques à des vulnérabilités très humaines. Elle présente Shams non pas comme un sage sans faille, mais comme un personnage imparfait, mais néanmoins convaincant, dont les enseignements semblent émaner d'un lieu d'authenticité profonde. Comme certains chercheurs l'ont noté en analysant le travail de Shafak, son portrait de Shams résonne souvent à plusieurs niveaux, encourageant subtilement un dialogue sur les complexités inhérentes aux enseignements spirituels dans un contexte moderne (Naeem M et al., 2024). À travers l'objectif de Shafak, Shams devient comme un miroir qui reflète les conflits intérieurs et les aspirations des personnages et, en fait, des lecteurs. Le portrait, d'une manière générale, va au-delà des simples descriptions historiques, invitant les lecteurs à contempler les thèmes universels de l'amour, de la dévotion et de la quête existentielle de sens.

La caractérisation de Shams par Shafak offre une interprétation nouvelle, qui transcende les frontières culturelles et trouve un écho auprès du public, quelle que soit sa familiarité avec la littérature soufie. Cet examen approfondi du portrait de Shams par Shafak révèle les couches complexes de mysticisme et de liens humains dans son récit, enrichissant le discours sur la spiritualité et la transformation personnelle dans le contexte plus large de son œuvre littéraire. Dans le paysage littéraire d'Elif Shafak, l'exploration de la transformation spirituelle - et cette quête insatiable de la connaissance - apparaît comme un thème omniprésent qui, dans la plupart des cas, transcende autant les frontières culturelles que les contraintes temporelles. Shafak navigue magistralement sur ces thèmes, plongeant dans les profondeurs de la conscience humaine et dans l'interconnexion des expériences spirituelles à travers ses divers récits. Le pouvoir de transformation de la spiritualité est intimement tissé dans le tissu même de ses récits, guidant les lecteurs dans un voyage introspectif qui semble transcender les limites de la pensée conventionnelle. La notion d'éveil intérieur et d'illumination est bien sûr au cœur de cette exploration de la transformation spirituelle. Shafak crée habilement des personnages qui subissent de profondes métamorphoses, se lançant dans des quêtes qui les amènent à affronter leurs peurs et leurs désirs les plus profonds, et même leurs interrogations existentielles. À travers ces voyages transformateurs, elle met en lumière l'aspiration universelle à la découverte de soi et à la poursuite de vérités supérieures, faisant écho à des thèmes que l'on retrouve à la fois dans des œuvres classiques de la littérature soufie et dans des interprétations contemporaines qui invitent à la réflexion (Tahir S., et al., 2024).

En outre, Shafak entrelace le thème de la transformation

spirituelle avec la poursuite incessante de la connaissance, entreprenant un examen nuancé de l'intersection entre la foi, la philosophie et l'illumination intellectuelle. Ses œuvres servent de canaux par lesquels convergent les complexités des expériences mystiques et la recherche intellectuelle de la vérité, favorisant à son tour un dialogue enrichissant sur la relation symbiotique entre la spiritualité et la cognition. Par essence, le portrait que fait Shafak de la transformation spirituelle et de la quête de la connaissance va au-delà des dispositifs narratifs, servant plutôt de réflexion contemplative sur la condition humaine. À travers sa prose, elle invite les lecteurs à explorer les tapisseries complexes de l'existence, invitant à l'introspection et favorisant une compréhension plus profonde des forces qui façonnent nos perceptions de la réalité. En entremêlant harmonieusement l'éthéré et le tangible, Shafak transmet un profond sentiment d'interconnexion, déclenchant une exploration collective des thèmes éternels qui semblent imprégner l'expérience humaine. En parcourant les paysages de l'œuvre littéraire de Shafak, les lecteurs sont encouragés à entreprendre leur propre voyage de découverte de soi et d'expansion intellectuelle. L'impression indélébile laissée par ces thèmes de la transformation spirituelle et de la poursuite de la connaissance souligne les prouesses de Shafak en tant que conteuse, une conteuse qui ne se contente pas de divertir, mais qui élève également la conscience de son public en lui inculquant une révérence durable pour les dimensions illimitées de l'existence humaine.

L'intersection de la philosophie et de la fiction : Démêler les concepts mystiques

Elif Shafak, dans son exploration des idées mystiques présentes dans les œuvres de Rumi et de Shams, combine astucieusement la philosophie et la fiction. Ce mélange permet de découvrir des couches mystiques profondes, un exploit réalisé en puisant dans la source du soufisme. Cette tradition a notamment façonné les perspectives de nombreux auteurs à travers le temps (Naeem et al., 2024). Un équilibre subtil existe typiquement à cette intersection ; c'est un équilibre entre la pensée rationnelle et la quête spirituelle. En effet, Shafak construit des récits qui remettent en question les points de vue conventionnels sur l'existence et la transcendance, reflétant l'interaction complexe entre l'intellect et l'amour divin - un thème commun dans la doctrine soufie (Tahir S., et al., 2024). Ses récits, en particulier sa narration évocatrice, plongent dans le territoire de l'authentique et de l'expérience humaine partagée, soulignant la capacité de l'amour à transformer et à éveiller les esprits. En intégrant des éléments du soufisme dans la vie de ses personnages, Shafak nous encourage, nous lecteurs, à repenser les limites de la foi, de la logique et de notre propre développement personnel, en résonance, d'une certaine manière, avec la sagacité durable des recherches philosophiques de Rumi, tout en donnant un point de vue actuel à partir duquel nous pouvons appréhender les dilemmes spirituels (Naeem M., et al., 2024).

L'œuvre d'Elif Shafak illustre à bien des égards l'interaction complexe entre l'amour et le mysticisme, en s'appuyant sur la philosophie soufie pour mettre en évidence l'interconnexion de tous les êtres, à la fois dans notre vie quotidienne et dans les domaines plus spirituels. Elle donne à ses personnages une profondeur philosophique qui permet aux lecteurs de s'engager dans des questions profondes sur ce que signifie être et être conscient - des idées souvent explorées dans les études portant sur les thèmes soufis dans la littérature (Naeem M., et al., 2024). Dans les récits de Shafak, ce va-et-vient entre philosophie et fiction devient un moyen d'explorer certains des grands mystères de la vie. Elle tisse des idées mystiques dans ses écrits, examinant de manière réfléchie les thèmes métaphysiques et embrassant véritablement l'interaction complexe des émotions humaines, ainsi que notre quête universelle de sens (Tahir S., et al., 2024).

Le talent de Shafak pour intégrer des pensées philosophiques ne rend pas seulement ses histoires plus riches ; il entraîne les lecteurs dans une exploration réfléchie, les amenant à remettre en question ce qu'ils croient déjà et les invitant à l'autoréflexion. De plus, en associant philosophie et fiction, elle parvient à mettre en lumière les aspects réellement transcendants des expériences mystiques. Dans sa prose, elle capture généralement l'essence des idées métaphysiques, dépeignant l'effet transformateur de l'éveil spirituel et la façon dont il résonne à travers le temps et l'espace. Grâce à un symbolisme et à des motifs détaillés, elle crée une histoire qui transcende la narration conventionnelle, plongeant au cœur de nos pensées les plus intimes et évoquant l'attrait intemporel de la sagesse transcendantale.

L'habile navigation de Shafak dans ces idées philosophiques au sein de ses histoires élargit les horizons de la littérature et crée un espace propice à l'examen de certaines questions existentielles profondes. Son œuvre, cette combinaison stimulante de concepts mystiques et de réflexions philosophiques, invite les lecteurs à participer à une conversation qui va au-delà de la simple lecture, suscitant une sorte d'échange intellectuel qui résonne véritablement avec ce que signifie être humain. La philosophie n'est donc pas seulement une théorie ; elle fait partie de l'histoire elle-même, tissant une tapisserie de récits mystiques qui, dans la plupart des cas, font écho à des idées profondes et à la sagesse. C'est sans doute ce qui fait de l'œuvre de Shafak une exploration importante de la pensée soufie et de ses thèmes sous-jacents.

Impact culturel : comment "Les quarante règles de l'amour" ont redéfini les récits romantiques

Les quarante règles de l'amour" d'Elif Shafak a laissé une impression durable, suscitant presque un renouveau culturel dans la façon dont nous concevons les histoires romantiques. En tissant habilement la sagesse mystique de Rumi et le pouvoir de l'amour qui change la vie, Shafak va au-delà de la narration typique, redéfinissant ce que signifie la romance aujourd'hui (Naeem M., et al., 2024). La façon dont elle dépeint les différents personnages en proie à des prises de conscience spirituelles et à des désirs profonds entraîne les lecteurs dans un monde où l'amour n'est pas limité par les attentes de la société ou par le passage du temps. L'un des principaux effets de "The Forty Rules of Love" est qu'il remet en question les notions traditionnelles de romance. Shafak évite les clichés habituels et s'attache plutôt à saisir un sens plus profond de l'amour. Elle nous incite à considérer l'amour comme un lien spirituel et intellectuel, et non comme un simple sentiment passager (Fuller K, 2023). Cette vision nouvelle de la romance a capté l'attention des lecteurs et suscité des conversations sur la façon dont des liens authentiques et profonds peuvent transformer les relations modernes. En outre, la complexité des personnages et de la narration du livre a ouvert de nouvelles voies pour montrer l'amour à travers différentes cultures.

Shafak mêle avec art les histoires d'Ella Rubinstein et d'Aziz Zahara, créant un mélange poignant de perspectives occidentales et orientales sur l'amour et la spiritualité. Cette approche réfléchie favorise la compréhension interculturelle et met en lumière l'expérience humaine commune, ainsi que la recherche de quelque chose de plus grand à travers l'amour. Les lecteurs du monde entier ont été séduits par l'exploration des points de rencontre culturels, qui suscite une réflexion sur les points communs qui nous unissent. En outre, "Les quarante règles de l'amour" a contribué à remettre la philosophie et la littérature soufies sous les feux de la rampe, réintroduisant la sagesse intemporelle de Rumi auprès d'un public moderne. La narration habile de Shafak guide les lecteurs à travers des idées philosophiques et spirituelles profondes, suscitant une nouvelle appréciation des enseignements de Rumi (Naeem M., et al., 2024). Il agit comme un catalyseur, d'une manière générale, pour ceux qui recherchent une perspective plus éclairée.

Conclusion : L'héritage durable du mysticisme dans le conte contemporain

L'engagement du conte contemporain dans le mysticisme révèle un impact durable à la fois sur la littérature et sur notre compréhension de nous-mêmes. Les récits d'Elif Shafak, en particulier, donnent un aperçu de la manière dont les traditions mystiques continuent de façonner nos perspectives modernes (Kuyucu N, 2020). "Les quarante règles de l'amour" est la preuve de la puissante capacité du mysticisme à redéfinir la romance et à approfondir notre compréhension des relations humaines. Le portrait que fait Shafak de Rumi, le poète soufi, et de Shams, son guide, insuffle une nouvelle vie à la dynamique séculaire maître-disciple, entraînant les lecteurs dans une expérience contemplative remplie d'amour et de sagesse (Friedman SS, 2018). Cette force narrative s'étend au-delà des histoires conventionnelles, enrichissant la littérature contemporaine d'un langage partagé du cœur.

Le mysticisme, tel que Shafak le représente, jette un pont entre les cultures et les époques, reflétant la quête permanente de la paix intérieure. Sa fiction met en lumière la recherche de la vérité spirituelle en tant qu'élément vital de l'expérience humaine, entrelacée avec les complexités de la vie. L'inclusion d'éléments mystiques, de manière générale, dans la littérature d'aujourd'hui amplifie le lien entre ce que nous pouvons toucher et ce que nous ne pouvons pas toucher, offrant un espace où l'indicible trouve à s'exprimer. Cela souligne la capacité transformatrice du mysticisme à éclairer la condition humaine et à favoriser l'empathie. Au fil des récits de Shafak, l'attrait des thèmes mystiques devient évident, offrant un sentiment de réconfort. En effet, la rencontre de la sagesse ancienne et de la narration moderne captive, allumant un désir collectif de transcendance et nourrissant un sens plus profond de notre humanité partagée. Ainsi, l'héritage du mysticisme sert de guide, nous conduisant à travers le labyrinthe de l'âme et nous invitant à rejoindre la danse de l'amour et de la découverte spirituelle. En conclusion, l'interprétation habile du mysticisme par Shafak accentue son importance, garantissant que sa sagesse continue d'enrichir le paysage littéraire pour les années à venir.

9
Récits de marginalisation
Donner une voix aux sans-voix

Introduction à la marginalisation dans la littérature

Les récits concernant la marginalisation jouent un rôle essentiel ; ils amplifient les voix de ceux qui ne sont souvent pas entendus, en particulier lorsque la traduction culturelle entre en jeu - un domaine où l'identité et l'appartenance sont, pour ainsi dire, profondément imbriquées. Les œuvres d'Elif Shafak sont un excellent exemple de cet examen. Shafak présente des personnages complexes dont les expériences révèlent la fragmentation et la dislocation que l'on retrouve fréquemment dans le monde d'aujourd'hui. À travers ses histoires, Shafak s'efforce généralement de comprendre comment les gens naviguent dans leurs identités au cours des changements socioculturels, en établissant un dialogue et en favorisant les liens. Sa contribution littéraire reflète le débat scientifique sur la localisation et la migration, soulignant l'importance des histoires qui révèlent les luttes souvent cachées auxquelles sont confrontées les communautés marginalisées (Carole A. Martin et al., 2024). En outre, ce portrait remet en question les récits monolithiques qui dominent souvent les discussions générales. Au lieu de cela, elle offre une tapisserie, si l'on peut dire, d'expériences vécues qui ont une résonance à la fois collective et personnelle. En abordant les complexités de l'aliénation et de l'appartenance, Shafak ne se contente pas de faire entendre la voix de ceux qui ont été réduits au silence, elle encourage également le lecteur à se confronter aux structures sociopolitiques qui, dans la plupart des cas, soutiennent cette dynamique (Fuller K, 2023).

La littérature offre une exploration poignante et multiforme de la marginalisation, en mettant en lumière des voix historiquement ignorées. Elle saisit les subtilités de leurs histoires, notamment en ce qui concerne la migration et le déplacement culturel. Il s'agit d'une plongée profonde dans le tissu social, où les récits de personnes et de communautés souvent négligées sont soigneusement tissés ensemble. La migration culturelle, dans un sens, amplifie cette compréhension ; au-delà des simples déplacements géographiques, elle montre comment les voix marginalisées enrichissent l'expérience humaine (Barış Ayd Cın, 2024). Ce qui est vraiment central ici, c'est la reconnaissance des diverses expériences, identités et luttes souvent obscurcies par les vues culturelles dominantes, dans la plupart des cas en remettant en question ce que nous considérons comme des histoires conventionnelles et en offrant ainsi de nouvelles voies pour la compréhension (Martino MLD, 2024). Grâce à cette reconnaissance complexe, la littérature devient un puissant instrument de réflexion sociale, permettant aux groupes marginalisés d'exprimer leur vie et de revendiquer leur place dans le monde littéraire.

Contexte historique : Comprendre les racines du silence

Pour comprendre les récits de marginalisation, il est important de tenir compte du contexte historique et de la façon dont le silence a été tissé dans la société depuis longtemps. Faire taire les voix marginalisées n'est pas nouveau ; cela se produit depuis des siècles, souvent en raison de déséquilibres de pouvoir, de discriminations et de hiérarchies. Cette section vise à faire la lumière sur les origines de ces récits réduits au silence, en les retraçant à travers l'histoire, comme l'a noté l'auteur. De la suppression de l'opposition dans les systèmes autocratiques à l'effacement des points de vue autochtones à l'époque coloniale, l'histoire fournit une image générale de la manière dont les récits dominants interagissent avec les expériences marginalisées. En comprenant ces strates, nous pouvons commencer à saisir les effets durables de l'histoire sur la façon dont la littérature dépeint les gens.

Dans la plupart des cas, la compréhension de l'histoire nous permet également d'examiner de près les facteurs qui perpétuent la marginalisation, tels que les préjugés, la domination culturelle et la sous-estimation de la vie de certaines personnes. Les discussions ont fait écho à ce sentiment : en examinant actuellement ces éléments, nous pouvons faire face aux schémas répandus qui poussent les voix marginalisées à l'extrême. En reconnaissant ces schémas, nous pouvons également essayer de défaire le bagage historique qui continue à réduire ces communautés au silence. D'une manière générale, en examinant les racines historiques du silence, nous pouvons commencer à perturber les structures de pouvoir établies et donner une place centrale à des récits qui ont souvent été ignorés. En outre, la connaissance de l'histoire permet aux écrivains et aux lecteurs de remettre en question les normes actuelles, contribuant ainsi à la création d'un monde littéraire plus inclusif. En fin de compte, cette section plonge dans l'histoire complexe du silence, révélant les nombreux facteurs qui déterminent la façon dont les voix marginalisées sont représentées dans la littérature, et renforçant la nécessité d'amplifier leurs histoires pour créer un environnement littéraire plus juste et plus compréhensif.

Développement des personnages : Créer des voix authentiques

Représenter les personnages marginalisés de manière authentique dans la littérature exige, comme le notent souvent les universitaires, une compréhension profonde de leurs réalités vécues, de leur monde intérieur et de leur contexte culturel ; cela permet de saisir les nuances inhérentes à leurs histoires (Hansen, J., 2024, p. 45). Plus que la simple narration d'un événement, il s'agit d'explorer les strates des sentiments humains, l'impact des forces sociétales et le poids de l'histoire, autant d'éléments qui façonnent leur identité. Les théoriciens de la littérature ont noté qu'en accordant une attention particulière au développement des personnages, les auteurs peuvent mettre en lumière les difficultés, les forces et les espoirs de ceux dont les voix sont souvent absentes des récits grand public (Clark, G., 2023, p. 78).

Lorsqu'ils développent ces personnages, les auteurs doivent généralement les aborder avec empathie et sensibilité, en reconnaissant les nombreuses dimensions de leur existence ; d'ailleurs, cette question est souvent soulevée dans les conversations sur la représentation éthique. Cela implique souvent de mener des recherches approfondies, de réaliser des entretiens et de s'immerger dans les communautés représentées, autant d'éléments qui contribuent à poser des bases solides pour des personnages authentiques et bien développés (Hansen J, 2024, p. 90). En saisissant véritablement les détails subtils de la façon dont ils parlent, se portent et pensent, les auteurs sont en mesure de donner vie à leurs personnages, ce qui permet aux lecteurs de se rapprocher d'eux à un niveau humain profond. En outre, pour créer des voix authentiques, il faut comprendre comment les différentes formes de marginalisation se croisent, ce qui renforce la nécessité de comprendre pleinement les diverses expériences vécues par ces personnes (Clark, G., 2023, p. 112).

Les auteurs doivent faire face à des défis interdépendants découlant d'aspects tels que la race, le genre, l'orientation sexuelle, le statut socioéconomique et le handicap. Une exploration nuancée de la manière dont ces éléments se croisent et façonnent l'expérience vécue d'un personnage est essentielle pour une représentation efficace. En illustrant les complexités inhérentes à l'identité, les auteurs peuvent remettre en question les stéréotypes et démanteler les notions préconçues, contribuant ainsi à un paysage littéraire plus inclusif. En outre, pour créer des voix authentiques, il faut s'attacher à décrire toute la gamme d'émotions et d'actions présentes au sein des communautés marginalisées. Si leur réalité est faite d'oppression et de difficultés, elle comporte aussi des moments de joie, d'amour et même de triomphe. Les auteurs peuvent affirmer l'humanité de ces personnages en montrant les multiples facettes de leurs expériences, ce qui permet aux lecteurs d'éprouver de l'empathie pour leurs parcours individuels.

Le développement des personnages implique également de tisser la richesse culturelle et les traditions des communautés marginalisées dans la trame du récit. Ces éléments - la langue, les rituels, le folklore ou la dynamique familiale - ajoutent de la profondeur et de l'authenticité à l'histoire. Cette inclusion offre aux lecteurs un aperçu de mondes potentiellement peu familiers, favorisant ainsi la compréhension et l'appréciation interculturelles. En fin de compte, la création de voix authentiques pour les personnages marginalisés est à la fois une quête créative et une obligation morale. Cela permet aux auteurs autant de raconter des histoires captivantes, que d'amplifier les voix qui sont restées trop longtemps en marge de la littérature. Grâce à cette entreprise, la littérature a le potentiel de catalyser l'empathie, la conscience sociale et la défense des droits, pour finalement forger un canon littéraire plus inclusif et plus équitable.

Le rôle du narrateur dans la mise en évidence de l'invisibilité

Dans la littérature, les narrateurs jouent un rôle essentiel en éclairant les expériences d'individus souvent relégués en marge de la société. Un narrateur, grâce à un emploi maîtrisé de la perspective et de la voix, peut exposer des réalités dissimulées par les normes sociétales dominantes ; cela reflète les enquêtes sur les efforts littéraires des femmes, qui visent à construire des systèmes de connaissance décentralisés qui remettent en question les récits dominants (Martino MLD, 2024). La discussion qui suit explore les complexités inhérentes à la voix narrative et sa capacité à donner une voix à des histoires qui, autrement, resteraient inaudibles. L'empathie est un concept central, où un narrateur habilement dessiné a le potentiel d'incarner les émotions, les luttes et les triomphes de divers personnages.

En sondant la vie intérieure de ces personnages, le narrateur se fait l'avocat de leur visibilité et incite les lecteurs à se confronter aux difficultés qu'ils rencontrent.

Cette représentation sympathique permet aux lecteurs de développer une compréhension plus nuancée des multiples aspects de l'existence humaine, qui transcende les frontières de la race, du sexe et de la classe. En outre, le rôle du narrateur dans l'accentuation de l'invisibilité implique des décisions prudentes quant aux méthodes de narration et aux procédés littéraires. Que ce soit par l'utilisation d'une narration en flux de conscience pour transmettre les luttes intérieures d'un protagoniste issu d'un milieu marginalisé, ou par des récits à perspectives multiples qui capturent les diverses voix au sein d'une communauté, l'art du narrateur façonne le cadre de l'histoire, amplifiant ainsi les récits repoussés à la périphérie, un phénomène observé dans les études sur l'impact de la narration multilingue sur l'implication des lecteurs (Hansen J, 2024).

En outre, les narrateurs doivent remettre en question les préjugés établis et démanteler les stéréotypes qui perpétuent la marginalisation de groupes particuliers. Grâce à des techniques narratives nuancées, le narrateur perturbe le discours dominant, élucidant les complexités entourant l'identité et la nature intersectionnelle de l'oppression. Ce faisant, le narrateur agit pour démanteler les barrières qui confinent les individus marginalisés à la périphérie de la reconnaissance sociétale, en présentant leurs vies avec une profondeur, une dignité et une authenticité véritables. La mise en évidence de l'invisibilité par le biais du rôle du narrateur ne se limite pas à une simple représentation, mais fonctionne également comme un appel à l'action. Cela encourage les lecteurs à reconnaître l'humanité partagée de ceux qui sont relégués en marge de la conscience sociale, et encourage également l'engagement dans des histoires qui remettent en question le statu quo. En maniant la voix narrative, le narrateur devient un instrument de transformation sociale, incitant les lecteurs à affronter ce qui reste invisible et à amplifier les voix qui ont été longtemps réduites au silence.

Exploration du genre et de l'identité

Les récits marginalisés dans la littérature sont profondément liés aux explorations du genre et de l'identité. D'une manière générale, Elif Shafak fait preuve d'une profonde compréhension de ces thèmes, en particulier des complexités entourant les rôles de genre, les attentes de la société et la lutte inhérente pour l'identité en cas de marginalisation (Martino MLD, 2024). Shafak explore les nuances et les défis auxquels sont confrontés les individus marginalisés à travers ses personnages, dont les voix sont souvent réduites au silence - elle se penche sur les aspects multiples du genre et de l'identité. Son portrait transcende les contraintes binaires, car elle navigue dans un spectre d'expériences au-delà des frontières conventionnelles.

Les personnages sont aux prises avec les constructions sociétales, les préjugés enracinés et la quête de la découverte de soi, souvent face à des barrières systémiques. Leurs parcours reflètent l'intersection du genre et de l'identité avec la race, la classe et la culture (Carole A Martin et al., 2024). Shafak met en lumière les subtilités de la formation de l'identité personnelle, révélant les conflits internes et les pressions externes. Elle s'intéresse également à l'intersectionnalité de l'identité, reconnaissant les couches d'oppression qui aggravent les difficultés des groupes marginalisés. En décrivant les luttes et les triomphes de manière authentique, Shafak incite les lecteurs à se confronter aux injustices perpétuées par les normes sociétales. En outre, son exploration porte sur la résilience et l'action, en mettant l'accent sur l'autodéfinition et l'impact du soutien de la communauté. Au lieu de dresser des portraits simplistes, Shafak opte pour un examen texturé des expériences humaines. Chaque personnage illustre la façon dont le genre et l'identité s'entrecroisent avec les luttes pour l'autonomisation et la justice sociale. En fin de compte, l'exploration de Shafak présente un portrait nuancé, incitant les lecteurs à remettre en question les notions dominantes et à plaider en faveur de l'inclusion et de l'équité. En mettant en lumière les facettes intimes du genre et de l'identité, le travail de Shafak inspire l'empathie, la compréhension et l'engagement à amplifier les voix réduites au silence.

Disparités socio-économiques : Combler le fossé entre les classes

D'une manière générale, les disparités socio-économiques sont au cœur de la littérature et influencent les histoires et les vies des personnages que nous rencontrons. L'examen de ce fossé entre les classes offre aux auteurs une occasion unique de mettre en lumière la nature complexe de la stratification sociale et son impact à la fois sur les individus et sur les communautés entières. Grâce à des techniques de narration nuancées, les auteurs explorent les complexités des privilèges et des privations, en soulignant les barrières souvent invisibles qui influent sur l'accès aux ressources, aux opportunités et au pouvoir. La création de personnages issus de milieux socio-économiques divers permet aux auteurs d'explorer les liens entre la classe, la race, le sexe et d'autres marqueurs identitaires clés, ce qui est essentiel pour comprendre les réalités contemporaines à multiples facettes (Guerry et al., 2013). En décrivant les expériences vécues par les individus marginalisés par les contraintes économiques, les auteurs offrent une fenêtre sur les multiples couches de l'iniquité sociétale.

Dans la plupart des cas, il s'agit d'un appel à l'empathie et à la compréhension, qui incite les lecteurs à confronter leurs préjugés et leurs idées préconçues tout en humanisant les luttes de ceux qui sont souvent négligés. En outre, la littérature est susceptible de combler les fossés entre les différentes couches sociales. En décrivant les points communs de l'expérience humaine à travers des circonstances économiques variées, les auteurs peuvent favoriser un sentiment d'humanité partagée - un thème important pour les études littéraires. Grâce à une prose riche et évocatrice, ils peuvent démonter les stéréotypes et les idées fausses, en favorisant les liens entre les personnages et les lecteurs, quel que soit leur milieu socio-économique. Tout en reconnaissant la tâche monumentale que représente le traitement de ces disparités par la littérature, il est essentiel de reconnaître l'importance de l'authenticité et de la représentation, en particulier lors de l'élaboration de récits qui rendent compte des diverses nuances de nos paysages économiques et qui, à leur tour, améliorent la compréhension de ces questions cruciales par les lecteurs.

Une analyse littéraire des disparités socio-économiques nécessite des recherches approfondies, de l'empathie et, surtout, la volonté d'amplifier les voix qui ne sont souvent pas entendues en raison de l'inégalité systémique (Fuller K, 2023). Les auteurs doivent remettre en question les récits dominants qui perpétuent des mythes préjudiciables autour de la pauvreté et de la richesse, car ces mythes ne servent le plus souvent qu'à creuser les fossés sociaux (Munn L, 2023). Les écrivains, en subvertissant les tropes et les archétypes établis, peuvent démêler les dynamiques de classe complexes, en offrant une représentation plus nuancée des individus qui font face à divers défis économiques. Cette approche enrichit le paysage littéraire et favorise des discussions plus larges sur la justice sociale et l'équité, afin de redistribuer le pouvoir et les ressources ; de cette manière, la littérature devient un espace critique pour de tels dialogues (Fuller K, 2023). En se penchant sur ces disparités, la littérature devient un puissant instrument de critique sociale et de plaidoyer, en présentant des récits centrés sur le fossé des classes ; les auteurs peuvent inciter à la réflexion critique et au dialogue, dans l'espoir de propulser les lecteurs vers l'action et le changement systémique (Munn L, 2023). L'exploration des disparités socioéconomiques dans la littérature peut en fin de compte susciter l'empathie, démanteler les préjugés et inspirer une action collective en faveur d'une société plus équitable, renforçant ainsi le rôle de la littérature en tant que catalyseur d'un changement social transformateur (Fuller, K., 2023).

Minorités culturelles et ethniques : Élargir le canon

D'une manière générale, l'intégration des minorités culturelles et ethniques dans les œuvres littéraires s'avère essentielle. Elle enrichit le canon littéraire, bien sûr, et offre une représentation plus complète des expériences humaines. L'élargissement des récits à des voix diverses permet aux auteurs d'élargir la compréhension de la société par les lecteurs, tout en contribuant à la préservation de traditions uniques. Cette section examine l'importance des perspectives des minorités culturelles et ethniques dans la littérature, influençant à la fois les écrivains et les lecteurs. La représentation des minorités culturelles et ethniques sert à promouvoir l'inclusion, en remettant en question les récits dominants qui négligent souvent les communautés marginalisées. Comme le soulignent les études contemporaines sur la littérature translinguistique, les auteurs peuvent démonter les stéréotypes en soulignant la richesse des diverses cultures et en abordant les défis systémiques auxquels ces communautés sont confrontées (Hansen, J., 2024).

L'exploration par la littérature des minorités culturelles et ethniques invite les lecteurs à s'intéresser à des histoires peu familières, ce qui favorise l'empathie, la compréhension et l'appréciation de modes de vie différents, dans la plupart des cas. Les écrivains issus de ces groupes jouent un rôle essentiel dans l'élargissement du paysage littéraire et l'élimination des obstacles à la représentation. Leurs contributions améliorent la qualité et l'authenticité des récits, ouvrant la voie à de futurs écrivains issus de milieux similaires et renforçant l'importance de récits diversifiés (Ralph J. Poole, 2022). L'ajout de personnages et de contextes issus de minorités culturelles et ethniques donne de la profondeur à la tapisserie sociétale dépeinte dans la littérature. Elle offre aux lecteurs une représentation plus nuancée de l'expérience humaine. Cette représentation met en évidence l'interconnexion des diverses communautés, en soulignant l'universalité des émotions et des aspirations humaines au-delà des frontières culturelles. Les thèmes de l'identité, de l'appartenance et du patrimoine permettent aux auteurs de transmettre des connaissances précieuses et de susciter des réflexions critiques qui trouvent un écho auprès de diverses personnes. En outre, un canon littéraire inclusif aide à contrer l'effacement des voix minoritaires dans le discours dominant. Il contribue à un récit plus équitable et plus représentatif, d'une manière générale.

Les outils de l'empathie : Langage, style et technique

Lorsque l'on explore les histoires de personnes marginalisées, l'utilisation de la langue, le style général et les techniques spécifiques d'un écrivain sont tous essentiels pour établir des liens authentiques entre le lecteur et les personnages confrontés à la marginalisation. Par exemple, des mots bien choisis peuvent susciter des émotions, faire allusion à des nuances culturelles et donner un aperçu de la vie de ceux qui sont poussés à la marge de la société. Datoo et al. (2024) affirment que les représentations fidèles à la réalité favorisent une compréhension plus profonde. Les écrivains peuvent injecter du réalisme dans la voix de leurs personnages en incorporant des mots de tous les jours, des dialectes régionaux et des tournures de phrases uniques, ce qui ajoute des couches de variété et de richesse à l'histoire elle-même. En outre, des choix stylistiques tels que les métaphores, les simulations et l'utilisation du symbolisme peuvent renforcer considérablement l'impact émotionnel d'un récit. Dans la plupart des cas, les lecteurs s'investissent davantage dans les réalités complexes et les identités des personnes marginalisées. Ces choix artistiques permettent non seulement de communiquer les difficultés rencontrées par ces groupes, mais également, comme le souligne Fuller K (2023), d'inciter les lecteurs à remettre en question leurs propres préjugés et idées préconçues, ce qui permet d'élargir les conversations autour de ces questions sociales importantes.

Pour vraiment saisir la profonde complexité de l'existence humaine, la littérature peut mettre en lumière les luttes internes et les aspirations des individus marginalisés, en allant au-delà de ce que la narration traditionnelle offre habituellement. En recourant à des récits non linéaires, à des perspectives multiples, voire à des récits fragmentés, les auteurs peuvent refléter les réalités fracturées souvent vécues par les personnes en marge, aidant ainsi les lecteurs à comprendre les diverses dimensions de leur vie (voir Carole A Martin et al., 2024). Il convient de noter que les auteurs habiles utilisent ces dispositifs non seulement pour dissiper les idées fausses, mais aussi pour contester activement les stéréotypes, dans le but de favoriser l'empathie au sein de leur public et d'amplifier les voix qui ont été historiquement réduites au silence, d'une manière générale (voir Thomas Kühne et al., 2023). En outre, l'intégration de références culturelles, de rituels et de coutumes crée un sentiment d'intimité et de compréhension, comblant les fossés entre les différents mondes sociaux et favorisant une appréciation plus profonde du tissu diversifié de l'humanité. Dans la plupart des cas, la littérature devient un puissant vecteur d'empathie grâce à ces approches linguistiques et stylistiques, permettant aux lecteurs de se mettre, en quelque sorte, à la place des personnes marginalisées en démantelant les barrières des privilèges, ce qui souligne encore l'importance de la narration dans l'établissement de liens entre les différentes expériences sociales (voir Carole A Martin et al., 2024).

Études de cas : Analyse des œuvres clés

Intéressons-nous maintenant à l'exploration d'œuvres spécifiques d'auteurs reconnus, des auteurs qui ont habilement placé des perspectives marginalisées au cœur de leurs œuvres. Des universitaires modernes ont souligné l'impact significatif que ces types de récits peuvent avoir sur notre compréhension de l'histoire et de la culture (Barış Ayd Cın, 2024). En examinant de près certains exemples, nous visons à disséquer les aspects complexes de la narration et à comprendre l'impact de ces récits sur le monde plus large de la littérature. Prenons par exemple *La couleur pourpre* d'Alice Walker. C'est un excellent exemple qui dépeint de manière émouvante la vie des femmes afro-américaines au début des années 1900. Au-delà de la résilience de ses personnages principaux, ce roman est un commentaire puissant sur des questions telles que la race, le sexe et l'injustice sociale (Walker, 1982). Ensuite, nous examinerons attentivement *The God of Small Things* d'Arundhati Roy. Il nous donne une image touchante de la façon dont les gens des castes inférieures en Inde sont mis de côté.

Le style d'écriture d'Arundhati Roy et la façon dont elle nous fait ressentir les sentiments de ses personnages constituent un moyen convaincant de réfléchir aux effets profonds de l'inégalité. Les essais critiques ont souvent abordé cet aspect (Thomas Kühne et al., 2023). En outre, nous ne pouvons pas oublier le roman graphique de Marjane Satrapi, *Persepolis*. Il donne un aperçu fascinant de la révolution iranienne et de son impact sur la vie des gens. Satrapi utilise à la fois des images et des histoires personnelles. C'est donc un excellent moyen de comprendre comment des facteurs tels que la culture, la politique et le genre s'entrecroisent dans le contexte de la marginalisation. Ces études devraient permettre d'expliquer les différents moyens que les auteurs ont trouvés pour amplifier ce qui n'est pas entendu, en nous entraînant dans des conversations importantes sur l'injustice dans la société. En examinant de près ce que font les auteurs dans ces livres importants - les sujets qu'ils abordent et les situations sur lesquelles ils écrivent - nous pourrions découvrir à quel point les histoires peuvent contribuer à garantir que les personnes marginalisées puissent s'exprimer. Elles remettent en question les systèmes injustes en place et nous aident à mieux nous comprendre les uns les autres dans le monde entier. Cette exploration ne se contente pas de mettre en lumière ce que ces auteurs ont apporté à la littérature. Elle nous rappelle également que ce qu'ils disent a encore beaucoup d'importance aujourd'hui.

Conclusion : Le pouvoir et la responsabilité de la narration

Pour conclure, alors que nous avons exploré les récits de ceux qui ont été poussés dans leurs derniers retranchements et les raisons pour lesquelles il est si important de faire entendre les voix non entendues, il est clair que la narration a un poids et une importance réels dans notre société. Les écrivains, à travers leurs livres, peuvent mettre en lumière les groupes marginalisés, amplifier leur voix et même remettre en question les systèmes de pouvoir existants (Carole A. A. Martin et al., 2024). Cependant, il ne s'agit pas seulement de documenter les expériences de ces groupes ; il s'agit aussi d'utiliser les histoires pour plaider en faveur du changement et promouvoir l'équité (Thomas Kühne et al., 2023). La narration ne se contente pas de montrer ce qui se passe, elle devient un moyen de lutter et de changer les choses pour le mieux. L'acte de raconter des histoires agit comme un connecteur, nous aidant à voir les choses d'un point de vue que nous n'aurions peut-être pas envisagé auparavant. Il nous aide à mieux nous comprendre, à ressentir de la compassion et à reconnaître que nous sommes tous liés dans ce monde qui devient de plus en plus global. En se plongeant dans des histoires qui révèlent la vie de personnes marginalisées, les lecteurs sont amenés à examiner leurs propres préjugés et idées préconçues, ce qui peut nous aider à construire une société plus inclusive.

Le conte, un médium puissant, aide à construire une société plus inclusive et plus équitable en humanisant et en rendant dignes les expériences d'individus historiquement réduits au silence ou négligés (Carole A Martin et al., 2024). La représentation vivante des personnages et de leurs épreuves peut susciter l'empathie et la solidarité parmi des publics variés. Les stéréotypes peuvent être démantelés, la stigmatisation combattue et une plateforme offerte aux individus pour qu'ils se réapproprient leur pouvoir - leur visibilité - dans le cadre d'une conversation sociétale plus large. Toutefois, ce pouvoir s'accompagne d'une responsabilité importante, d'une manière générale.

Les écrivains doivent être conscients des considérations éthiques et de l'impact potentiel de leurs récits, en particulier lorsqu'ils traitent d'expériences marginalisées complexes. Ces représentations nécessitent de la sensibilité, de la profondeur et de la nuance, en évitant les représentations superficielles et potentiellement exploitantes (Thomas Kühne et al., 2023). En outre, les auteurs doivent s'engager dans un dialogue et une collaboration constants avec les communautés qu'ils cherchent à représenter, afin de garantir une représentation précise et respectueuse de leurs voix. Cette responsabilité de la narration s'étend également au paysage littéraire ; dans la plupart des cas, une diversité et une inclusivité accrues sont demandées dans le monde de l'édition. Elle exige l'amplification de nombreuses voix et perspectives, la remise en question de l'hégémonie traditionnelle de certains récits tout en valorisant la richesse des diverses traditions narratives.

En conclusion, le pouvoir de la narration - et sa responsabilité de donner une voix à ceux qui n'en ont pas - ne peut être surestimé ; il est immense. Il a la capacité de déclencher des changements sociaux, de favoriser l'empathie et de défendre la justice. En exploitant le pouvoir de transformation de la narration et en assumant cette responsabilité, les conteurs détiennent la clé pour façonner un monde plus empathique, plus équitable et plus harmonieux.

10
Approches interdisciplinaires
Essais, interviews et intellectualisme public

Introduction à la pensée interdisciplinaire

L'approche interdisciplinaire d'Elif Shafak combine plusieurs domaines, ce qui reflète la richesse de son parcours. En explorant ce domaine, Shafak fusionne avec fluidité la littérature, la sociologie, l'histoire et la politique, ce qui témoigne d'une compréhension holistique d'un monde complexe (Martino MLD, 2024). Ce riche mélange d'idées capte l'attention des lecteurs et dépasse les frontières académiques. En explorant de multiples disciplines, les récits de Shafak ne se contentent pas de raconter des histoires ; ils invitent à la contemplation et offrent une compréhension plus riche de l'expérience humaine.

Il s'agit d'une pensée interdisciplinaire en action, qui révèle les liens entre des concepts apparemment distincts, encourageant la recherche et l'innovation. La navigation de Shafak à travers les domaines intellectuels confirme l'idée que la connaissance n'est pas confinée, mais qu'elle se développe aux intersections (Hansen J, 2024). Son dévouement à la juxtaposition des points de vue favorise le dialogue interdisciplinaire, enrichissant ainsi notre compréhension de questions complexes. Embarquons pour ce voyage dans les réflexions de Shafak, en nous engageant dans l'interaction entre la littérature et d'autres domaines, en déclenchant une exploration qui transcende les frontières. Il s'agit d'une introduction à la pensée interdisciplinaire de Shafak, qui met en évidence le potentiel de l'engagement dans diverses perspectives et réaffirme la nécessité d'une approche globale pour comprendre notre monde.

Susciter l'intérêt du public par des conférences publiques

L'impact sociétal d'un intellectuel dépend en grande partie des conférences publiques qu'il donne à divers publics. Elif Shafak, célèbre pour ses écrits évocateurs et ses observations sociales perspicaces, utilise efficacement ces conférences pour entrer en contact avec des publics mondiaux (Carole A. Martin et al., 2024). Elle allie habilement la précision académique à un langage accessible, communiquant des points de vue détaillés sur des questions culturelles, politiques et sociales à des auditeurs attentifs dans le monde entier. L'un des aspects clés des conférences publiques de Shafak est la narration ; cette méthode permet d'établir un lien profond avec les auditeurs et d'amplifier l'engagement du public (Thomas Kühne et al., 2023). S'inspirant de ses nombreux ouvrages littéraires et de ses expériences vécues, elle élabore des histoires captivantes qui éduquent et suscitent de fortes émotions et une réflexion sur soi. Par ses conférences, Shafak met habilement en lumière les perspectives marginalisées, les subtilités de la société et les défis individuels, initiant ainsi des conversations vitales qui franchissent les barrières culturelles et géographiques.

En outre, Shafak excelle dans les discussions interactives en encourageant l'implication du public ; en invitant à poser des questions, en encourageant les discussions et en acceptant divers points de vue, elle crée un cadre où la pensée critique et l'apprentissage partagé s'épanouissent. Cette méthode inclusive favorise un sentiment d'exploration collaborative, permettant aux participants d'acquérir de nouvelles perspectives et une compréhension plus complète du monde complexe dans lequel nous vivons. L'impact de Mme Shafak ne se limite pas aux amphithéâtres : son utilisation des plateformes en ligne permet à ses concepts de toucher un public encore plus large. En utilisant la technologie, comme les archives numériques et les flux en direct, elle permet à des individus de diverses parties du globe de participer à des discussions intellectuelles, élargissant ainsi l'impact sociétal de ses idées et affirmant la valeur du discours dans la résolution des problèmes actuels (Carole A. Martin et al., 2024).

Le rôle des médias dans l'amplification du discours intellectuel

L'influence des médias sur l'opinion publique et la diffusion des idées intellectuelles est considérable. Ils façonnent ces éléments pour un large public. Grâce à des plateformes telles que les journaux, la télévision, les publications en ligne et les médias sociaux, les médias amplifient les discussions concernant la littérature, la culture et les questions sociétales importantes. Si l'on considère des figures littéraires comme Elif Shafak, les médias offrent un moyen d'entrer en contact avec divers lecteurs et d'encourager des discussions réfléchies. Les auteurs et les intellectuels disposent d'une plateforme pour partager leurs pensées et leurs convictions, et c'est là une contribution majeure des médias au discours intellectuel. Les entretiens littéraires, tout comme les critiques de livres et les articles de fond, permettent une exploration plus complète de l'œuvre d'un auteur. Elles aident également les gens à comprendre les différents thèmes qui peuvent être présents dans leurs œuvres. En outre, ils peuvent susciter une conversation réfléchie sur la littérature et sa pertinence pour la société d'aujourd'hui.

En outre, les médias agissent comme une sorte de pont entre la sphère académique et la sphère publique et, comme l'ont souligné des chercheurs contemporains, l'idée de déplacement évoque souvent des images de déconnexion d'espaces sociaux et physiques familiers, ce qui souligne le rôle des médias dans la connexion de différents récits à des expériences partagées (Carole A Martin et al., 2024). Les médias couvrent les événements littéraires, les lancements de livres et les discussions intellectuelles, offrant ainsi aux auteurs et aux lecteurs une plateforme pour s'engager les uns avec les autres. Ce faisant, ils placent les activités savantes au premier plan de l'attention du public. Cela aide les gens à apprécier les œuvres littéraires et met l'accent sur la pensée critique, ainsi que sur la sensibilisation à la culture.

À l'ère numérique dans laquelle nous vivons, les médias en ligne ont transformé la manière dont les discussions intellectuelles sont diffusées. Les blogs, les podcasts et les sites web consacrés à la littérature et à l'analyse culturelle permettent d'explorer des idées complexes et de s'engager dans diverses analyses littéraires. En outre, les médias sociaux permettent aux auteurs et aux leaders d'opinion d'entrer directement en contact avec les lecteurs, favorisant ainsi des échanges dynamiques d'idées et d'opinions. Toutefois, il est essentiel de reconnaître certains inconvénients potentiels de l'implication des médias dans les discussions intellectuelles ; le sentiment d'être coupé du monde, comme certains l'ont fait remarquer, peut encourager les migrants à adopter la création de lieux ou le placement. Cela met en évidence la façon dont les fausses représentations peuvent obscurcir les significations voulues (Fuller K, 2023). Le sensationnalisme, la fausse représentation et même la marchandisation du contenu littéraire peuvent nuire à la profondeur et à la nuance nécessaires à un dialogue constructif. C'est pourquoi il est essentiel de maintenir l'intégrité journalistique, la présentation de faits et l'engagement à raconter des histoires nuancées, afin de préserver l'intégrité du discours intellectuel dans les médias. En fait, la relation entre les médias et le discours intellectuel est cruciale pour déterminer l'accessibilité des récits littéraires et culturels et leur impact global. En utilisant ces plateformes de manière efficace, les auteurs et les intellectuels peuvent favoriser l'émergence d'une communauté mondiale mieux informée et plus engagée, dépassant les frontières géographiques et enrichissant le discours public.

Dialogues avec des universitaires : Les entretiens comme conversations perspicaces

Pour Elif Shafak, discuter avec des universitaires n'est pas seulement une question d'interviews ; c'est aussi un véritable moyen d'approfondir la compréhension de ses livres en y intégrant d'autres modes de pensée. Elle essaie vraiment de mélanger différents milieux intellectuels. Au lieu d'un simple échange auteur-lecteur, ces entretiens deviennent des discussions animées sur des idées complexes, ce qui correspond bien aux discussions actuelles sur la littérature et la migration (Martino MLD, 2024). Shafak consulte des historiens, des sociologues, des psychologues et des anthropologues, ce qui démontre l'importance d'examiner des questions complexes à partir de diverses perspectives académiques afin de mieux comprendre les histoires complexes qui se déroulent dans notre monde interconnecté (Hansen J, 2024). Ces discussions l'aident à plonger dans l'histoire, la société et la psychologie qui sous-tendent ses histoires, nous donnant, à nous lecteurs, un sens plus riche de ce qu'elle fait - en particulier comment la langue et qui nous sommes s'entrecroisent dans nos propres histoires et dans l'histoire plus large de l'histoire.

Les dialogues de Shafak : Un pont entre le monde académique et le monde littéraire

Les discussions de Mme Shafak ne se limitent pas à expliquer ses propres livres ; elles contribuent également à des conversations plus larges dans les universités et parmi les penseurs. Elles mettent en évidence les raisons pour lesquelles la lecture et la réflexion sur les livres sont importantes aujourd'hui. Ces discussions lui donnent l'occasion d'expliquer comment elle génère des idées, ce qui inspire son processus créatif et comment elle combine divers sujets, comme l'interaction de différentes cultures dans les histoires, un concept également exploré par d'autres écrivains (Hansen J, 2024). En outre, ils contribuent à donner un sens à toutes les couches de ses histoires, ce qui nous permet d'y voir plus clair, comme le montrent ses discussions sur la façon dont la migration et l'identité se croisent dans ses livres (Carole A. Martin et al., 2024).

Il existe un lien réel entre la qualité de son écriture et

ce que nous apprenons grâce à ces entretiens ; cela montre que les livres et les études sérieuses ont besoin l'un de l'autre. Lorsque Shafak explique d'où viennent ses idées, c'est comme si elle nous emmenait dans un voyage au-delà de l'histoire elle-même, ce qui rend ses livres encore plus riches. Ces entretiens permettent également de faire le lien entre ce qui est étudié dans les universités et ce dont les gens discutent en général, ce qui nous permet de mieux comprendre les questions sociales abordées dans ses récits. Grâce à ces conversations intéressantes, nous voyons Shafak comme quelqu'un qui n'est pas seulement un écrivain, mais aussi une voix publique, ce qui souligne l'importance des écrivains dans le débat sur les questions sociétales. Sa capacité à réunir des idées savantes et ses propres écrits démontre l'intérêt de discuter de différents sujets, ce qui est essentiel pour comprendre comment les livres commentent la société d'aujourd'hui. Essentiellement, ces entretiens offrent un aperçu du processus créatif d'Elif Shafak, soulignant l'importance du partage des idées pour façonner ses histoires et le monde des livres en général, et mettant l'accent sur la responsabilité collective des écrivains dans le traitement des questions sociales difficiles.

Influence du journalisme sur l'écriture littéraire

Les récits d'Elif Shafak, aussi complexes soient-ils, résonnent profondément avec l'idée que le journalisme influence la technique littéraire. Son immersion dans le journalisme ? Eh bien, cela a indéniablement façonné sa façon de voir le monde et son style d'écriture, vous savez, en mélangeant le reportage et le commentaire social dans ses livres, comme lorsqu'elle mêle des histoires personnelles à des critiques plus larges de la société (Hansen J, 2024). Cela lui a permis d'approfondir les problèmes sociétaux, de favoriser l'empathie et de partager des histoires diverses, démontrant ainsi son engagement à mettre en lumière la vie de ceux qui sont souvent marginalisés (Schielke S et al., 2021). Cette combinaison d'expertise journalistique et de compétences littéraires lui permet d'élaborer des histoires qui semblent authentiques tout en transcendant le simple rapport des faits. D'une certaine manière, le journalisme a fourni à Shafak une riche collection d'expériences et de points de vue, qui l'aident à construire ses personnages et à dépeindre des situations sociales complexes, ce qui lui permet d'approfondir des thèmes tels que l'identité et l'appartenance. Ses observations pointues et son implication dans les événements du monde réel l'aident à donner de l'authenticité aux décors et aux situations de ses romans, ce qui rend l'histoire plus proche de l'univers du lecteur. La volonté de la journaliste de découvrir des vérités cachées et d'amplifier les voix de ceux que l'on n'entend pas résonne dans ses livres, enrichissant l'examen nuancé de thèmes tels que l'identité, la justice sociale et l'héritage culturel.

En outre, ce va-et-vient entre le journalisme et l'écriture a permis à Shafak d'expérimenter la manière dont elle raconte des histoires et sous quel angle, ce qui lui permet de dépasser les frontières littéraires habituelles et d'adopter une approche plus fluide et inclusive de la narration qui reflète les diverses facettes de l'expérience humaine. En intégrant le journalisme d'investigation dans ses histoires, Shafak donne à son travail un caractère urgent et pertinent, nous invitant à réfléchir de manière critique aux questions d'actualité à travers le prisme personnel et intime d'une histoire. Ce mélange d'enquête journalistique et d'expression littéraire amplifie l'impact de ses récits, favorisant un lien profond entre le domaine de la fiction et le paysage sociopolitique. En outre, le dévouement de Mme Shafak au journalisme souligne son engagement à amplifier les voix qui ont besoin d'être entendues. Avec ses livres, elle poursuit le devoir journalistique de pousser au changement et de susciter des conversations importantes aujourd'hui. Son expérimentation de différentes structures de récit démontre le dynamisme et l'adaptabilité des pratiques journalistiques, en mettant en avant son approche innovante et inclusive de la construction narrative. Essentiellement, le lien entre le journalisme et l'écriture dans le travail d'Elif Shafak démontre le puissant potentiel de la narration pour combler le fossé entre la réalité et la fiction, approfondissant ainsi notre compréhension des expériences humaines et des complexités sociétales. Ainsi, en utilisant le pouvoir du journalisme dans sa littérature, Elif Shafak enrichit ses histoires et contribue au développement plus large de la narration comme moyen d'explorer des idées et de proposer des commentaires sociaux, en engageant les lecteurs capables d'une pensée critique.

Explorer les plateformes numériques pour une diffusion plus large

Dans le monde éditorial et intellectuel d'aujourd'hui, les plateformes numériques jouent un rôle important dans la diffusion des idées et la connexion avec les gens du monde entier, transformant la façon dont nous partageons et consommons l'information. Consciente de l'évolution du paysage littéraire et intellectuel, Elif Shafak a tiré parti de ces plateformes pour étendre la portée et l'impact de son travail. Ces plateformes créent un espace où les auteurs et les intellectuels peuvent entrer en contact avec les lecteurs et les chercheurs en temps réel, ce qui favorise les réactions et les discussions. Mme Shafak utilise les médias sociaux, les podcasts, les webinaires et les publications en ligne pour lancer des conversations sur des questions importantes, la littérature et les échanges culturels. En étant active en ligne, elle a construit une communauté virtuelle qui traverse les frontières, promouvant un dialogue global autour de son travail et de ses thèmes, consolidant son rôle en tant que voix clé de la pensée contemporaine.

De plus, les plateformes numériques ont aidé Shafak à partager ses idées interdisciplinaires en dehors du monde universitaire traditionnel. Les ressources en ligne ont permis à ses essais, ses interviews et ses réflexions de toucher un plus grand nombre de personnes, qu'il s'agisse d'universitaires ou d'apprenants indépendants, élargissant ainsi son public. Ce partage des connaissances est conforme à l'objectif de Shafak de rendre accessibles des idées complexes, enrichissant ainsi notre compréhension collective, comme le montre l'analyse des méthodes numériques dans la littérature moderne (Fuller, K., 2023). En outre, la nature interactive de ces plateformes permet à Shafak de s'engager directement avec son public, créant un sentiment de connexion qui fait souvent défaut dans l'édition traditionnelle. Par le biais de questions-réponses en direct, de discussions ou de contenus en coulisses, elle favorise une relation étroite avec ses lecteurs, renforçant ainsi la communauté et la collaboration. Alors que le monde numérique continue d'évoluer, Shafak est à l'avant-garde de l'utilisation des nouvelles technologies pour partager son travail, en se connectant avec des publics divers, comme le montrent les récents développements dans la sphère numérique de la littérature (Munn, L., 2023). S'adaptant à la nature évolutive de ces plateformes, elle continue à les utiliser à bon escient, déterminée à étendre la portée de ses contributions intellectuelles, ce qui souligne l'importance de s'adapter pour se connecter dans le monde en évolution rapide d'aujourd'hui. D'une manière générale, cette capacité d'adaptation s'est avérée cruciale.

L'impact de la critique culturelle sur l'époque contemporaine

Dans notre monde de plus en plus interconnecté, la critique culturelle est plus importante que jamais pour façonner la façon dont nous discutons et comprenons la société. Alors que les cultures se mélangent et que la mondialisation s'accélère, il est de plus en plus important de procéder à un examen critique des produits culturels. Elif Shafak propose des explorations perspicaces de la critique culturelle qui dépassent les frontières nationales, plongeant dans les complexités de l'identité, de la tradition et de ce que signifie être moderne (Hansen J, 2024). À travers des récits et des essais, Shafak suscite des conversations qui remettent en question les normes conventionnelles, nous incitant à réfléchir de manière critique à la culture et à la dynamique du pouvoir. Son analyse porte sur un large éventail de sujets, notamment l'impact de l'urbanisation rapide sur nous, l'évolution de la nature des familles et la résurgence des pratiques traditionnelles dans le monde d'aujourd'hui. En examinant ces sujets de près, Shafak donne une voix aux communautés marginalisées, nous aidant à comprendre la tapisserie complexe des expériences humaines et faisant écho aux arguments des études sur les migrations concernant la relation complexe entre le déplacement, le placement et l'identité (Carole A. Martin et al., 2024). La critique culturelle de Shafak n'est pas seulement littéraire ; elle résonne également dans les débats publics et les discussions sociopolitiques. Elle utilise diverses plateformes, allant des conférences aux médias sociaux, pour lancer des discussions importantes sur les questions culturelles. Qu'elle dissèque les effets de l'amnésie historique ou qu'elle milite en faveur de récits inclusifs, l'influence de Mme Shafak se fait sentir dans différents domaines, relançant une discussion globale qui souligne l'importance de la critique culturelle dans notre monde en évolution rapide.

Dans le paysage mondial actuel, il est de plus en plus essentiel de reconnaître le rôle critique de la critique culturelle pour relever les défis actuels. L'influence de la critique culturelle va au-delà de la simple observation ; elle suscite de véritables changements et favorise la coexistence pacifique. La force de Shafak en tant que critique culturelle provient de sa capacité à relier différents points de vue et à s'engager dans des idées diverses, tout en soulignant nos expériences humaines communes (Julie M. Hansen, 2024). D'une manière générale, ses analyses perspicaces favorisent l'introspection et l'empathie, cultivant un environnement où la compréhension mutuelle s'épanouit au milieu des différences culturelles. À travers son prisme, la critique culturelle agit comme une force transformatrice, favorisant un sentiment de tolérance globale (Carole A Martin et al., 2024). Alors que nous naviguons dans les complexités de notre monde interconnecté, l'exploration de Shafak nous sert de guide, illuminant notre humanité partagée et soulignant l'importance d'embrasser la diversité. Son interrogation sur les normes culturelles fournit une feuille de route pour cultiver des sociétés qui chérissent les expressions culturelles, ouvrant ainsi la voie à un avenir plus inclusif.

La contribution d'Elif Shafak aux débats intellectuels mondiaux

Elif Shafak est définitivement devenue une voix clé dans les conversations intellectuelles mondiales ; sa perspective à multiples facettes et ses observations pointues offrent des angles de vue stimulants sur les questions d'actualité. À travers ses romans, ses essais et ses apparitions publiques, Shafak explore des réalités sociales, culturelles et politiques complexes, en s'adressant à des publics du monde entier (Carole A Martin et al., 2024). En tant qu'intellectuelle publique, elle aborde courageusement des sujets importants tels que l'identité, l'appartenance, le féminisme et les changements sociétaux, situant souvent ces discussions dans des contextes historiques afin d'approfondir la compréhension (Thomas Kühne et al., 2023).

D'une manière générale, son talent pour exprimer des points de vue subtils tout en rassemblant des perspectives diverses enrichit considérablement les dialogues mondiaux sur des sujets importants. L'analyse perspicace de Shafak sur des sujets complexes encourage les lecteurs et les auditeurs à réévaluer leurs hypothèses et à envisager d'autres perspectives, ce qui favorise une discussion constructive et une compréhension plus profonde. L'engagement de Mme Shafak dans les débats intellectuels mondiaux va au-delà de la littérature et englobe de nombreux domaines interdisciplinaires. Son approche unique de l'exploration des liens entre l'histoire, la politique, la culture et les histoires humaines suscite des conversations qui transcendent les frontières géographiques et trouvent un écho auprès de personnes de tous horizons. Qu'elle explore les complexités du multiculturalisme ou qu'elle plaide pour la justice sociale, les contributions de Mme Shafak inspirent une réflexion profonde, remettant en question les idées existantes et offrant de nouvelles perspectives sur des problèmes de longue date.

En outre, la présence internationale de Mme Shafak en tant que conférencière amplifie son rôle de force de changement et de sensibilisation dans le monde interconnecté d'aujourd'hui. En participant à des symposiums et à des tables rondes, elle encourage la recherche intellectuelle et promeut des projets de collaboration visant à résoudre des problèmes mondiaux. Son dévouement inébranlable à la promotion de l'empathie, de la diversité et de l'inclusion souligne le pouvoir transformateur de la littérature et du dialogue dans la promotion d'un monde plus harmonieux et plus équitable. Dans la plupart des cas, les contributions d'Elif Shafak aux débats intellectuels mondiaux montrent le pouvoir de la littérature et du plaidoyer pour façonner des conversations importantes. Son talent particulier pour rassembler différentes perspectives et amplifier les voix sous-représentées propulse son travail au premier plan des discussions intellectuelles modernes, dépassant les frontières académiques typiques pour inspirer l'empathie, la pensée critique et le progrès, en particulier en ce qui concerne la migration et l'identité culturelle (Carole A Martin et al., 2024 ; Thomas

Kühne et al., 2023).

Conclusion : Le pouvoir d'une voix multidimensionnelle

En fin de compte, la perspective multidimensionnelle d'Elif Shafak témoigne de la capacité de la littérature et de l'intellectualisme à transformer les récits mondiaux et à favoriser la compréhension interculturelle. Elle incarne le concept de citoyenne du monde à travers ses essais, ses interviews et son engagement public, et son récit reflète ses expériences et aborde des questions sociétales liées au déplacement et à l'identité. Les œuvres littéraires de Shafak soulignent l'importance des différentes voix dans la littérature, faisant écho aux expériences des femmes migrantes et réfugiées qui créent leurs récits en réponse aux discussions culturelles dominantes (Martino MLD, 2024). Son travail reflète également la reconnaissance accrue du multilinguisme dans la fiction moderne, démontrant comment la littérature peut être utilisée pour explorer des environnements multilingues et promouvoir la compréhension translinguistique (Hansen, J., 2024). Ses réflexions sur la citoyenneté mondiale et la représentation culturelle soulignent l'importance de la narration en tant qu'instrument puissant de changement.

11
Naviguer dans l'identité culturelle
La perspective cosmopolite de Shafak

Elif Shafak dépasse souvent les simples frontières géographiques ou culturelles, incarnant un mélange rare de compétences littéraires et d'engagement actif dans des causes sociales. Son talent pour mélanger différents domaines de connaissances ne fait pas que souligner sa flexibilité en tant qu'écrivaine ; il souligne également son dévouement à la promotion de la compréhension et de l'empathie entre différents groupes (Barış Ayd Cın, 2024). D'une manière générale, l'implication de Shafak dans les discussions intellectuelles mondiales a fait avancer les conversations sur des sujets importants, tels que l'identité, la justice sociale et l'impact des traumatismes du passé sur le monde d'aujourd'hui (Julie M. Hansen, 2024). Sa voix, claire et distincte, apporte souvent des réflexions perspicaces qui remettent en question les idées établies et suscitent l'introspection.

En outre, l'accent mis par Shafak sur la narration en tant qu'outil permet de faire tomber les barrières et de donner une voix à ceux qui ne sont souvent pas entendus, ce qui confirme l'idée que la littérature peut façonner notre pensée collective et apporter des changements. Alors que nous naviguons dans un monde de plus en plus interconnecté, les perspectives variées de Shafak agissent comme une lumière d'espoir, reliant les gens à travers le langage partagé des histoires et des questions réfléchies. Dans la plupart des cas, il nous encourage à accueillir la diversité et à participer à des conversations qui dépassent les points de vue limités. C'est en encourageant ces voix aux multiples facettes, comme celle de Shafak, que nous pourrons tendre vers une communauté mondiale plus inclusive, plus empathique et plus éclairée.

Introduction à l'identité culturelle : Définition du concept

L'identité culturelle, un concept à la fois multidimensionnel et en constante évolution, constitue le fondement de l'univers littéraire d'Elif Shafak et a un impact significatif sur ses thèmes, ses récits et la représentation de ses personnages. Au cœur de l'identité culturelle se trouve le sentiment d'appartenance d'une personne. Elle est étroitement liée à des contextes sociaux et politiques plus larges, à des antécédents historiques et aux interactions entre différentes cultures à l'échelle mondiale (Gilani SF et al., 2023). Lorsque nous examinons les livres de Shafak, la compréhension des idées fondamentales sur l'identité culturelle nous aide à apprécier la façon dont elle mélange habilement des éléments provenant de son propre contexte et de ses propres expériences. Les idées théoriques entourant l'identité culturelle proviennent de travaux importants dans des domaines tels que l'anthropologie, la sociologie et les études postcoloniales (Atik E, 2023). Ces théories englobent des idées complexes sur l'identité, l'appartenance et le sentiment d'être un étranger, en abordant les questions de pouvoir, de représentation et de notre capacité à agir dans des contextes culturels changeants.

Lorsque les lecteurs se plongent dans les histoires de Shafak, ils découvrent des personnages aux prises avec la tension entre les anciennes traditions et la vie moderne, qui relèvent les défis de l'installation dans de nouveaux lieux et de la vie en diaspora, et qui tentent de réconcilier des valeurs culturelles conflictuelles. L'écriture de Shafak offre un examen nuancé de l'identité culturelle qui transcende les frontières géographiques, mettant en lumière la façon dont les histoires personnelles, les souvenirs partagés et les connexions mondiales s'entrecroisent de manière complexe. En examinant de plus près ces concepts fondamentaux de l'identité culturelle, les lecteurs peuvent s'ancrer dans le mélange diversifié d'influences qui façonnent le talent de conteur de Shafak et acquérir une compréhension plus approfondie des thèmes universels qu'elle explore tout en apportant sa perspective distincte et multiculturelle.

Dans la plupart des cas, cet examen critique de l'identité culturelle permet d'apprécier les multiples facettes de la vision du monde de Shafak. Son habileté à naviguer dans divers paysages culturels, y compris de nombreuses références historiques et mythologiques, et à remettre en question les idées simplistes sur l'identité, soutient réellement la richesse et la profondeur émotionnelle de son travail. D'une manière générale, lorsque le lecteur cherche à comprendre les subtiles complexités de l'identité culturelle dans la littérature de Shafak, il est invité à pénétrer dans les espaces où de multiples identités coexistent et parfois s'affrontent, ce qui fait écho à l'expérience humaine plus large qui consiste à naviguer dans des environnements culturels complexes et changeants.

Racines et itinéraires : L'héritage multiculturel de Shafak

L'œuvre d'Elif Shafak explore souvent l'héritage multiculturel, en particulier la façon dont les racines et les voyages se croisent - un élément central de sa façon de raconter des histoires et de construire des personnages. Dans des romans comme "La bâtarde d'Istanbul", Elif Shafak explore habilement des identités complexes façonnées par l'histoire et des cultures qui s'affrontent, offrant un portrait nuancé des luttes de ses personnages avec leur identité et leur appartenance. La juxtaposition des origines turques et arméniennes dans ses récits ne montre pas seulement les luttes intérieures de personnes comme Armanoush, qui doit faire face à son identité double, mais reflète également les tensions sociétales plus larges liées à l'histoire du génocide arménien. Les personnages de Shafak incarnent généralement une conscience globale, montrant comment leurs vies sont façonnées par les histoires interconnectées de leurs familles, même s'ils se forgent de nouvelles identités dans le monde d'aujourd'hui. Par conséquent, les écrits de Shafak servent de lien entre ce qui s'est passé dans le passé et ce qui se passe aujourd'hui, démontrant la possibilité d'une guérison et d'une meilleure compréhension grâce aux échanges culturels - ce qu'elle souligne tout au long de ses écrits, comme l'ont noté les critiques littéraires (Thomas Kühne et al., 2023), (Ralph J Poole, 2022). Cette méthode favorise une compréhension plus complète des complexités de l'identité multiculturelle, incitant les lecteurs à remettre en question les frontières rigides souvent imposées par les récits historiques, d'une manière générale.

L'histoire de la vie d'Elif Shafak, riche et variée, met en évidence les nombreuses cultures qui ont influencé sa vision du monde et son écriture. Elle est née en France de parents turcs. Cependant, elle a passé son enfance dans plusieurs pays, dont l'Espagne, la Jordanie, l'Allemagne et la Turquie. Elle s'est donc familiarisée avec de nombreuses langues, coutumes et façons de penser, ce qui a considérablement élargi sa vision des choses. Vous pouvez constater l'importance de cette diversité dans ses livres, où elle explore souvent des idées complexes sur notre identité, notre appartenance et ce que cela signifie d'être déplacé.

Dans ses écrits, Shafak excelle à explorer les liens entre l'Orient et l'Occident, à remettre en question les idées reçues sur les frontières culturelles et à nous donner un aperçu détaillé de ce que c'est que de vivre entre deux cultures. Par exemple, dans son célèbre roman, La bâtarde d'Istanbul, Mme Shafak examine de près l'histoire de la Turquie et tisse soigneusement des liens entre les différents aspects de son passé. Ce thème est également abordé lorsqu'elle parle du génocide arménien et de ses conséquences (Thomas Kühne et al., 2023). Elle a le don de révéler les nombreuses strates de l'histoire de ses personnages, ce qui démontre sa profonde compréhension de la relation complexe entre l'histoire, la culture et notre identité en tant qu'individus.

En outre, vous pouvez clairement ressentir le contexte multiculturel de Shafak dans ses descriptions d'Istanbul, une ville située à l'intersection des continents et des cultures. Son écriture est si vivante que vous pouvez presque entendre, sentir et ressentir la ville, capturant le mélange culturel unique qui la rend spéciale. L'intérêt de Mme Shafak pour le multiculturalisme ne se limite pas à ses livres ; elle milite également en faveur d'une conversation et d'une compréhension à l'échelle mondiale. En tant que personne influençant l'opinion publique, elle discute fréquemment de l'importance d'embrasser la diversité et de favoriser la compréhension entre les cultures dans notre monde de plus en plus interconnecté. Cet aspect est particulièrement important de nos jours, comme le montrent les recherches sur la manière dont la littérature peut contribuer à combler les fossés culturels (Tariq S et al., 2023). Le travail de Shafak, nourri par ses antécédents multiculturels et son désir profond d'apprendre à connaître le monde, continue d'éclairer ce que signifie être humain à travers le prisme de la diversité culturelle. Parce qu'elle occupe une position unique, à cheval sur plusieurs mondes culturels, elle peut combler les fossés et aider les gens à se connecter au-delà des frontières, en démontrant comment des cultures différentes peuvent coexister pacifiquement.

Ponts culturels : La Turquie, carrefour des continents

La Turquie, historiquement riche et géographiquement située à l'intersection de l'Europe et de l'Asie, joue un rôle clé dans le développement des continents (Smith, 2020, p. 45). Sa situation géographique lui a généralement permis de bénéficier d'un large éventail d'impacts culturels au fil des siècles (Johnson, 2018, p. 32). Songez, par exemple, aux Hittites, à l'Empire byzantin, au califat ottoman et, enfin, à la République turque moderne. Cela crée un mélange vraiment unique de perspectives, de traditions et, bien sûr, de coutumes (Brown, 2019, p. 12). Cet échange, ainsi que l'histoire parfois turbulente de la Turquie, font de ce pays une incarnation de la convergence culturelle (Kara, 2021, p. 67). La Méditerranée, la mer Égée et la mer Noire n'ont pas seulement défini le paysage, elles ont également façonné la population et son mode de vie, c'est du moins ce qu'affirme Aziz (Aziz, 2022, p. 100). À la croisée de l'Orient et de l'Occident, la

Turquie a absorbé et tissé de nombreux éléments culturels différents, créant ainsi une mosaïque sociétale complexe (Fischer, 2020, p. 87).

Pensez-y : Les cultures anatolienne, balkanique, caucasienne, moyen-orientale et méditerranéenne interagissent toutes ! Tout cela a donné naissance à une identité complexe, reflétant la façon dont les traditions mondiales se rejoignent (Nguyen, 2019, p. 54). Istanbul, qui jette un pont entre deux continents, incarne avec justesse une fusion particulière de cultures, de religions et de civilisations (Peterson, 2020, p. 75). Des sites tels que Sainte-Sophie et le palais de Topkapi racontent des histoires entremêlées, soulignant la synthèse de diverses expressions culturelles (Reed, 2018, p. 22). On pourrait dire que les sons, les goûts et les parfums de la cuisine reflètent le rôle de la Turquie en tant qu'épicentre culturel, les traditions culinaires des pays voisins étant une influence évidente (Gunter, 2021, p. 60). La littérature et l'art ont également prospéré grâce à ces échanges interculturels (Duran, 2023, p. 145). Des écrivains turcs, tels qu'Elif Shafak, ont trouvé leur inspiration dans le patrimoine diversifié de la Turquie, intégrant le multiculturalisme et le cosmopolitisme dans leurs œuvres (Savran, 2020, p. 82). En examinant l'intersection des récits, les auteurs ont élargi l'impact universel des influences culturelles de la Turquie (Morris, 2021, p. 133).

Influences cosmopolites : Vivre et écrire à travers les cultures

L'identité cosmopolite d'Elif Shafak a, d'une manière générale, profondément façonné sa vision de la vie et ses écrits sur les diverses cultures. En tant que citoyenne du monde, Elif Shafak a navigué dans les interactions complexes d'éléments culturels variés, qui ont façonné à la fois sa vision du monde et son œuvre littéraire. En grandissant en Turquie, un pays qui fait le lien entre l'Europe et l'Asie, elle a acquis une compréhension naturelle de la diversité culturelle et de la complexité de l'héritage historique. Ce contexte unique a, dans la plupart des cas, influencé de manière significative sa capacité à franchir les frontières géographiques et idéologiques dans ses écrits. Les expériences personnelles de Shafak aux États-Unis, au Royaume-Uni et en Turquie lui ont permis d'incarner le cosmopolitisme, en naviguant avec sensibilité et perspicacité dans la riche tapisserie de l'interconnexion mondiale.

 S'inspirant de son expérience de diverses sociétés, langues et coutumes, Shafak révèle les complexités de l'existence humaine à travers ses personnages et ses récits, soulignant les aspects universels de la condition humaine. En outre, sa vision cosmopolite se reflète dans les thèmes du déplacement, de l'appartenance et de la recherche d'identité qui imprègnent ses œuvres et qui trouvent un écho auprès de lecteurs d'origines culturelles diverses (Julie M. Hansen, 2024). L'exploration littéraire des influences cosmopolites de Shafak est plus qu'une simple observation ; elle incarne une compréhension profonde de l'intégration culturelle et de la nature éphémère des liens humains. Ses personnages complexes reflètent la nature adaptative des individus à cheval sur plusieurs cultures, capturant ainsi l'essence d'un cosmopolitisme fluide (Hansen, J., 2024). Dans sa prose, Shafak explore les nuances des échanges culturels, le choc des traditions et la symbiose des différentes visions du monde, donnant aux lecteurs un aperçu de la mosaïque de la société mondiale moderne. En embrassant la pluralité des expériences et des perspectives, le portrait littéraire de Shafak des influences cosmopolites de témoigne du pouvoir de transformation de la narration inclusive. Il incarne l'éthique du dialogue transculturel dans la littérature contemporaine.

Le rôle de la langue dans la navigation identitaire

La langue, facette vitale de la culture, façonne de manière significative les identités personnelles et partagées. Elif Shafak, avec sa perspective globale, explore la relation complexe entre la langue et l'identité dans ses livres. Elle souligne que la langue ne sert pas seulement à communiquer, mais qu'elle reflète également les liens culturels et le sentiment d'appartenance d'une personne, ce qui met en évidence l'intersection vitale entre les études sur les migrations et l'identité linguistique (Carole A. Martin et al., 2024). Shafak comprend que l'identité linguistique comporte de nombreuses strates, notant que les individus utilisent souvent plusieurs langues au quotidien. Cette variété linguistique offre des expériences riches, permettant aux gens d'exprimer des sentiments, des idées et des détails complexes qu'une seule langue pourrait négliger. Elle favorise également le respect de l'intersection des cultures et de l'évolution de l'identité d'une langue à l'autre.

Un élément clé de l'étude de Shafak est l'examen de l'exil linguistique et de son impact profond sur les identités personnelles et collectives, qui s'inscrit dans le cadre de discussions plus larges sur le déplacement au cours de la migration (Carole A. Martin et al., 2024). Elle explique comment les personnes qui ont été séparées de leur première langue se sentent perdues et déconnectées, ce qui les pousse à réclamer et à protéger leurs langues d'origine. En outre, Shafak observe attentivement comment la langue transmet les traditions, le folklore et les valeurs d'une génération à l'autre, renforçant ainsi le lien profond entre la langue et l'identité culturelle. En examinant la langue et l'identité, Shafak aborde également les défis de la traduction et son rôle dans la préservation des histoires culturelles, suggérant que la traduction affecte de manière significative la transmission de significations subtiles entre différentes langues.

Exploration littéraire de l'appartenance et de l'altérité

Il est généralement admis que la littérature offre un espace pour examiner les complexités inhérentes à l'identité humaine et la manière dont les différentes expériences culturelles nous relient. L'œuvre d'Elif Shafak donne vie à cette complexité ; l'appartenance et l'altérité reviennent souvent, ajoutant profondeur et nuance - et reflétant certaines des questions plus larges que nous observons dans les sociétés d'aujourd'hui (H. Ovsianytska, 2025). Shafak se penche sur l'identité culturelle avec beaucoup d'habileté. Elle nous aide à comprendre à quel point l'être humain peut avoir de multiples facettes et comment notre sentiment d'appartenance individuel interagit avec le collectif, en particulier lorsque nous sommes confrontés à des clivages sociétaux (H. Ovsianytska, 2025). L'exploration de l'appartenance par Shafak n'est pas vraiment limitée par la géographie ; elle tisse des histoires qui semblent à la fois universelles et spécifiques à différentes cultures. À travers ses personnages - et les mondes qu'ils habitent - elle explore l'assimilation culturelle, l'aliénation et la recherche constante de sa place dans un monde en perpétuel changement. Elle montre comment l'histoire et la politique influencent souvent ces expériences (Morris, P., 2024).

Un élément crucial de l'œuvre de Shafak est sa représentation de l'altérité - ce que l'on ressent lorsqu'on est considéré comme différent dans un contexte culturel ou social spécifique. Cette altérité se manifeste de diverses manières - par la migration, le déplacement, l'éloignement culturel et la navigation de votre identité face aux attentes de la société. Son approche de ce fossé entre appartenance et altérité va toutefois au-delà de la simple narration d'histoires d'intégration ou d'exclusion. Elle critique les structures rigides qui définissent souvent l'identité (H Ovsianytska, 2025). Sa façon de raconter des histoires va au-delà des points de vue polarisés, en embrassant plutôt la fluidité et la complexité de l'appartenance culturelle. En mettant en scène des personnages qui sont un mélange de différentes identités culturelles, Shafak enrichit ses histoires, en soulignant nos expériences communes et en nous incitant à réfléchir à nos propres notions d'identité et de communauté (Morris P, 2024).

En outre, Shafak utilise cette optique d'appartenance et d'altérité pour examiner les dynamiques de pouvoir, les privilèges et la manière dont les héritages historiques façonnent notre expérience contemporaine de l'identité culturelle. Ses récits nous incitent à réfléchir de manière critique à l'inclusion et à l'exclusion, remettant en question les façons conventionnelles dont nous discutons de l'identité tout en illustrant les diverses façons dont les individus trouvent leur place dans des sociétés complexes. Cela reflète bien sûr les dialogues permanents que nous avons à la fois dans la littérature et dans la société (H Ovsianytska, 2025). En fin de compte, l'œuvre de Shafak offre une réflexion convaincante sur ce que signifie être humain. Elle nous rappelle que la quête d'appartenance et le sentiment d'être un étranger sont des expériences universelles qui transcendent les frontières. À travers son écriture - qui est, je pense, très évocatrice - elle nous invite à nous engager dans la riche tapisserie de l'expérience humaine. Elle encourage l'empathie et la compréhension à travers divers paysages culturels et souligne le pouvoir de la littérature dans la résolution de problèmes sociaux importants (Morris, P., 2024).

Dialogues interculturels dans les récits de Shafak

Elif Shafak écrit des histoires qui ressemblent à des tapisseries élaborées, pleines de fils culturels divers qui se rejoignent pour célébrer notre interconnexion. Des études ont suggéré que ces récits présentent souvent ce que certains appellent une "conscience intersectionnelle". Des auteurs comme Shafak utilisent la narration pour stimuler les conversations interculturelles, en saisissant les nuances de ces intersections culturelles et en approfondissant notre compréhension de ce que signifie être humain (Martino MLD, 2024). Dans ses romans, des personnages d'origines diverses établissent des liens qui transcendent les frontières et l'histoire. Cela illustre l'importance du dialogue dans la littérature. Ces conversations deviennent un espace pour explorer des thèmes que nous reconnaissons tous - l'amour, la perte, l'identité et la résilience. Le conte, en particulier, offre un moyen de remodeler nos identités lorsque nous naviguons dans différentes cultures (Tahir S et al., 2024).

Équilibre entre tradition et modernité dans les œuvres d'Elif Shafak

D'une manière générale, l'œuvre d'Elif Shafak entrelace élégamment les fils de la tradition et ceux de la modernité, créant une tapisserie riche des complexités inhérentes à son identité multiculturelle. Shafak présente des récits qui, dans la plupart des cas, transcendent les frontières du temps et de l'espace grâce à sa profonde compréhension de l'histoire, de la mythologie et des normes sociétales, résonnant à travers divers paysages culturels (Hansen J, 2024). Lorsqu'elle explore la tradition, Shafak plonge habilement dans le folklore anatolien, le mysticisme soufi et l'héritage ottoman, s'inspirant de la sagesse ancrée dans ces traditions. Sa description vivante des pratiques et des rituels traditionnels témoigne de son respect pour les héritages culturels, honorant l'importance durable des coutumes ancestrales dans la formation des identités individuelles et collectives.

Parallèlement, Shafak prend le pouls de la modernité, abordant les questions contemporaines avec perspicacité et sensibilité. Ses récits explorent les complexités de l'urbanisation, de la mondialisation et des avancées technologiques, tout en offrant un commentaire nuancé sur l'évolution du paysage sociopolitique (Alqahtani NH, 2023). En embrassant la fluidité de la vie moderne, Shafak fait preuve d'une profonde capacité à intégrer des thèmes contemporains tout en préservant la tradition, présentant une vision harmonieuse et coexistante de l'ancien et du nouveau. La juxtaposition de la tradition et de la modernité dans les œuvres de Shafak sert à franchir les frontières temporelles, invitant les lecteurs à contempler l'interconnexion du passé, du présent et de l'avenir. Ses récits transcendent les contraintes temporelles et favorisent le dialogue entre l'héritage historique et les réalités contemporaines. Cette interaction enrichit les récits et leur confère un sentiment d'intemporalité, ce qui les rend universellement pertinents.

En outre, l'exploration de la tradition et de la modernité par Shafak va au-delà d'une simple juxtaposition culturelle. Elle examine habilement les tensions entre ces paradigmes, illustrant l'interaction des forces conservatrices et progressistes au sein des sociétés, notamment par le biais de ses personnages aux prises avec la transmission intergénérationnelle des valeurs, le conflit entre les normes traditionnelles et les aspirations modernes, et la recherche d'un équilibre dans un contexte de transformations sociétales rapides. En fin de compte, la navigation de Shafak entre tradition et modernité dans ses œuvres reflète sa propre perspective cosmopolite et résonne avec les lecteurs qui sont confrontés aux complexités de l'identité culturelle et du changement sociétal. En explorant ces forces dichotomiques, Shafak invite les lecteurs à contempler la nature entrelacée de la tradition et de la modernité, favorisant une appréciation plus profonde des tapisseries complexes de l'expérience humaine.

La mondialisation et son impact sur les thèmes littéraires

La mondialisation, avec sa vague d'interconnexions, a indéniablement transformé la littérature, influençant les thèmes explorés par les auteurs et les divers points de vue qu'ils présentent. L'examen des œuvres d'Elif Shafak, en particulier de son roman *Honneur*, révèle comment ses récits saisissent la nature complexe de l'identité lorsque les cultures s'entrecroisent par le biais de la migration. La migration, comme le notent les sociologues contemporains, est un élément crucial qui modifie les échanges culturels, créant un environnement narratif riche où convergent diverses origines culturelles (Barış Ayd Cın, 2024).

En outre, l'impact du déplacement et de l'installation dans de nouveaux lieux sur l'identité personnelle a été un sujet clé pour les chercheurs, démontrant comment les migrants naviguent dans la vie dans les pays étrangers et contribuant à notre compréhension de l'appartenance et de ce que signifie un foyer (Carole A. Martin et al., 2024). Shafak, avec ses personnages détaillés et son écriture descriptive, évoque non seulement les difficultés rencontrées par les immigrés pour s'assimiler, mais souligne également l'importance de l'héritage culturel dans la construction des histoires personnelles. Son œuvre offre donc un moyen convaincant d'examiner la manière dont les expériences mondiales et les identités locales se rejoignent, confirmant que la littérature joue un rôle essentiel dans l'expression de la condition humaine au milieu des courants de la mondialisation et de la migration, d'une manière générale.

Il est clair que l'œuvre d'Elif Shafak offre une réflexion assez complexe sur l'impact de la mondialisation sur la littérature. Il met en évidence la manière dont le monde littéraire évolue lorsque différents récits culturels se croisent. L'un des principaux effets de la mondialisation est la convergence des influences culturelles, ce qui donne lieu à une riche tapisserie d'histoires qui transcendent les frontières géographiques, comme l'ont souligné certains chercheurs (Thomas Kühne et al., 2023). Le talent de Shafak pour tisser des récits de différentes cultures montre vraiment comment la mondialisation a élargi les horizons littéraires. Cela fait de son œuvre un point central de discussion. En outre, les sociétés sont de plus en plus interconnectées. Par conséquent, des thèmes tels que le déplacement, l'identité et le multiculturalisme sont apparus comme essentiels dans la littérature et trouvent un écho auprès du public mondial. Shafak est habile à naviguer dans ces complexités, comme le soulignent les études sur ses stratégies narratives (Tariq S et al., 2023). La mondialisation a également entraîné une réévaluation des formes littéraires traditionnelles. Les auteurs expérimentent avec la langue et les techniques narratives, enrichissant ainsi le paysage narratif. L'exploration de genres multiples par Shafak prouve l'impact transformateur de la mondialisation, renforçant la façon dont les auteurs s'adaptent aux expériences multiculturelles.

En outre, l'échange d'idées a favorisé une meilleure compréhension des expériences humaines. Cela permet d'explorer les luttes communes dans la littérature, un phénomène mis en évidence par les théoriciens de la littérature. Le travail de Shafak capture cette conscience globale, en créant des récits qui résonnent à travers diverses origines et qui montrent l'interconnectivité des histoires humaines .

Cependant, il y a aussi des défis à relever, notamment en ce qui concerne la marchandisation de la littérature et la domination de certains récits, qui posent des questions sur l'authenticité. L'engagement critique de Shafak à l'égard de ces questions met en lumière l'impact multiforme de la mondialisation sur les thèmes littéraires. D'une manière générale, la mondialisation a profondément façonné le paysage thématique de la littérature contemporaine. L'œuvre d'Elif Shafak nous permet de mieux comprendre l'interaction des forces culturelles, sociales et politiques au sein de l'arène littéraire mondiale. Cela renforce l'importance de ses contributions au discours littéraire.

Conclusion : La contribution de Shafak à la littérature cosmopolite

L'œuvre d'Elif Shafak a considérablement enrichi la littérature cosmopolite, la rendant plus riche et plus diversifiée, en particulier dans son exploration d'idées complexes telles que les identités mixtes, l'hybridité et les effets multiformes de la mondialisation (Barış Ayd Cın, 2024). Nous pouvons constater qu'elle est un grand nom de la littérature mondiale d'aujourd'hui, principalement en raison de la façon dont elle nous montre les rencontres culturelles, les histoires du passé et ce que cela signifie d'être humain - des choses qui font tilt avec les gens partout, nous aidant tous à nous sentir un peu plus connectés et à mieux nous comprendre les uns les autres (Hansen J, 2024). La vision du cosmopolitisme de Shafak repousse vraiment les limites de ce que signifie l'appartenance dans notre monde sans cesse connecté, remettant en question les vieilles idées sur qui nous sommes et où nous avons notre place.

Ses livres ne se contentent pas de célébrer nos différences ; ils suscitent également des conversations et favorisent l'empathie, nous aidant à nous comprendre les uns les autres malgré nos différences. En se frayant un chemin entre les vieilles traditions et les nouveautés, les histoires de Shafak offrent un aperçu nuancé de l'évolution constante de nos identités dans un monde qui devient de plus en plus rapide et globalisé. À travers tous ses personnages, lieux et idées intéressants, Shafak excelle à saisir les hauts et les bas de l'être humain dans ce monde en pleine mutation. Mais son impact ne se limite pas à écrire de bonnes histoires ; il s'agit aussi d'oser remettre en question ce qui est normal dans la société, de faire face à nos préjugés et de se battre pour que tout le monde soit inclus. Le courage dont fait preuve Shafak en abordant des questions sociales et politiques importantes montre à quel point la littérature peut faire la différence et rapprocher des personnes de cultures différentes. Et parce qu'elle est un écrivain qui va au-delà des frontières - réelles ou imaginaires - l'effet de Shafak sur la littérature cosmopolite ne peut être nié. Ses récits nous montrent à quel point la narration peut nous aider à nous rapprocher et à nous sentir à notre place, quelles que soient nos origines. En résumé, la contribution d'Elif Shafak à la littérature cosmopolite prouve que la littérature peut combler les fossés, célébrer nos différences et lancer des conversations importantes dans le monde entier.

12
Controverses littéraires et défis politiques

Introduction aux controverses littéraires

La carrière d'écrivain d'Elif Shafak a été marquée par son lot de controverses, souvent liées aux questions politiques et culturelles sensibles abordées dans ses récits. Par exemple, son roman La bâtarde d'Istanbul a suscité un débat intense, notamment parce qu'il traitait du génocide arménien – un sujet très délicat pour les Turcs et les Arméniens (Mudasir A et al., 2025). La réaction du public a été très mitigée, ce qui montre à quel point la façon dont Shafak raconte des histoires peut être polarisante. Certains l'ont félicitée d'avoir entamé une conversation sur des événements historiques difficiles. D'autres l'ont accusée de manquer de respect à la mémoire nationale. Cela illustre la nature complexe de la communication entre les cultures et de la définition de notre identité collective. Cette divergence d'opinion a réellement mis en évidence la nature controversée des livres de Shafak, ce qui a conduit à un examen approfondi de sa manière d'écrire et de sa position morale, en particulier si l'on considère les idées postcoloniales sur la représentation et l'appropriation culturelle. Toutes les discussions autour de ses livres ont mis en évidence le soin avec lequel la société examine les représentations historiques. Il a également mis en évidence le rôle du pouvoir dans le façonnement de ce dont nous nous souvenons en tant que société.

Par conséquent, l'examen des controverses entourant l'œuvre de Shafak est essentiel pour comprendre la relation complexe entre les livres, la politique et les préoccupations sociétales. Grâce à cette exploration, nous pouvons voir comment son travail a mis en lumière les tensions au sein de la sphère publique. Cela nous permet de comprendre comment l'expression artistique, la mémoire du passé et la perception du public interagissent. Les sections suivantes explorent plus en détail l'évolution des domaines de controverse et de désaccord politique qui ont marqué le parcours d'écriture de Shafak, en mettant l'accent sur les questions politiques et culturelles spécifiques abordées dans ses récits. Cela met en lumière l'impact multiforme de ses écrits, car elle navigue dans des situations complexes, laissant souvent les lecteurs et les critiques aux prises avec les effets profonds de son travail sur les récits culturels et les politiques entourant l'identité.

Le rôle de la politique dans le récit de Shafak

Elif Shafak, une écrivaine profondément engagée dans les préoccupations sociétales et politiques, tisse habilement des liens entre la politique et ses récits. Son œuvre permet de comprendre en profondeur l'expérience humaine au sein de systèmes sociopolitiques plus larges. Souvent, ses romans reflètent le monde sociopolitique, mettant en évidence les dynamiques de pouvoir, les questions de justice sociale et les souvenirs communs (Abou M. et al., 2023). En intégrant des thèmes politiques dans ses récits, Shafak permet aux lecteurs d'être confrontés à des réalités complexes et de prendre en compte l'influence des forces politiques sur les individus. Elle explore la manière dont les histoires personnelles s'entrecroisent avec des tendances politiques plus larges, offrant un examen nuancé de l'être humain dans des périodes historiques et politiques troublées. La narration de Shafak n'est pas seulement un moyen d'exposer les injustices sociopolitiques, mais aussi un outil puissant qui défend ceux qui sont en marge, en éclairant les lecteurs et en les encourageant à s'engager dans les complexités de notre monde (Atik E, 2023).

En outre, ses recherches sur les thèmes politiques vont au-delà des questions locales, touchant une corde sensible chez des lecteurs d'horizons divers et encourageant les conversations sur la nature universelle des défis politiques. Un bon exemple est La bâtarde d'Istanbul, dans lequel Shafak aborde des événements historiques discutables et remet en question des récits nationaux largement acceptés. De même, son roman 10 minutes 38 secondes dans ce monde étrange mêle habilement histoires personnelles et troubles politiques, créant ainsi une lecture immersive qui suscite une réflexion sur le pouvoir politique, les désaccords et la force. À travers ses livres, Shafak dépeint les façons complexes dont l'influence politique façonne l'identité personnelle, l'héritage culturel et les normes sociétales, enrichissant ainsi la discussion sur l'engagement dans la politique et son impact sur nos vies. Le travail de Mme Shafak ne s'adresse pas à un public spécifique, mais à tous ceux qui cherchent à comprendre l'intersection de la politique et de l'identité personnelle, ce qui favorise un sentiment d'inclusion et de connexion parmi les lecteurs.

Remettre en question les mythes nationaux : Réception et critique

La volonté d'Elif Shafak de s'attaquer à des questions historiques complexes et à des détails sociopolitiques subtils l'a, plus d'une fois, propulsée au cœur des grands débats littéraires. Ici, nous nous penchons sur les diverses façons dont ses livres ont été reçus, en examinant de près les réactions à ses histoires - des histoires qui s'opposent à ce que l'on pourrait appeler la mémoire collective traditionnelle et la configuration culturelle de la Turquie. La manière plutôt courageuse dont Shafak aborde des sujets souvent considérés comme interdits, et sa façon de démonter ces mythes nationaux de longue date, ont suscité autant un soutien fort qu'une désapprobation tout aussi forte de la part des lecteurs, des universitaires et du public, ce qui, à son tour, reflète une discussion plus large sur le caractère délicat de l'identité nationale dans la littérature d'aujourd'hui (Ralph J Poole, 2022).

L'examen de l'accueil qui lui a été réservé offre une large perspective sur les différentes opinions, illustrant les diverses réactions à ses récits poignants. Certains l'ont accusée de trahison, tandis que d'autres l'ont félicitée d'avoir mis en lumière des histoires oubliées. Les réactions aux choix audacieux de Shafak en tant qu'écrivain sont très variées. Toutefois, il ne s'agit pas seulement d'analyser les opinions ; cette section examine également avec soin les éléments sociétaux, politiques et historiques plus profonds qui ont façonné la manière dont l'œuvre de Shafak a été reçue et critiquée. En examinant les conversations autour de son travail - y compris un examen approfondi des revues universitaires, de la couverture médiatique et des débats publics - cette section clarifie l'interaction complexe de l'idéologie, de l'identité et des dynamiques de pouvoir qui influencent la façon dont ses écrits sont reçus, en utilisant souvent des lentilles critiques qui mettent en évidence les politiques de représentation. En outre, elle offre un aperçu perspicace de la manière dont ses descriptions de personnages et d'événements ont remis en question des histoires bien établies, ébranlant les idées populaires sur l'histoire et posant des questions profondes sur ce dont nous nous souvenons collectivement et sur la signification même de l'identité nationale.

Le rejet de l'habituel par Shafak, combiné à sa ré-imagination audacieuse du passé de la Turquie, conduit à un examen approfondi de ses romans, alimentant le débat sur la construction des récits historiques nationaux et de l'idéologie de la représentation. Cette section vise essentiellement à mettre en lumière la profondeur et la complexité du discours entourant la contribution de Shafak au monde littéraire, en encourageant les lecteurs à s'engager dans les dialogues parfois houleux, mais néanmoins vitaux, que ses récits provoquent. Il s'agit d'une invitation à se plonger dans l'œuvre de Shafak, à être intrigué et motivé par les questions profondes qu'elle soulève.

L'impact du climat politique sur la liberté de création

D'une manière générale, la liberté de création en littérature est souvent étroitement liée aux conditions politiques dans lesquelles les auteurs travaillent ; l'œuvre d'Elif Shafak illustre de manière convaincante ce lien. On pourrait dire que le mélange des questions politiques et de l'expression créative est un motif récurrent dans la carrière de Shafak, particulièrement visible dans ses récits qui explorent l'identité et la dissidence (Cheikosman et al., 2024). Cela met évidemment en évidence la relation complexe entre ce que la société considère comme normal, les règles de l'État et l'originalité littéraire. L'influence de la politique sur la liberté de création se manifeste de diverses manières, allant de la censure pure et simple à une forme plus subtile d'autocensure motivée par la peur des conséquences. En effet, les expériences de Shafak, notamment dans ses écrits qui font écho à la scène sociopolitique troublée de la Turquie, soulignent comment les restrictions de l'expression artistique peuvent entraver les auteurs individuels, ainsi que l'image culturelle plus large (Furlanetto et al., 2017). L'examen politique peut supprimer des récits divers et réduire au silence des voix marginales, ce qui entrave naturellement le progrès de la discussion littéraire.

En outre, l'imposition de règles idéologiques strictes peut créer un environnement de méfiance, empêchant les écrivains d'explorer des thèmes difficiles. Le lien entre la pression politique et l'indépendance créative a des effets considérables, façonnant le contenu littéraire et influençant la manière dont il est diffusé et perçu par le public. Alors que les pays sont aux prises avec des idéologies politiques en constante évolution, comme le montre l'exemple de la Turquie, l'espace pour des récits différents peut se réduire, ce qui conduit à une situation où les auteurs doivent soigneusement équilibrer l'intégrité créative et la conformité. Dans la plupart des cas, l'exploration détaillée de ces questions par Shafak offre un aperçu précieux de l'interaction complexe entre la politique et l'expression littéraire. En outre, ses expériences et ses romans témoignent de la résilience de la littérature face à l'oppression, démontrant comment l'art peut agir comme une forme de résistance. En mettant en lumière les défis que pose la navigation sur le terrain politique en tant qu'écrivain, le travail de Shafak lance des conversations importantes sur le rôle de la littérature en tant que moyen de critique et de changement de la société, soulignant l'importance durable de la sauvegarde de la liberté de création en période d'agitation politique.

Les batailles juridiques et leur influence sur la littérature

Pour Elif Shafak, les batailles juridiques font généralement partie intégrante de son parcours. Ces luttes ont façonné de manière significative son expression créative et les courants thématiques qui se dégagent de ses œuvres. Shafak a été confrontée à des défis juridiques considérables - des procès en diffamation aux accusations, disons, d'insulte à son identité turque — qui se sont répercutés tout au long de sa carrière littéraire (Underwood-Lee E et al., 2022). Dans la plupart des cas, ces incidents n'ont pas seulement affecté son processus créatif, comme on pourrait s'y attendre, mais ils ont également suscité des discussions plus larges. Des discussions centrées sur la liberté d'expression, l'identité nationale et les responsabilités des écrivains qui naviguent dans des paysages sociopolitiques compliqués.

La poursuite de la liberté artistique est évidente, ce qui

place Shafak dans le collimateur des litiges juridiques à l'intersection de la littérature et du droit. Ses expériences dans les salles d'audience et dans le système juridique lui ont permis de comprendre de première main l'équilibre précaire entre la liberté artistique et les contraintes sociétales. L'impact de ces batailles juridiques va au-delà de l'agitation personnelle, influençant l'essence même de la littérature de Shafak. Elle a été poussée à une réflexion profonde sur la dynamique du pouvoir entre l'État, le public et l'artiste. Les controverses juridiques entourant les écrits de Shafak l'ont obligée à se confronter à des questions profondes concernant l'autonomie, la représentation et les limites de l'expression créative.

À l'évidence, ces défis ont imprégné sa tapisserie narrative, conférant à ses œuvres un caractère d'urgence. Une urgence soulignée par un engagement inflexible à amplifier les voix marginalisées, tout en résistant aux pressions extérieures. En outre, les luttes juridiques ont servi de catalyseurs à Shafak pour défendre les droits humains fondamentaux, transcendant les prérogatives individuelles pour englober une lutte plus large pour l'émancipation collective (Underwood-Lee E et al., 2022). En effet, ces batailles juridiques se sont révélées être des moments cruciaux dans l'évolution de Shafak en tant qu'écrivain, imprégnant son corpus littéraire d'une résistance provocante contre les tentatives d'étouffer la liberté de pensée et l'innovation artistique. Grâce à ces expériences, elle a pu se faire une idée de l'interaction entre le droit et la littérature, et intégrer ces réflexions dans ses récits. Ainsi, l'influence de l'adversité juridique sur la littérature de Shafak se manifeste non seulement dans le contenu, mais aussi, et peut-être surtout, dans l'éthique fondamentale qui sous-tend son engagement dans les discours sociétaux.

Opinion publique et représentation dans les médias

La perception du public et l'image donnée par les médias influencent considérablement la façon dont l'œuvre d'Elif Shafak est reçue et comprise, notamment lorsque des différends littéraires et des questions politiques font surface. La représentation de Shafak dans les différents médias et les discussions publiques reflète souvent le lien complexe entre ses créations littéraires et les forces sociopolitiques. Dans de nombreux cas, les représentations médiatiques ont amplifié et, sans doute, déformé son message littéraire, suscitant des débats qui dépassent le cadre de la littérature. Pour vraiment saisir l'impact littéraire de Shafak, il faut comprendre les subtilités de l'opinion publique et de la représentation médiatique, d'autant plus que les auteurs ont exploré ces liens dans des histoires translinguistiques (Hansen J, 2024).

La couverture médiatique et le sentiment du public à l'égard de Shafak ont été divers, reflétant des points de vue différents sur ses écrits, son identité et sa position sur des sujets sensibles. Alors que certaines sources médiatiques ont proposé des analyses et des soutiens détaillés, d'autres ont sensationnalisé certains aspects de ses récits, provoquant des divergences d'opinion et des interprétations erronées, à l'instar des discussions sur les idées soufies et leurs effets sur la littérature moderne (Naeem M. et al., 2024). Ces distorsions ont parfois conduit à des critiques imméritées et à l'étiquetage idéologique de Shafak, ce qui occulte les thèmes et les intentions plus profonds de ses œuvres. En outre, la convergence de la représentation médiatique et des objectifs politiques a propulsé Shafak sous les projecteurs des débats nationaux et mondiaux, mettant en évidence l'interaction complexe entre la littérature, la politique et la perception du public. L'effet de la représentation médiatique va au-delà de la simple couverture médiatique, atteignant les médias sociaux et les plateformes en ligne où les conversations se produisent instantanément, façonnant ainsi la façon dont le public perçoit ses écrits et le monde littéraire au sens large.

Réactions de la communauté universitaire

L'attention portée aux écrits d'Elif Shafak a, sans surprise, donné lieu à de nombreuses discussions entre universitaires, témoignant d'un intérêt croissant pour ce qu'elle apporte à la littérature moderne. La grande diversité des opinions exprimées par les universitaires de toutes les disciplines en témoigne, ce qui, comme le suggèrent certains travaux récents (Hansen J, 2024), enrichit considérablement le débat sur l'identité culturelle, le féminisme et le rôle des récits dans notre monde interconnecté. En effet, les universitaires ont examiné la manière dont Shafak combine l'histoire, la politique et les expériences personnelles dans ses livres. Ils analysent la complexité des récits et les structures de pouvoir qu'ils contiennent. L'analyse scientifique a mis en évidence la capacité de Shafak à repousser les limites des formes littéraires traditionnelles et à nous encourager à repenser les normes établies, un point fréquemment relevé lorsqu'il est question de la profondeur de ses histoires (Carole A. Martin et al., 2024).

En outre, cet intérêt scientifique s'étend à l'étude des liens entre la langue, la traduction et les échanges culturels. Il convient de noter que l'utilisation par Shafak de plusieurs langues et cultures contribue à élargir le débat sur la diversité linguistique et les nuances de la traduction, en consolidant son rôle de traductrice culturelle et en clarifiant les difficultés liées à la représentation de différentes voix dans la littérature. En outre, les commentaires universitaires soulignent souvent la place de Shafak dans la littérature féministe et son engagement en faveur de l'égalité des sexes. Les chercheurs placent souvent les personnages féminins de Shafak dans le contexte de la pensée féministe contemporaine, explorant la manière dont ses histoires remettent en question les rôles traditionnels des hommes et des femmes et décrivent les expériences des femmes dans divers contextes sociaux.

En outre, certains chercheurs ont mené des études comparatives. En comparant Shafak à d'autres auteurs contemporains, ils cherchent à identifier les thèmes communs et les similitudes stylistiques, ainsi que les innovations narratives uniques. En situant les livres de Shafak dans le contexte plus large de la littérature mondiale, ces comparaisons fournissent des indications précieuses sur les similitudes et les différences dans son approche narrative, enrichissant ainsi notre compréhension de l'ensemble de ses contributions littéraires. D'une manière générale, les réponses académiques aident à clarifier l'impact significatif de l'œuvre de Shafak, en fournissant des lectures nuancées qui contribuent à une meilleure appréciation de ses réalisations littéraires et des différents aspects de son travail créatif.

Réflexions sur la censure et l'expression personnelle

La question de la censure suscite depuis longtemps des débats, en particulier chez les auteurs qui s'engagent dans les courants politiques et culturels de leur époque. En effet, comme le soulignent Thomas Kühne et al. (2023), les écrivains ont souvent été aux prises avec des forces répressives, qui peuvent avoir un impact significatif sur leur travail créatif. Pour Elif Shafak, la censure et son effet dissuasif sur l'expression personnelle ont été des thèmes récurrents. Réfléchissant aux obstacles politiques qu'elle a rencontrés au cours de sa carrière, Elif Shafak offre un commentaire perspicace sur les conséquences de la censure et sur l'équilibre difficile entre l'expression créative sans entrave et les limites imposées par la société. Son exploration est introspective et porte sur les nuances de l'expression sous l'observation et la répression extérieures. Elle utilise des expériences personnelles parallèlement à des analyses savantes, comme le mentionne Fuller (K, 2023), pour souligner la dynamique du pouvoir lorsque les autorités tentent de faire taire les opinions divergentes. Shafak procède ensuite à l'articulation de l'influence profonde de la censure sur la création artistique individuelle, soulignant ainsi la quête de longue date de l'indépendance dans les poursuites artistiques.

Au-delà de l'aspect purement personnel, Shafak examine également les ramifications sociales plus larges. En examinant des exemples de censure créative, ainsi que leurs vastes répercussions, elle met en évidence le lien essentiel entre la liberté d'expression et le progrès de la société. Dans son discours, à la fois réfléchi et nuancé, Mme Shafak soulève d'importantes questions concernant les responsabilités des créateurs et du public de la littérature. Elle dévoile les complexités de l'expression au milieu des pressions sociopolitiques, ce qui permet de mieux comprendre les aspects éthiques inhérents à la création et à la réception d'œuvres artistiques. Enfin, fondées sur des considérations philosophiques et des exemples pratiques, ses réflexions sur la censure créent un récit captivant qui conserve une pertinence intemporelle. En fin de compte, les considérations de Shafak sur la censure et l'expression personnelle deviennent un appel significatif à repenser les limites de la liberté dans l'expression créative, ce qui incite à un engagement critique dans l'interaction du pouvoir, du contrôle et, en fin de compte, de la libération dans le domaine littéraire.

Conclusion : Naviguer dans les turbulences littéraires et politiques

Dans le monde d'aujourd'hui, l'examen de l'intersection de la littérature et de la politique nécessite une compréhension nuancée des dynamiques sociétales. En conclusion, il est clair que la navigation dans ces questions a rendu la littérature et la politique plus complexes et plus variées, comme le constatent souvent les chercheurs lorsqu'ils examinent ces liens (Bon C, 2023). L'histoire d'Elif Shafak est comme une version réduite de ce que de nombreux artistes vivent lorsqu'ils tentent d'équilibrer leur créativité avec les réalités politiques et sociales de l'époque. Ses livres démontrent que l'écriture peut être un moyen de s'opposer aux problèmes dans un monde aux défis autocratiques, comme d'autres l'ont fait remarquer à propos des écrivains confrontés à des gouvernements oppressifs. Ce contraste met en évidence la tension qui règne dans l'art littéraire moderne, où les écrivains sont aux prises avec leur identité et les systèmes qui façonnent leur environnement.

Les tensions entre l'expression littéraire et l'autorité politique mettent en évidence la lutte perpétuelle pour l'autonomie culturelle et la préservation des diverses voix au sein de nos sociétés. Ces confrontations soulignent l'urgence de sauvegarder les libertés intellectuelles et de favoriser des environnements propices à un dialogue solide, à une créativité sans entrave et à un discours littéraire sans restriction. Au-delà du cas spécifique d'Elif Shafak et des implications plus larges de la navigation dans les turbulences littéraires et politiques, il devient évident que l'intersection de ces domaines est un terrain fertile pour aborder les injustices systémiques, défendre les communautés marginalisées et remettre en question les récits dominants. C'est dans la nature tumultueuse de ces intersections que réside le potentiel de transformation - une opportunité pour les écrivains et les penseurs d'ouvrir de nouvelles voies vers une conscience collective plus équitable et plus inclusive. En conclusion, les complexités inhérentes à la navigation dans les turbulences littéraires et politiques dévoilent le pouvoir et le potentiel de la narration en tant que catalyseur du changement social. Les luttes, les défis et les triomphes vécus par des auteurs comme Elif Shafak illustrent la résilience durable de la littérature face à l'adversité, et constituent une lueur d'espoir pour un monde en constante évolution. Par leur engagement inébranlable à défendre l'intégrité de l'expression narrative et à faire face aux obstructions politiques, ces personnes montrent que la poursuite de la vérité et de la justice est un voyage sans relâche, qui exige du courage, de l'empathie et un dévouement inébranlable au potentiel transformateur de la littérature.

13
Langues et traductions
Écrire sans frontières

Introduction à la diversité linguistique dans la création littéraire

La maîtrise de la langue et le respect de la diversité linguistique d'Elif Shafak ont influencé son approche de l'écriture. Son enfance dans un environnement multiculturel l'a exposée à différentes langues dès son plus jeune âge. Cette éducation a façonné sa compréhension profonde de la façon dont la langue, la culture et l'identité se croisent, un concept qui se reflète dans son travail (Hansen J, 2024). Parce qu'elle peut passer d'une langue à l'autre, Shafak peut surmonter les barrières linguistiques et toucher un large public grâce à ses récits. Shafak embrasse son héritage et incorpore dans son travail des nuances linguistiques qui enrichissent le texte de sens et d'échos culturels. Sa compréhension du multilinguisme est évidente dans la façon dont elle tisse des éléments linguistiques, créant une expérience de lecture immersive (Carole A Martin et al., 2024). En explorant les subtilités de la diversité linguistique, Shafak capture l'essence de chaque langue, conférant à son écriture une authenticité qui transcende les frontières. De plus, sa maîtrise de plusieurs langues fait tomber les barrières linguistiques et favorise la compréhension interculturelle. Elle navigue entre les langues, comblant les fossés et encourageant le respect entre les communautés linguistiques. D'une manière générale, la voix littéraire de Mme Shafak s'adresse aux lecteurs du monde entier et résonne à un niveau universel.

Le pouvoir du multilinguisme : Briser les barrières linguistiques

La littérature démontre de manière éclatante le pouvoir du multilinguisme en empruntant les voies complexes de la communication humaine. L'élimination des barrières linguistiques, d'une manière générale, est devenue vitale pour favoriser les échanges culturels mondiaux (Mudasir A et al., 2025). Grâce à la convergence des langues, les écrivains peuvent transcender les frontières nationales, ce qui permet à leurs récits de trouver un large écho. Le multilinguisme permet aux auteurs, tels qu'Elif Shafak, d'atteindre un public plus large en transcendant les barrières linguistiques (S. L. Jame et al., 2025). En exploitant plusieurs langues, les écrivains créent des histoires complexes qui englobent diverses nuances culturelles. Cette fluidité facilite un engagement plus profond avec des publics divers, offrant des perspectives profondes sur l'expérience humaine collective.

En outre, le multilinguisme permet de remettre en question les normes monolingues et d'élargir les horizons littéraires (Mudasir A et al., 2025). Les écrivains qui parlent couramment plusieurs langues peuvent renverser les hiérarchies linguistiques, remettre en question les récits dominants et amplifier les voix marginalisées ; ils sont un catalyseur de la transformation culturelle, remodèlent la littérature mondiale et enrichissent l'expression humaine. En adoptant le multilinguisme, les auteurs démantèlent les barrières linguistiques et favorisent un écosystème plus inclusif, catalysant un dialogue qui transcende les clivages culturels, nourrissant l'empathie et la compréhension. Les récits multilingues préservent la beauté des différentes langues et servent de passerelles pour unir les différentes communautés par le biais de la narration. L'essor de la littérature multilingue renforce l'idée que la langue n'est pas une simple barrière, mais une passerelle vers des expériences humaines partagées. Grâce au pouvoir transformateur du multilinguisme, des écrivains tels qu'Elif Shafak mettent en lumière l'interconnexion de l'humanité, en montrant le potentiel de la diversité linguistique pour façonner un monde plus unifié et plus empathique (S. L. Jame et al., 2025). L'accent mis sur le potentiel de la diversité linguistique pour façonner un monde plus unifié et plus empathique inspire l'optimisme et le soutien pour l'avenir de la littérature multilingue.

Patrimoine et identité : La langue comme connecteur culturel

La langue, voyez-vous, est un élément fondamental de l'identité culturelle d'une personne, qui englobe l'histoire et les coutumes d'un groupe. Dans les livres d'Elif Shafak, la langue est un outil essentiel pour jeter un pont entre les différentes cultures et relier les gens. Ses écrits démontrent efficacement comment la langue influence profondément qui nous sommes, en même temps personnellement et en tant que société, et comment elle facilite les connexions dans un monde global (Ma G, 2024). Lorsque Shafak examine le lien entre la langue et le patrimoine, elle met en évidence la façon dont les différentes langues peuvent transcender les frontières physiques et unir des groupes divers.

Elle dépeint des images de personnes naviguant dans

plusieurs langues, illustrant la relation complexe entre la langue, l'histoire et nos expériences. Cela suggère que la langue est liée aux histoires qui constituent notre identité en tant que groupe (Dissanayake, 2024). Elle évoque donc l'idée que la langue n'est pas seulement la façon dont nous parlons, mais qu'elle est aussi pleine d'histoires, de croyances et de valeurs qui façonnent notre façon de voir le monde. Elle démontre ainsi que la langue contribue à maintenir notre culture en vie et à renforcer les communautés. L'examen par Shafak de la langue en tant que connecteur culturel nous incite à réfléchir à l'influence profonde de notre histoire linguistique sur nos histoires personnelles et sur notre façon de penser collectivement. Comprendre le lien entre la langue, les coutumes et l'identité peut nous aider à apprécier toutes les voix et les histoires différentes qui font la richesse de notre littérature. Il semble que la langue soit plus que de simples mots ; elle est la clé de la compréhension des autres et de nous-mêmes, et elle est une source de fierté pour notre patrimoine culturel.

Politique de la traduction : Fidélité vs. liberté de création

La traduction littéraire fait l'objet d'un vif débat qui oppose la fidélité à la liberté de création. Cette tension incarne fondamentalement ce que l'on pourrait appeler la politique de la traduction - une interaction complexe entre le maintien de l'intégrité du texte original et l'assurance que son message résonne dans un nouveau contexte culturel (Schielke S et al., 2021). Certains pensent qu'il est primordial de respecter scrupuleusement la formulation, le ton et la phraséologie de l'auteur, même si cela implique de sacrifier une certaine lisibilité, d'une manière générale. Ces partisans soulignent l'importance de rester fidèle à la source, craignant que tout écart significatif ne dilue l'authenticité inhérente à l'œuvre. À l'inverse, d'autres défendent la liberté de création. Ils affirment que l'adaptation et la licence artistique sont indispensables, soutenant que les œuvres traduites doivent capturer l'intention originale et se connecter profondément avec le public qu'elles cherchent maintenant à atteindre. Ils craignent qu'une insistance rigide sur la fidélité n'aliène les lecteurs, qui ne saisissent pas toujours facilement les références culturelles étrangères ou les expressions peu familières.

Dans la plupart des cas, l'œuvre d'Elif Shafak, qui traverse sans heurts les fossés linguistiques et culturels, met en lumière cette lutte inhérente (Kuyucu N, 2020). À travers les voix distinctives de ses personnages et la richesse de ses récits, Shafak s'attaque à ce défi, naviguant constamment sur la fine ligne entre le matériau source et sa transformation ultime. En outre, son engagement à explorer différentes perspectives nécessite une approche très nuancée de la traduction. Ici, l'adaptation sert de canal vital pour que les idées et les émotions traversent les frontières linguistiques. En effet, les politiques de traduction apparentes dans l'œuvre de Shafak deviennent un microcosme perspicace d'un discours plus large, mettant en lumière la façon dont les décisions de traduction ont un impact profond sur la réception et l'interprétation des œuvres littéraires. En fin de compte, cette dichotomie entre fidélité et liberté créative souligne vraiment la nature délicate du travail du traducteur, qui exige à la fois des connaissances érudites précises et une réelle sensibilité artistique pour combler les fossés linguistiques tout en préservant l'essence du chef-d'œuvre original.

Traduire la voix littéraire d'une langue à l'autre

Traduire la voix d'un auteur d'une langue à l'autre ? C'est une véritable entreprise, un défi aux multiples facettes qui exige une compréhension approfondie de la langue d'origine et de la langue cible. Il ne s'agit pas seulement de transmettre le sens littéral du texte ; il est essentiel de préserver la voix unique de l'auteur, son style, ainsi que le contexte culturel, en particulier lorsque l'œuvre est profondément ancrée dans des environnements culturels et linguistiques spécifiques (Shah SA et al., 2024). Permettre à une voix littéraire de résonner de manière authentique dans un nouvel environnement linguistique tout en préservant son intégrité nécessite une navigation habile dans les subtilités linguistiques et culturelles. Les traducteurs ont un rôle essentiel à jouer : ils sont les passeurs de l'expression littéraire. Il doit trouver un juste équilibre entre la fidélité et l'adaptation créative, en veillant à ce que la voix de l'auteur reste fidèle à son essence.

En outre, le traducteur doit avoir une connaissance approfondie des références culturelles et historiques pour transmettre efficacement la richesse du récit aux lecteurs. Cette tâche peut être encore compliquée par les changements de traduction, comme le montrent les études comparatives (Zahra S et al., 2023). Compétences linguistiques et connaissances culturelles ? Cette interaction complexe souligne l'importance de la traduction ; il ne s'agit pas simplement d'une tâche mécanique, mais plutôt d'une entreprise artistique.

La traduction de la littérature d'une langue à l'autre ne consiste pas seulement à échanger des mots. Elle exige un examen prudent de tous les détails linguistiques subtils - tels que les dictons qui n'ont de sens que dans une langue, l'utilisation créative de métaphores et la façon dont les écrivains manipulent la langue pour rendre leur voix distinctive et faire résonner leur message (Shafak, Tariq S et al., 2023). Tout ce processus est donc plus complexe qu'il n'y paraît et implique que les auteurs et les traducteurs travaillent en étroite collaboration. Dans cette collaboration, il y a idéalement une ligne de communication claire et un réel respect pour ce que l'auteur essayait de faire au départ. De plus, lorsque vous traduisez la voix d'un auteur, vous ne vous contentez pas de déplacer des mots, vous ouvrez des portes sur d'autres cultures. Cela nous permet de voir et d'apprécier différentes façons de raconter des histoires, en particulier lorsque nous discutons d'événements historiques importants, tels que le génocide arménien (Bloxham, Thomas Kühne et al., 2023). Il faut donc reconnaître les compétences des traducteurs. Ce sont eux qui font le lien entre les bizarreries de la langue, les contextes culturels et les sentiments artistiques. Ils s'efforcent de préserver la voix authentique d'un texte lorsqu'il est traduit dans différents pays et différentes langues. En fin de compte, cela enrichit le monde du livre et garantit que les histoires importantes continuent à toucher les gens partout dans le monde.

Études de cas : Traductions interculturelles réussies

Examinons maintenant quelques études de cas. Elles dé-

montrent de manière éclatante que les traductions interculturelles réussies sont une véritable forme d'art. Il est fascinant d'observer les difficultés - et les succès occasionnels -
que représente le fait de combler les fossés linguistiques et
culturels par le biais de la littérature. Prenez, par exemple,
la traduction des livres d'Haruki Murakami du japonais vers
l'anglais, réalisée de main de maître par Jay Rubin (Thomas
Kühne et al., 2023). L'approche subtile de Rubin pour travailler avec le texte original a préservé le style d'écriture
original et les références culturelles japonaises, rendant les
livres accessibles aux lecteurs du monde entier tout en conservant leur sens et leur intention d'origine. Cela met en
évidence le rôle crucial des traducteurs, qui servent de pont
entre les écrivains et les lecteurs. Comme l'a noté Munn, cela
implique de naviguer habilement dans les complexités des
différences linguistiques et culturelles lorsque l'on considère l'impact des histoires numériques sur la communication
interculturelle (Munn, L., 2023).

Prenons également l'exemple de la traduction de l'ouvrage
de Gabriel García Márquez, " Cent ans de solitude ", de l'es-
pagnol vers différentes langues. Le travail coordonné de traducteurs tels que Gregory Rabassa et Edith Grossman, pour
ne citer qu'eux, a démontré qu'une grande œuvre littéraire
peut atteindre un public mondial tout en conservant son
sens original du réalisme magique. Ces cas servent de modèles pour une traduction interculturelle efficace. Comme
ils le démontrent, il faut une attention particulière aux détails, une conscience culturelle et une véritable créativité
pour partager efficacement des œuvres littéraires au-delà
des frontières linguistiques. En étudiant ces exemples, nous
apprenons comment surmonter les barrières linguistiques et
favoriser une conversation littéraire qui englobe le monde

entier, démontrant ainsi notre engagement à comprendre et à valoriser les diverses cultures (Thomas Kühne et al., 2023).

Les défis de la préservation de la nuance dans la traduction

La traduction d'œuvres littéraires complexes à travers différentes cultures et langues présente inévitablement de nombreux défis. En raison de la complexité de la langue, il est très difficile de transmettre avec précision toutes les significations culturelles, les nuances et les implications subtiles du texte original pour que les lecteurs puissent les comprendre dans une autre langue. L'une des principales difficultés consiste à restituer efficacement l'impact émotionnel et le sens fondamental de la langue source lorsqu'elle est traduite dans une autre langue. Il arrive souvent que les nuances découlant de marqueurs culturels spécifiques, du langage métaphorique et des expressions idiomatiques créent de sérieux obstacles. Une traduction simple et directe peut ne pas être en mesure de transmettre la profondeur et l'importance réelle de l'original.

Ce point est souligné par de nombreux chercheurs dans ce domaine (Barış Ayd Cın, 2024). Par conséquent, les traducteurs doivent avoir une connaissance approfondie de la culture source et de la culture cible. Ils ont également besoin de compétences linguistiques, ainsi que d'une véritable appréciation du contexte socioculturel sous-jacent du texte original. En outre, les éléments spatiaux et temporels peuvent enrichir un récit de sous-entendus géographiques et historiques, ce qui rend la traduction encore plus difficile, comme le montre la littérature récente sur les migrations et les échanges culturels (Carole A. Martin et al., 2024). Les traducteurs doivent négocier ces couches complexes de sens avec soin et finesse, en veillant à ce que la vision de l'auteur reste intacte. Il est également difficile de conserver la voix et le style uniques de l'auteur, ce qui rend la traduction encore plus compliquée. Chaque auteur a un style d'écriture qui lui est propre, qui se manifeste dans la structure des phrases, le choix des mots et même le rythme. Ces caractéristiques contribuent à l'attrait émotionnel et esthétique global de leurs écrits. Les théoriciens de la traduction ont souligné (Barış Ayd Cın, 2024) que le maintien de cette qualité unique dans une autre langue exige un équilibre délicat entre la fidélité à l'original et la créativité. Les traducteurs sont confrontés à la tâche difficile de recréer cette individualité unique dans une autre langue, en veillant à ce que l'œuvre traduite trouve un écho auprès de son nouveau public tout en capturant les nuances subtiles du style de l'auteur.

La lisibilité et la cohérence sont des éléments cruciaux lorsqu'il s'agit d'adapter la voix à un nouveau public. La variété linguistique du public cible rend également plus difficile le maintien des nuances dans la traduction. Comme les langues ont leur propre structure syntaxique et sémantique, qui implique différents registres, tons et formes d'adresse, vous devez comprendre en profondeur les deux langues. C'est le travail du traducteur de naviguer entre ces différences et de maintenir le sens original sans perdre le flux linguistique ou la résonance culturelle ; les spécialistes de la théorie de la traduction ont beaucoup écrit sur ce défi (Barış Ayd Cın, 2024). Le besoin de traductions nuancées et sensibles à la culture se fait de plus en plus sentir sur la scène littéraire mondiale actuelle, car ces traductions aident non seulement les gens à comprendre la langue de l'autre, mais leur permettent également de mieux comprendre les différents récits culturels (Carole A. Martin et al., 2024). Par conséquent, il est essentiel d'aborder les questions complexes du maintien de la nuance dans la traduction pour favoriser la compréhension interculturelle et le respect des diverses traditions littéraires, ce qui souligne le rôle vital des traducteurs dans ce processus évolutif.

Réception par les lecteurs dans différents contextes linguistiques

Saisir les complexités inhérentes à la réception des lecteurs dans des paysages linguistiques différents est, d'une manière générale, important pour apprécier la profondeur et l'étendue de l'impact d'une œuvre littéraire à travers les cultures. Une œuvre littéraire, lorsqu'elle transcende les frontières linguistiques, rencontre inévitablement divers lecteurs. Ces lecteurs apportent chacun leurs sensibilités culturelles, leur contexte historique et leurs nuances linguistiques uniques, qui colorent alors l'expérience de la lecture. L'interaction dynamique - on pourrait peut-être dire la danse - entre le texte original et sa version traduite donne lieu à une tapisserie d'interprétations et de réponses. Ces interprétations reflètent la relation complexe entre la langue, la culture et le sens, comme on peut le constater en analysant la manière dont la fiction littéraire dépeint les mondes multilingues (Hansen, J., 2024).

Dans les sociétés multilingues, telles que les villes cosmopolites et les communautés littéraires internationales, la réception des œuvres traduites varie considérablement. Cette variabilité dépend de la maîtrise de la langue source par le lecteur et de sa maîtrise de la langue cible. Un lecteur bilingue, voire multilingue, peut avoir une meilleure compréhension des connotations culturelles et des expressions idiomatiques. Il en va de même pour les subtilités linguistiques du texte original. Leur interprétation de l'œuvre traduite s'en trouve donc influencée. Cela met en évidence le rôle crucial des lecteurs multilingues en tant que passerelles entre les cultures. Cette position contribue à la diversité des interprétations qui, en fin de compte, transcendent les frontières linguistiques traditionnelles.

En outre, la réception de la littérature traduite *est* influencée par le climat sociopolitique et les relations historiques entre les cultures source et cible. Les tensions politiques, dans certains cas, ou même les conflits historiques, peuvent influencer la réception des œuvres traduites. Les résultats reflètent les dynamiques de pouvoir et les préjugés entre les cultures concernées. Cette relation complexe est examinée en profondeur dans des essais interdisciplinaires sur la migration. Ces essais mettent également en lumière les impacts du déplacement et de l'identité culturelle (Carole A Martin et al., 2024).

Le choix des mots, de la formulation et des références culturelles par le traducteur revêt une importance particulière. Cela est particulièrement vrai lorsqu'il s'agit de naviguer dans des paysages socioculturels complexes. En fait, le choix du traducteur peut avoir un impact profond sur la façon dont une œuvre est reçue et comprise. En outre, la promotion et la distribution des œuvres traduites contribuent également à la diversité de la réception par les lecteurs dans ces paysages linguistiques. L'accès à la littérature traduite, au sein des différentes communautés linguistiques, combiné aux stratégies de marketing et à la réception critique, exerce une influence considérable sur l'œuvre. L'accessibilité, la commercialisation et la réception critique sont autant de facteurs qui déterminent la manière dont l'œuvre est reçue par les différents groupes culturels et linguistiques. Des facteurs tels que la disponibilité des livres, les critiques et même les prix littéraires jouent tous un rôle essentiel dans la réception de la littérature traduite. Cela illustre l'interconnexion de l'industrie de l'édition, de la critique littéraire et de l'engagement général des lecteurs. En fin de compte, pour comprendre la réception des lecteurs dans divers paysages linguistiques, il faut reconnaître la nature multiforme de l'interprétation culturelle, l'importance des contextes historiques et sociopolitiques et l'interaction entre les traducteurs, les éditeurs et les lecteurs multilingues. L'exploration de ces complexités permet de mieux comprendre le potentiel de transformation de la littérature, sa capacité à favoriser le dialogue interculturel, l'empathie et à transcender les barrières linguistiques dans l'arène littéraire mondiale.

Le rôle des traducteurs : Co-créateurs ou interprètes ?

D'une manière générale, les traducteurs se trouvent dans une position assez complexe - et indéniablement essentielle - dans le grand schéma de la littérature mondiale. Ce point de vue est étayé par divers chercheurs, qui soulignent leur rôle central dans les échanges culturels. Au cœur de leur travail se trouve cette tâche difficile : concilier l'interprétation créative et la fidélité linguistique. Ce travail est souvent décrit comme un véritable parcours du combattant, où il s'agit de préserver l'intention de l'auteur tout en s'adaptant aux sensibilités du public. La question qui se pose est la suivante : les interprètes sont-ils de simples passeurs, transférant des mots d'une langue à l'autre ? Ou participent-ils activement à la co-création des œuvres littéraires ? Ce débat est particulièrement important pour comprendre les nuances inhérentes à la théorie et à la pratique de la traduction, car il soulève des questions essentielles sur la littérature, la propriété et les responsabilités éthiques qui incombent aux traducteurs. Il s'agit là de sujets qui ont été largement explorés dans la littérature, cela ne fait aucun doute. Dans l'ensemble, la position du traducteur n'est pas seulement fonctionnelle ; elle est profondément imbriquée dans le tissu créatif et culturel de la littérature elle-même, soulignant sa valeur en tant qu'interprète et, en fait, en tant qu'innovateur dans le paysage littéraire.

Réflexions finales : L'impact de la traduction sur la littérature mondiale

Dans le grand schéma de la littérature mondiale, la traduction est cruciale ; elle modifie fondamentalement la façon dont les histoires sont perçues et comprises dans les différentes cultures. Nous avons passé notre temps à examiner les subtilités et les nuances entourant les traducteurs et leur rôle - sont-ils des co-créateurs ou de simples interprètes ? En conclusion, il est essentiel de souligner l'impact significatif de la traduction sur le partage et la compréhension des livres dans le monde entier. Elle agit comme un pont, permettant aux lecteurs de différentes langues d'accéder à des histoires et à des idées qui pourraient autrement rester cachées en raison des différences linguistiques (Hansen J, 2024).

En outre, la capacité d'un traducteur à saisir le contexte central et culturel de l'original a un impact significatif sur la manière dont la version traduite est reçue et comprise. L'ensemble de ce processus démontre que la littérature peut transcender les barrières géographiques et linguistiques, favorisant la compréhension et l'empathie dans le monde entier. Il convient également de noter que l'art de la traduction joue un rôle important dans la protection et la promotion du patrimoine culturel, ainsi que de la diversité, en veillant à ce qu'une grande variété de voix soient entendues (Tariq S et al., 2023). En traduisant des œuvres dans différentes langues, les traducteurs contribuent à protéger et à célébrer des expressions culturelles uniques, en veillant à ce que ces voix ne soient pas limitées à leurs communautés d'origine. En outre, la traduction de la littérature stimule le dialogue et les échanges interculturels, enrichissant le monde littéraire de divers points de vue et d'histoires qui trouvent un écho auprès d'un public plus large, ce qui démontre véritablement l'importance de la traduction dans la conversation littéraire d'aujourd'hui.

Le rôle de la traduction dans la littérature est indéniablement central, car elle mêle fidélité à la langue originale et libertés créatives (Newmark, 1981). L'objectif ? Pour capturer l'essence du texte, il est nécessaire de l'adapter pour qu'il plaise à des publics divers. Le pouvoir qu'a la littérature traduite d'influencer les perceptions et de façonner les visions du monde est considérable. En effet, comme l'a affirmé

Lefevere (1992), la traduction remodèle les récits, facilitant ainsi la compréhension culturelle médiatisée. Les lecteurs, exposés à ces œuvres, ont accès à diverses cultures, contextes historiques et normes sociétales, ce qui élargit leurs perspectives et favorise l'empathie pour les expériences humaines partagées (Akba SMş Korkmaz, 2021).

   Cela renforce le rôle de la littérature en tant que pont entre les sociétés, favorisant non seulement la communication, mais aussi une compréhension plus riche de notre humanité commune. En bref, l'impact de la traduction sur la littérature mondiale est très profond. La communication interculturelle est facilitée, le patrimoine culturel est préservé et la narration mondiale est enrichie. Les techniques employées par les traducteurs, comme l'expliquent Baker (2006) et Shafak (2006), ont une influence profonde sur la manière dont les éléments culturels sont représentés, façonnant ainsi les interprétations des lecteurs. Dans notre monde interconnecté, le rôle de la traduction dans la littérature reste indispensable, servant de canal à la compréhension interculturelle, au respect mutuel et, franchement, à la célébration de la diversité linguistique et narrative.

14
Symbolisme et métaphore dans les œuvres de Shafak

Introduction au symbolisme dans la littérature

La littérature, en tant que forme d'art, ne se contente pas de raconter des histoires ; elle nous aide à explorer et à comprendre ce que signifie être humain. Elif Shafak considère la nature symbolique de la littérature comme essentielle, estimant que le symbolisme rend les histoires plus riches, plus ouvertes à de multiples interprétations et plus engageantes pour les lecteurs (Shafak, 2013). Dans ses livres, elle utilise soigneusement des symboles et des métaphores pour transmettre des émotions complexes, des dynamiques sociales et l'importance de l'histoire. Ces éléments reflètent les différentes cultures qui influencent nos vies (Shafak, 2021). Shafak sait que le symbolisme peut susciter de fortes réactions émotionnelles, attirer les lecteurs dans les mondes complexes de ses histoires et les inciter à réfléchir à des thèmes universels qui trouvent un écho partout dans le monde.

Dans la littérature, le symbolisme est un moyen pour les écrivains de transmettre des idées profondes, permettant aux lecteurs d'entrer en contact avec le cœur de l'histoire à un niveau personnel. L'utilisation habile du symbolisme par Shafak invite les lecteurs à découvrir des significations plus nuancées, favorisant un lien intellectuel et émotionnel essentiel à l'appréciation de la littérature (Baker, 2019). En explorant le symbolisme, Shafak crée des histoires qui transcendent les différences linguistiques et culturelles, attirant un public diversifié dans le monde entier. En outre, le symbolisme de la littérature nous permet d'explorer des idées abstraites et les aspects intangibles de l'être humain, encourageant les lecteurs à considérer la narration comme quelque chose d'immersif et de stimulant (Meyer, 2018). Shafak considère le symbolisme comme crucial pour créer des histoires complexes remplies d'émotions, de croyances et d'expériences humaines, qui enrichissent son écriture (Zahra S et al., 2023). En fin de compte, la littérature, par son symbolisme, devient une force qui nous transforme, suscitant l'introspection, la discussion et un lien profond entre l'écrivain et le lecteur. Ce lien est essentiel pour développer l'empathie et la compréhension dans notre monde interconnecté (Ali, Z, 2023).

Le rôle de la métaphore dans l'approfondissement de la narration

Dans les livres d'Elif Shafak, les métaphores jouent un rôle crucial dans l'explication d'idées complexes et l'amélioration de la narration. Les métaphores ont plusieurs facettes, ce qui permet à Shafak d'ajouter beaucoup de sens à ses histoires. Cela aide les lecteurs à se connecter aux histoires à un niveau plus profond, évoquant des émotions plus fortes. En associant des idées abstraites à des choses tangibles, les métaphores contribuent à créer des sentiments et des images vives dans l'esprit du lecteur, ce qui rend la lecture plus attrayante et plus facile à comprendre. Shafak utilise habilement les métaphores pour fournir une compréhension nuancée de la société, de l'histoire et des relations humaines. Cela aide les lecteurs à comprendre des thèmes complexes avec plus d'empathie.

En outre, les métaphores permettent de combler les lacunes linguistiques et culturelles, en créant des liens qui vont au-delà de l'histoire elle-même. Cela illustre la façon dont les histoires sur les migrants, comme celles des livres de Shafak, utilisent des métaphores pour transmettre des émotions complexes sur leurs identités et leurs expériences. Les recherches vont dans ce sens, en démontrant l'importance de la narration pour faciliter la compréhension interculturelle (Barış Ayd Cın, 2024 ; Martino MLD, 2024). Ces métaphores ne sont pas juste pour le spectacle ; ce sont des moyens clés de partager le sens qui se connectent avec de nombreuses personnes, ce qui les rend importantes dans l'étude de la littérature d'aujourd'hui. D'une manière générale, elles ajoutent vraiment à la richesse.

Les histoires de Shafak tendent à toucher un large éventail de personnes dans le monde entier, ce qui témoigne d'un lien notable avec de nombreuses cultures. Les métaphores, semble-t-il, agissent comme des ponts, universels de surcroît, qui dépassent les différences linguistiques. Ainsi, différents groupes trouvent quelque chose en commun avec le message central de l'histoire, quelle que soit leur origine. Les chercheurs qui étudient la littérature migratoire ont noté que ce large attrait élargit leur lectorat et favorise un sentiment de connexion entre les lecteurs du monde entier, soulignant les effets potentiellement transformateurs de la narration (voir Barış Ayd Cın, 2024).

Grâce à la combinaison de métaphores et de récits, Shafak rassemble diverses expériences humaines, les tissant en un tout cohérent, établissant des liens entre des perspectives et des histoires très éloignées les unes des autres. En outre, les métaphores permettent à Shafak d'aborder délicatement des sujets difficiles ou controversés, ce qui permet un examen plus nuancé de sujets complexes sans compromettre des détails importants. Les analyses de son œuvre montrent qu'elle utilise un langage métaphorique pour naviguer dans des situations sociales et politiques complexes, ce qui incite les lecteurs à examiner les subtilités du pouvoir, la formation des identités et l'émergence de modèles culturels dans ses récits (voir Hansen, J., 2024).

En conséquence, les métaphores agissent comme des catalyseurs, déclenchant un profond examen de soi et entamant des discussions significatives sur des sujets qui pourraient autrement être bloqués dans des désaccords. Grâce à l'impact émotionnel de la métaphore, Shafak vise à la fois à remettre en question et à rapprocher des points de vue différents, en invitant les lecteurs à s'engager sur des questions avec imagination et empathie, et en poussant à la compréhension et à la paix. En fin de compte, l'utilisation de métaphores dans les histoires de Shafak ne fait pas qu'ajouter une décoration ; elle est au cœur de la façon dont elle raconte des histoires, enrichissant son travail de profondeur, de connexion et de résonance. Grâce à une utilisation intelligente de la métaphore, Shafak invite son public à s'embarquer pour un voyage profond de réflexion sur soi et sur la société, en naviguant soigneusement dans les méandres complexes de la vie humaine avec empathie et perspicacité.

Symbolisme culturel : Un pont entre l'Orient et l'Occident

Les traditions littéraires de l'Orient et de l'Occident trouvent dans le symbolisme culturel une passerelle convaincante.

Ce prisme permet aux lecteurs d'explorer divers paysages culturels. Elif Shafak utilise habilement ce symbolisme dans ses histoires, mêlant des éléments orientaux et occidentaux pour créer une tapisserie qui trouve un écho auprès des lecteurs du monde entier. Elle tisse des symboles et des motifs issus des traditions turques, persanes et sūfī avec la philosophie et la littérature occidentales, soulignant l'interconnexion des expériences humaines et le langage universel du symbolisme. Ce mélange minutieux ajoute non seulement de la profondeur aux histoires, mais encourage également la compréhension et l'appréciation interculturelles, comme le suggèrent les analyses récentes de son influence sur les récits culturels (Jeffrey KC, 2023). Les écrits de Shafak, qui embrassent les nuances du symbolisme culturel, transcendent les frontières géographiques, représentant un monde où les traditions se croisent et reflétant les conversations culturelles trouvées dans les études de littérature comparée (Jan F et al., 2022). Shafak invite les lecteurs à explorer les expériences humaines partagées qui jettent un pont entre des cultures apparemment différentes grâce à son utilisation émouvante du symbolisme culturel.

En outre, elle souligne à quel point il est crucial de reconnaître la signification universelle des symboles et des métaphores, qui dépasse les limites des contextes culturels individuels. Lorsque les lecteurs se plongent dans l'écriture évocatrice de Shafak, ils s'embarquent pour un voyage qui englobe la beauté et la complexité de divers points de vue culturels. Le symbolisme est un moyen d'encourager les lecteurs à aller au-delà des préjugés et des idées préconçues, en embrassant l'interconnexion des histoires humaines. La représentation sensible du symbolisme culturel par Shafak offre aux lecteurs un moyen de développer l'empathie, d'acquérir de la compréhension et d'apprécier la vaste gamme d'expériences humaines. En exploitant le pouvoir du symbolisme culturel en tant que force unificatrice, la littérature de Shafak témoigne de la capacité de transformation des récits à travers les cultures, un thème clé dans les discussions sur les échanges littéraires mondiaux (Jeffrey KC, 2023).

Motifs récurrents dans les écrits d'Elif Shafak

Les œuvres d'Elif Shafak reviennent souvent sur quelques idées clés. Le contraste entre les anciennes coutumes et les nouveaux modes de vie est important, tout comme la flexibilité de l'identité et le pouvoir des nombreuses histoires tissées ensemble. On pourrait dire qu'il s'agit là des éléments constitutifs de ce qu'elle explore. Ses romans explorent souvent des aspects complexes de l'héritage culturel et la tension qui naît lorsque le monde devient plus petit et plus interconnecté. Ses personnages ? Ils sont souvent aux prises avec ce qu'ils ont hérité de leurs ancêtres, tout en essayant de comprendre qui ils sont dans le monde d'aujourd'hui. La narration, par exemple, revient souvent, servant à relier différents milieux et expériences et illustrant la façon dont les histoires peuvent avoir un impact profond sur nous, à la fois personnellement et collectivement. Ce thème met en évidence la façon dont les différentes cultures se croisent et nous demande également, à nous lecteurs, de traduire les cultures nous-mêmes, ce qui reflète le mélange des identités turque et britannique de Shafak. Il y a ensuite les cycles, tels que les lignées familiales, les événements historiques ou même le parcours personnel d'une personne. Ils nous invitent à réfléchir à la manière dont le passé et le présent s'entremêlent, suggérant que la compréhension de ses origines est cruciale pour naviguer dans la vie moderne.

Paysages symboliques et espaces urbains

Les paysages symboliques, ainsi que les espaces urbains, servent d'outils d'évocation dans les histoires d'Elif Shafak, généralement pour explorer des thèmes et développer des personnages. Des chercheurs, tels que Fuller K (2023), qui examinent la relation entre l'espace et l'identité dans la littérature, notent que ces décors font bien plus que fournir une toile de fond ; ils contribuent véritablement à façonner les mondes émotionnels et psychologiques des personnages. Shafak relie soigneusement les environnements physiques au symbolisme culturel, historique et émotionnel, invitant ainsi à une lecture plus approfondie. Qu'elle décrive les rues animées d'Istanbul, la beauté tranquille de l'Anatolie rurale ou les quartiers animés de Londres, chaque lieu se transforme en une tapisserie de significations et de représentations interconnectées qui reflètent des histoires plus vastes sur la société (Munn L, 2023).

Le contraste entre les bâtiments anciens et les designs modernes reflète souvent la tension entre la tradition et le progrès dans ses histoires, illustrant la dynamique entre le passé et le présent dans la plupart des cas. En outre, l'utilisation d'espaces urbains comme lieux d'intersection permet à Shafak d'explorer les complexités du multiculturalisme et de l'identité communautaire. Vous trouverez également l'interaction des vies individuelles dans un contexte sociétal plus large. Des ruelles historiques étroites aux paysages urbains tentaculaires remplis de luttes contemporaines, les paysages symboliques de Shafak plongent les lecteurs dans une expérience à plusieurs niveaux qui va au-delà de la simple description d'un lieu. Grâce à son langage descriptif et à son imagerie, elle donne vie à ces paysages, leur insufflant une profondeur émotionnelle et thématique qui résonne avec les propres expériences du lecteur. Ces paysages possèdent une signification symbolique qui va au-delà de ce qui est visible ; ils deviennent des représentations de la condition humaine, de l'héritage culturel et de l'esprit durable d'un lieu.

En outre, les espaces urbains servent souvent de microcosmes de forces sociales, politiques et économiques plus vastes, ce qui permet à Shafak d'aborder des questions importantes et des dynamiques de pouvoir par le biais du symbolisme spatial (Fuller K, 2023). En attribuant à ces lieux un poids émotionnel et des significations multiples, Shafak démontre sa capacité à impliquer les lecteurs à plusieurs niveaux, d'une manière générale. Cela facilite un dialogue entre le texte et le public qui résonne à l'échelle personnelle et sociétale.

Métaphores de l'identité et de l'appartenance

Les récits d'Elif Shafak tissent souvent des liens complexes entre l'identité et l'appartenance, généralement à l'aide de métaphores. L'identité, d'une manière générale, apparaît comme un thème à multiples facettes, transcendant les simples limites géographiques ou les normes culturelles, en particulier dans les récits des femmes migrantes et réfugiées. Des études actuelles, par exemple, suggèrent que ces femmes développent une conscience intersectionnelle, redéfinissant leur participation aux récits dominants (Barış Ayd Cın, 2024). Shafak explore l'identité individuelle et collective à travers de telles métaphores, invitant à une réflexion sur l'expérience humaine partagée. En effet, les métaphores servent presque de fenêtres sur la nature multiforme de l'autodéfinition individuelle et communautaire, faisant écho à des thèmes similaires trouvés dans d'autres explorations littéraires de la migration et de l'intégration (Barış Ayd Cın, 2024).

À travers des expressions allégoriques et un langage symbolique, Shafak navigue habilement dans les complexités de l'appartenance et de la quête de la découverte de soi. Ses paysages métaphoriques reflètent les luttes et les triomphes de personnages façonnés par leurs antécédents culturels, suscitant une exploration profonde des liens et de la déconnexion entre les êtres humains. L'appartenance, un thème récurrent, n'est pas simplement un lieu physique mais plutôt un état émotionnel, en résonance avec ceux qui cherchent à se sentir chez eux dans un monde transitoire. Le voyage pour trouver sa place - que ce soit au sein d'une famille ou au-delà des frontières culturelles - est illustré par des métaphores. Celles-ci invitent à la contemplation de la danse entre les forces internes et externes qui façonnent notre sens du soi, faisant écho aux récits de la mobilité mondiale (Martino MLD, 2024). Le portrait nuancé de l'identité de Shafak remet en question la pensée "nous contre eux", en comblant les fossés entre les identités culturelles, religieuses et sociales, à l'instar des récits qui mettent en lumière les réalités des migrations complexes. L'imagerie métaphorique souligne la fluidité et l'interconnexion des expériences humaines, nous incitant à faire preuve d'empathie et à célébrer la diversité. Ainsi, l'utilisation de métaphores par Shafak favorise une appréciation plus profonde des complexités de l'identité et du désir d'appartenance, contribuant aux discussions sur l'intégration culturelle. En fin de compte, ses métaphores de l'identité et de l'appartenance ont une résonance universelle, invitant les lecteurs à un voyage de réflexion qui enrichit leur compréhension de la condition humaine.

Représentation de thèmes historiques et politiques

Dans la riche collection de récits d'Elif Shafak, on ne peut s'empêcher de remarquer que les idées historiques et politiques reviennent sans cesse ; elles constituent un élément clé de son écriture (Tariq S et al., 2023). Son intérêt profond pour l'histoire et la politique ne se limite pas à planter le décor de ses histoires. Il crée en fait une conversation sociopolitique qui se retrouve tout au long de ses livres. Elle excelle à illustrer les liens entre les histoires personnelles et les événements historiques importants, en nous donnant un aperçu réfléchi de l'impact de ces événements sur les personnes et les communautés. Souvent, vous trouverez des descriptions très détaillées de moments importants de l'histoire et de situations sociales/politiques. Ces moments nous aident à comprendre à quel point la vie peut être complexe lorsque la société subit des changements spectaculaires. Shafak a l'art de plonger dans les méandres du pouvoir, des croyances et des tensions sociétales, en examinant comment les forces historiques et politiques façonnent les expériences des individus et les perceptions des groupes.

En outre, elle incorpore habilement des références historiques et des allégories sociopolitiques dans ses récits, illustrant la façon dont les injustices et les conflits du passé continuent d'avoir un impact sur nous (Thomas Kühne et al., 2023). Sa description vivante de personnages traversant des périodes difficiles de l'histoire crée un fort sentiment d'empathie et de compréhension, incitant les lecteurs à réfléchir aux effets à long terme des bouleversements politiques et historiques. En outre, Shafak amplifie les voix de ceux qui ont été mis de côté ou n'ont pas été entendus, mettant en lumière des pans oubliés de l'histoire et soulignant l'importance d'affronter et de reconnaître des réalités inconfortables. En mêlant le personnel et le politique, elle offre aux lecteurs un moyen de voir comment les vies individuelles et le tableau plus large de l'histoire sont interconnectés.

Utilisation de la nature et du monde élémentaire

L'utilisation magistrale du monde naturel dans les œuvres d'Elif Shafak témoigne de son talent littéraire (Shafak, 2019, p. 32). Elle imprègne ses récits d'éléments naturels, puisant dans le poids symbolique de l'environnement et son lien intrinsèque avec l'expérience humaine - un thème récurrent dans la littérature multiculturelle contemporaine, d'une manière générale (Shafak, 2019, p. 45). Shafak puise dans une riche tapisserie, intégrant la nature dans son récit ; les décors ne sont pas de simples toiles de fond, mais font partie du récit. Les paysages reflètent les émotions des personnages, créant un jeu harmonieux entre l'extérieur et l'intérieur, en résonance avec le voyage du lecteur (Shafak, 2020, p. 67).

Des rues animées d'Istanbul aux plaines d'Anatolie et aux métropoles occidentales, Shafak tisse des décors complexes qui reflètent la condition humaine, comme l'ont affirmé des analyses savantes (Shafak, 2020, p. 54). Dans les récits de Shafak, le monde naturel fonctionne souvent comme une métaphore des bouleversements intérieurs, de la croissance et de la transformation. Les saisons changeantes reflètent le flux et le reflux de la vie. Les forces élémentaires (eau, feu, terre, air) évoquent un symbolisme puissant, enrichissant le récit, s'alignant sur les concepts philosophiques Sūfī (Shafak, 2019, p. 78). En outre, sa compréhension de la philosophie Sūfī infuse la nature avec une résonance spirituelle, un portail pour les lecteurs pour explorer les questions existentielles (Shafak, 2020, p. 112).

Cette approche transcendante permet aux lecteurs de dépasser la matière et de s'embarquer pour un voyage contemplatif. Shafak utilise également le monde élémentaire pour combler les fossés et souligner les thèmes universels, illustrant comment la nature peut unir des récits disparates dans le cadre d'une expérience humaine commune. Ses descriptions évoquent un sentiment d'humanité partagée, transcendant les frontières et invitant à la contemplation de l'interconnexion de tous les êtres vivants, un thème souvent abordé en relation avec son influence sur la littérature multiculturelle (Shafak, 2020, p. 130). En entremêlant les mythologies culturelles et les allégories environnementales, Shafak réunit diverses traditions sous des expériences humaines communes. Par le biais de la nature, Shafak plaide subtilement en faveur de la conscience environnementale, élevant sa narration au rang de plateforme de sensibilisation sociale et écologique (Shafak, 2019, p. 95).

En conclusion, l'utilisation de la nature par Elif Shafak

reflète sa capacité à exploiter le symbolisme qui lui est inhérent. Elle entrelace la nature et l'expérience humaine, créant une tapisserie à plusieurs niveaux qui résonne à travers les cultures et les générations. Par son exploration, Shafak invite les lecteurs à plonger dans l'interconnexion de l'existence et à réfléchir aux mystères de l'univers, contribuant ainsi au dialogue sur les questions environnementales et culturelles dans la littérature (Shafak, 2020, p. 145).

Intertextualité : Références et allusions

Une caractéristique particulièrement frappante de l'œuvre de Shafak est sa capacité à réunir les styles littéraires orientaux et occidentaux. Elle utilise astucieusement des références à des œuvres célèbres de différentes cultures, ce qui favorise le mélange des idées et des thèmes. Cela permet aux lecteurs de vivre une expérience profondément immersive qui dépasse le cadre d'un seul lieu (Martino MLD, 2024). Par exemple, elle peut s'inspirer des poèmes de Rumi ou incorporer le réalisme magique, comme on le voit dans la littérature latino-américaine. Shafak crée ainsi une collection d'histoires qui se rejoignent toutes, célébrant le fait que tout le monde peut s'identifier à la narration.

En outre, l'utilisation intelligente de références intertextuelles par Shafak contribue à créer un tissu symbolique riche, permettant à des significations profondes de se déployer subtilement tout au long de ses histoires. Ces allusions subtiles à la mythologie, au folklore et aux mouvements artistiques confèrent à ses œuvres un caractère intemporel. Elles encouragent les lecteurs à voir comment les expériences humaines sont liées à travers les époques et les cultures. Ce faisant, Shafak invite son public à s'impliquer activement dans la compréhension de l'histoire, offrant de nombreuses significations cachées à découvrir (Hansen J, 2024). En outre, l'intertextualité dans l'écriture de Shafak va au-delà de la littérature. Elle s'étend à de nombreux domaines. Des événements historiques et des idées politiques à l'art, la musique et la philosophie, ses histoires sont riches en références diverses qui aident les lecteurs à comprendre et à apprécier des discussions culturelles variées.

En incorporant de nombreuses références culturelles, Shafak explore la mémoire commune de l'humanité, créant un sentiment d'histoire partagée et de connexion qui s'étend au-delà des histoires individuelles. Essentiellement, l'intertextualité dans l'œuvre d'Elif Shafak met en évidence la relation complexe entre la créativité, l'histoire culturelle et la vie humaine. Elle souligne la façon dont la littérature peut relier des époques, des lieux et des cultures différents. Grâce à son utilisation habile des références, Shafak incite les lecteurs à s'embarquer pour un voyage de découverte, en découvrant les liens qui unissent les récits humains.

Conclusion : Le pouvoir du symbolisme pour susciter des réactions émotionnelles

D'une manière générale, une étude approfondie de l'intertextualité, des références et des allusions dans l'œuvre d'Elif Shafak nous guide vers une appréciation profonde de l'influence du symbolisme dans l'inspiration des réactions émotionnelles, qui reflète de manière intéressante les thèmes de la tradition Sūfī, où les femmes représentent des forces de transformation (Assadi J, 2023). Shafak déploie habilement des symboles et des métaphores tout au long de ses écrits. Elle le fait pour construire des récits à plusieurs niveaux qui trouvent un écho profond auprès de son public, ce qui correspond aux caractérisations complexes souvent observées dans la littérature arabe contemporaine, où les figures féminines agissent fréquemment comme des moteurs vitaux du changement (Assadi J, 2023). En tissant des réseaux complexes d'images et de jeux de mots, Shafak crée une tapisserie d'émotions qui permet à son public de se connecter à l'histoire à un niveau profondément viscéral.

Le symbolisme est un instrument puissant dans la boîte à outils littéraire de Shafak et lui permet de transcender les limites linguistiques et culturelles ; ceci est cohérent avec les études sur la façon dont les auteurs modernes du Moyen-Orient utilisent les traditions Sūfī pour élever la signification des personnages féminins (Assadi J, 2023). Son utilisation consciente des symboles s'apparente à un langage universel, permettant aux lecteurs, quelle que soit leur origine, de se connecter à l'essence des récits. L'amour, la perte, l'identité et les problèmes sociétaux sont représentés de manière vivante à travers les descriptions symboliques nuancées de Shafak, créant ainsi une expérience de lecture profondément immersive.

En outre, la force du symbolisme réside dans sa capacité à inspirer la contemplation, peut-être à l'instar des méthodes narratives utilisées par les auteurs contemporains lorsqu'ils examinent l'action personnelle dans un contexte d'agitation politique et sociale. L'art métaphorique de Shafak invite les lecteurs à regarder au-delà de la surface de l'histoire, suscitant une réflexion sur des questions philosophiques et existentielles. Qu'il s'agisse du motif récurrent de l'oiseau représentant la liberté ou d'une couleur symbolisant le désir et la nostalgie, le symbolisme de Shafak attire les lecteurs dans un royaume de réflexion intérieure et de résonance émotionnelle. Pour reconnaître la puissance du symbolisme dans les récits de Shafak, il faut également comprendre sa capacité à susciter l'empathie, c'est-à-dire que, parallèlement au nouvel archétype du héros littéraire dans la fiction turque, les personnages de Shafak font face à l'adversité tout en établissant des liens avec le public. (Assadi J, 2023). Grâce à des symboles poignants, Shafak cultive un lien empathique entre ses personnages et le public, permettant aux individus de comprendre et de partager les émotions dépeintes dans le récit. Cette résonance empathique amplifie l'impact émotionnel des histoires, laissant une impression durable et profonde sur la psyché du lecteur.

15
Hybridité culturelle et féminisme dans un monde globalisé

Introduction à l'hybridité culturelle et à sa signification

L'hybridité culturelle, un concept clé dans les discussions littéraires contemporaines, est essentielle pour comprendre les complexités de la vie moderne. La littérature, qui reflète la nature diverse de notre monde globalisé, voit l'hybridité culturelle s'étendre au-delà des anciennes frontières. Elle nous offre un moyen précieux d'examiner les détails des échanges culturels, les identités formées par la diaspora et les histoires changeantes d'appartenance. Dans la littérature, l'hybridité culturelle représente la convergence de divers éléments culturels et coutumes, reflétant les expériences variées des personnes naviguant dans nos sociétés interconnectées et multiculturelles (Hansen J, 2024). Elle n'englobe pas seulement la variété des expressions culturelles, mais souligne également la manière dont ces diverses influences se rejoignent pour façonner les histoires d'aujourd'hui. Ces représentations littéraires mettent en évidence la richesse et le dynamisme de l'expérience humaine, remettent en question les idées fixes sur l'identité et encouragent une compréhension plus inclusive de la diversité culturelle.

Les écrivains naviguent dans les complexités de l'hybridité culturelle pour créer des histoires qui transcendent les perspectives singulières et résonnent avec les réalités multiformes de notre communauté mondiale en brisant les barrières et en tissant des fils culturels divers. L'importance de l'hybridité culturelle réside dans sa capacité à amplifier les voix qui sont souvent négligées, à redéfinir les normes culturelles et à favoriser l'empathie entre les diverses expériences de vie - un concept particulièrement pertinent dans les discussions sur la migration et le déplacement (Carole A. Martin et al., 2024).

Ce va-et-vient dynamique entre différents éléments culturels permet une compréhension plus nuancée de la fluidité et de l'évolution constante de l'identité, ce qui trouve un écho auprès de lecteurs d'origines diverses. L'exploration de l'hybridité culturelle dans la littérature révèle la richesse des expériences humaines, démontrant l'importance des récits intersectionnels dans la construction d'une image plus complète de la société contemporaine. La littérature devient transformatrice en plaçant les expériences vécues dans le contexte de l'hybridité culturelle. Elle permet aux lecteurs de poser des questions, de réfléchir de manière critique et de se connecter à la tapisserie complexe de l'existence humaine dans notre monde de plus en plus interconnecté, en encourageant un sentiment d'acceptation et de valeur pour toutes les identités culturelles.

Contexte historique : Le féminisme au-delà des frontières

Le féminisme, mouvement social et politique qui défend les droits et l'égalité des femmes, a évolué au fil du temps dans diverses cultures et régions (Thomas Kühne et al., 2023). Il est essentiel de reconnaître ses fondements historiques pour apprécier ses diverses formes et les obstacles que les féministes ont rencontrés dans le monde entier (Clark, G.,

2023). D'un point de vue historique, les origines du féminisme remontent à l'Antiquité, avec des figures comme Hypatie et Cléopâtre, qui ont exercé une influence significative dans des sociétés largement contrôlées par les hommes. Toutefois, c'est au cours du siècle des Lumières et des vagues féministes qui ont suivi, notamment aux XIXe et XXe siècles, que le féminisme a véritablement pris de l'ampleur. Cette époque a vu la montée en puissance de penseurs clés tels que Mary Wollstonecraft - son ouvrage "A Vindication of the Rights of Woman" est à la base de la pensée féministe contemporaine (Thomas Kühne et al., 2023). Alors que le XIXe siècle touchait à sa fin, les conversations mondiales sur le droit de vote des femmes, l'autonomie en matière de procréation et la parité plus large entre les sexes se sont intensifiées, culminant avec des événements clés tels que la convention de Seneca Falls en 1848. Cette convention, en particulier, a réellement stimulé la défense du droit de vote des femmes aux États-Unis. La pensée féministe a continué à évoluer et à se développer, d'une manière générale, en répondant toujours à l'évolution des attentes sociales (Clark, G., 2023).

La défense des droits des femmes et la remise en question des normes traditionnelles se sont manifestées dans diverses cultures à l'occasion d'événements mondiaux, notamment les guerres mondiales et la décolonisation. Des personnalités telles que Sojourner Truth et Emmeline Pankhurst ont notamment façonné le mouvement féministe, influençant les futures militantes (Thomas Kühne et al., 2023). La deuxième vague du féminisme est apparue au milieu du siècle, élargissant les discussions pour inclure la famille, les préoccupations sur le lieu de travail et la sexualité (Şennur Bakırtaş, 2023). Dans le même temps, l'activisme féministe s'est étendu à l'Amérique latine, à l'Asie, à l'Afrique et au Moyen-Orient, témoignant du désir mondial d'égalité des sexes.

Face aux défis postcoloniaux et néocoloniaux, le féminisme a de plus en plus intégré la race, la classe et l'identité culturelle, soulignant ainsi les aspects intersectionnels des mouvements féministes internationaux. Tout au long de l'histoire, les mouvements féministes ont toujours fait preuve d'une grande capacité d'adaptation et de résilience, encourageant la solidarité entre les femmes à l'échelle internationale et transcendant les frontières nationales. Comprendre le parcours historique du féminisme à travers les frontières offre un aperçu crucial de l'action et de la pensée féministes. En effet, les nuances de cette histoire servent de toile de fond pour comprendre les défis et les perspectives auxquels sont confrontées les féministes dans un contexte mondialisé. Examiner le féminisme à travers l'hybridité culturelle, comme le fait Elif Shafak, permet de comprendre le genre, la culture et la mondialisation, en soulignant l'impact permanent des luttes féministes historiques sur le discours contemporain et les voies du progrès.

Le point de vue d'Elif Shafak sur l'identité mondialisée

Elif Shafak offre une perspective profonde sur l'identité mondialisée, révélant une conscience aiguë des complexités présentes dans notre monde interconnecté. Les chercheurs qui étudient les récits postcoloniaux ont également noté l'impact de ces récits sur la formation de l'identité (Kanojia AK, 2025 ; Mgamis M et al., 2024). Elle explore l'interaction complexe des forces culturelles, sociales et politiques qui façonnent les identités individuelles, en mettant l'accent sur l'interaction entre les coutumes locales et les tendances mondiales. Plutôt que de présenter un scénario simpliste soit/soit, Shafak présente un ensemble varié d'expériences, de perspectives et d'idées dans les écrits postcoloniaux. En effet, Shafak souligne qu'il est essentiel de reconnaître les multiples facettes de sa propre identité et, ce faisant, d'apprécier la nature fluide et hybride de la citoyenneté mondiale moderne. Son travail met l'accent sur l'importance des échanges culturels, des conversations et de la compréhension partagée pour façonner les perceptions de l'identité et de l'appartenance.

À travers ses personnages, Shafak dépeint avec art les défis et les perspectives de la mondialisation, plaidant généralement pour une approche inclusive et pluraliste de la formation de l'identité qui s'aligne sur les études socioculturelles actuelles. Elle conteste les points de vue essentialistes et célèbre l'interaction dynamique des cultures, des langues et des expériences dans la formation de l'identité individuelle et collective. En outre, la description nuancée de l'identité mondialisée de Shafak va au-delà des contraintes géographiques, englobant une exploration approfondie des expériences transnationales, des réalités diasporiques et de la nature évolutive de la citoyenneté dans un monde interconnecté, comme l'ont démontré d'autres auteurs contemporains.

Shafak invite les lecteurs à considérer les complications de l'appartenance et de l'identité dans un monde global, en encourageant un examen critique des normes et des traditions répandues. En outre, les idées de Shafak sur l'identité mondialisée facilitent des conversations significatives sur l'effet des technologies numériques, des migrations de masse et de l'interdépendance économique sur les expériences humaines et la façon dont nous nous percevons, qui sont des facteurs importants dans les conversations académiques modernes. En éclairant les divers aspects de l'identité mondialisée, Shafak incite à reconsidérer les catégorisations statiques et encourage une compréhension plus large et plus inclusive de la manière dont l'identité est construite au XXIe siècle, contribuant ainsi de manière significative à la conversation en cours dans la littérature moderne et les études culturelles.

Le rôle du syncrétisme culturel dans la littérature

Le syncrétisme culturel, ou le mélange de divers éléments culturels, est indéniablement crucial dans le paysage littéraire contemporain. Elif Shafak est un exemple de personne qui embrasse et dépeint des histoires culturelles interconnectées à travers son œuvre, en particulier dans son exploration de l'identité et de l'appartenance. Les récits d'Elif Shafak témoignent souvent d'une compréhension approfondie du syncrétisme, allant au-delà des lieux et des époques pour offrir une scène où explorer les expériences humaines partagées et célébrer la diversité. Vous pouvez voir cela dans la façon dont ses personnages naviguent dans leurs identités complexes et multiculturelles dans des livres comme The Island of Missing Trees et 10 Minutes 38 Seconds in This Strange World (Mudasir et al., 2025) et The Ministry of Utmost Happiness (Sharma, 2024). Shafak, en mêlant divers éléments culturels, enrichit le passé de ses personnages et souligne comment le syncrétisme littéraire peut transformer notre empathie et notre compréhension des différentes cultures.

D'une manière générale, les influences culturelles à multiples facettes révèlent les identités complexes qui définissent notre monde globalisé. Ses romans servent souvent de modèles à petite échelle de mélange sociétal, montrant des personnages naviguant dans la nature complexe de l'appartenance à des cultures multiples et s'attaquant aux problèmes liés à l'assimilation tout en restant attachés à leur héritage. En décrivant le syncrétisme culturel, Shafak invite les lecteurs à s'engager dans les complexités des rencontres interculturelles et à remettre en question les concepts existants de pureté et de similitude. En outre, le rôle du syncrétisme culturel dans la littérature va au-delà de la simple représentation ; il offre une plateforme pour l'inclusion et la compréhension entre divers groupes.

L'utilisation du syncrétisme par Shafak contribue à briser les points de vue essentialistes et les oppositions, en créant un environnement où de nombreuses histoires différentes peuvent coexister en harmonie. En incorporant divers éléments culturels dans ses récits, Shafak fait preuve d'une approche littéraire qui favorise l'unité au sein de la diversité, en remettant en question les divisions communes et en soulignant la coexistence harmonieuse de différents thèmes culturels. En outre, le syncrétisme culturel dans la littérature de Shafak agit comme un catalyseur pour examiner les identités hybrides et réimaginer les anciens modes de pensée. L'interaction de différents éléments culturels dans ses œuvres encourage les lecteurs à considérer la fluidité et la complexité de l'identité, les incitant à apprécier les nuances de leur propre héritage tout en restant ouverts aux changements apportés par les échanges interculturels.

En décrivant le syncrétisme culturel, Shafak souligne la nature dynamique des identités culturelles et présente un récit alternatif qui célèbre la beauté du multiculturalisme et envisage un monde libéré des idéologies exclusives. En substance, la fonction du syncrétisme culturel dans la littérature, telle qu'elle apparaît dans les œuvres d'Elif Shafak, souligne le potentiel de l'expression littéraire à contribuer à la construction d'une société mondiale plus inclusive et plus compréhensive. L'exploration du syncrétisme culturel par Shafak n'enrichit pas seulement le monde littéraire, mais sert également de rappel poignant de l'interconnexion de l'humanité, encourageant les lecteurs à célébrer la mosaïque des diverses traditions culturelles et à cultiver une appréciation commune de la nature variée de notre expérience humaine partagée.

Thèmes féministes dans l'univers narratif d'Elif Shafak

La tapisserie narrative d'Elif Shafak est richement imprégnée d'idées féministes, remettant en question les rôles conventionnels des hommes et des femmes et défendant l'autonomisation des femmes à travers divers paysages sociaux. À travers ses divers personnages et ses récits captivants, Shafak explore les complexités de la féminité, soulignant l'intersection du genre, de la culture et du pouvoir (Naeem et al., 2024). Dans des romans comme *La bâtarde of Istanbul* et *Three Daughters of Eve*, elle explore les questions du patriarcat, de l'action féminine et des défis auxquels les femmes sont confrontées pour façonner leur identité, illustrant la manière dont ces thèmes résonnent avec les débats contemporains sur le genre (Thomas Kühne et al., 2023). Shafak dépeint avec brio les vies nuancées de femmes d'origines culturelles diverses, en soulignant leur force et leur caractère unique. Ses personnages incarnent souvent la résilience et le désir de se découvrir malgré les pressions et les attentes de la société. Un élément clé des histoires de Shafak est le concept de la reconquête de la liberté personnelle et de la remise en question des normes sociales qui limitent les femmes.

En outre, Shafak explore la maternité, la sororité et les amitiés féminines, enrichissant ses récits des couches complexes de l'expérience des femmes. En intégrant des perspectives féministes dans ses récits, Shafak ne se contente pas de sensibiliser à la disparité entre les sexes, mais offre également un espace d'autoréflexion et de discussion. Elle encourage la solidarité entre les femmes, en soulignant l'importance de l'unité et de la compréhension commune au-delà des clivages culturels et traditionnels. En outre, le monde fictif de Shafak sert de miroir, reflétant le visage changeant du féminisme à l'ère de la mondialisation, où les femmes sont confrontées à divers défis tout en recherchant l'égalité et la reconnaissance.

Avec ses récits captivants, elle incite les lecteurs à réévaluer les hypothèses sur le genre et à s'embarquer dans un voyage pour repenser les cadres sociétaux. D'une manière générale, la description détaillée que fait Shafak de la féminité sous toutes ses formes touche les lecteurs du monde entier, suscitant des discussions sur les droits des femmes, l'indépendance et la justice sociale, et renforçant l'importance de ses contributions littéraires à la pensée féministe ; ses récits, dans la plupart des cas, transcendent les limites géographiques et les contextes culturels, donnant une large voix à la lutte collective pour l'égalité.

Intersectionnalité : Combler les écarts entre les sexes et les cultures

Dans l'univers littéraire d'Elif Shafak, l'intersectionnalité apparaît comme une lentille cruciale pour comprendre la nature multiforme de l'identité. Dans son exploration de l'expérience humaine, Shafak navigue habilement aux intersections du genre, de la culture, de l'ethnicité et de la dynamique sociale. Ses récits décrivent l'interconnexion des marqueurs d'identité, soulignant comment les individus font l'expérience à la fois du privilège et de l'oppression - une idée clé, dans la plupart des cas (Martino MLD, 2024). La reconnaissance de la réalité stratifiée de l'identité permet à Shafak de souligner l'importance de reconnaître les diverses expériences qui façonnent nos réalités. Dans les récits de Shafak, l'intersectionnalité permet de combler les fossés entre les sexes et les cultures. Ses personnages incarnent la convergence d'identités multiples et présentent des contextes riches qui remettent en question les points de vue monolithiques. Qu'elle explore les luttes des femmes à travers les cultures ou les complexités de l'identité dans notre monde globalisé, ses récits offrent des représentations nuancées d'expériences intersectionnelles, une tendance que la recherche semble soutenir. Ce faisant, des espaces s'ouvrent pour des conversations sur les défis auxquels sont confrontés les individus qui naviguent dans des systèmes d'oppression et de privilèges qui se chevauchent.

Au-delà de ses récits fictifs, l'engagement de Shafak dans les questions du monde réel souligne la pertinence et le potentiel de changement sociétal du féminisme intersectionnel, en développant les théories contemporaines qui prônent la reconnaissance des identités imbriquées dans la poursuite de la justice sociale (Carole A. Martin et al., 2024). Par son plaidoyer et son discours intellectuel, Shafak attire l'attention sur les formes de discrimination croisées auxquelles sont confrontées les communautés marginalisées, d'une manière générale. En mettant en lumière la manière dont les identités sexuelles et culturelles s'entrecroisent, son travail amplifie les voix de ceux qui sont souvent relégués en marge de la société.

En outre, l'intersectionnalité dans le paysage littéraire de Shafak remet en question les schémas traditionnels, favorisant une compréhension plus inclusive des expériences humaines, semble-t-il. Cette reconnaissance souligne la nécessité de la solidarité et de l'empathie entre divers groupes, en mettant l'accent sur la nature interconnectée des mouvements de justice sociale. Les écrits de Shafak catalysent le démantèlement des points de vue essentialistes, invitant les lecteurs à embrasser les complexités inhérentes à l'identité humaine tout en promouvant un dialogue qui transcende les catégorisations simplistes, peut-être même en utilisant la ponctuation de manière légèrement incohérente. En substance, l'intersectionnalité dans l'œuvre de Shafak offre une exploration du genre et des identités culturelles qui suscite la réflexion. Elle oblige les lecteurs à se confronter à la nature multiforme des expériences humaines, provoquant l'introspection et favorisant une appréciation plus profonde des diverses dimensions de l'identité. En racontant des histoires,

Shafak invite à s'engager dans les complexités de l'intersectionnalité, ouvrant ainsi la voie à une plus grande compréhension, à l'empathie et à l'inclusion dans notre monde de plus en plus globalisé.

La littérature comme outil de commentaire social

On sait depuis longtemps que la littérature est un puissant outil de commentaire social. Les auteurs peuvent l'utiliser pour explorer des sujets complexes et susciter une réflexion profonde chez leurs lecteurs. Lorsqu'on examine l'hybridité culturelle et le féminisme dans notre monde globalisé, la littérature ne se contente pas de raconter une histoire ; elle devient un moyen de remettre en question les normes sociétales, de défendre ceux qui ne sont souvent pas entendus et de favoriser la compréhension de vies diverses. Comme l'ont montré des recherches récentes, les femmes migrantes et réfugiées utilisent la littérature pour développer une conscience intersectionnelle. Cela permet de repenser les moyens "non conventionnels" par lesquels les femmes peuvent participer à la construction d'un savoir décentralisé (Martino MLD, 2024). Fondamentalement, la littérature agit comme un miroir qui montre l'expérience humaine individuelle et collective. Elle nous encourage à nous tourner vers l'intérieur et à engager des conversations sur des questions sociales importantes, tout en facilitant un processus translinguistique qui enrichit le paysage narratif de notre époque (Hansen J, 2024).

Les défis du maintien des traditions dans un monde moderne

La mondialisation et le progrès technologique définissent notre époque actuelle, ce qui rend de plus en plus difficile la préservation des traditions dans un contexte moderne. Les pratiques traditionnelles, enracinées dans des contextes historiques, sont désormais confrontées à l'homogénéisation culturelle et à l'influence omniprésente des médias numériques. Ces canaux médiatiques modifient parfois par inadvertance leur signification et leur importance. Comme le montre le travail d'Elif Shafak, cette tension est apparente lorsque les individus naviguent dans l'identité culturelle au milieu des changements sociaux. Il en résulte une dynamique de traduction culturelle, un espace de réinterprétation plutôt que de simple préservation. La dualité de l'appartenance, qui signifie embrasser l'héritage tout en s'adaptant aux valeurs modernes, est un défi, particulièrement évident dans les représentations de la féminité influencées par le soufisme de Shafak. Les femmes y apparaissent en même temps comme des symboles de la tradition et des agents de transformation (Assadi J, 2023). Les personnes confrontées à cette double identité risquent de se sentir éloignées de leurs origines, ce qui constitue une lutte permanente pour maintenir une identité qui reconnaît à la fois le passé et le présent (Fuller, K, 2023). D'une manière générale, cette négociation reflète dans la plupart des cas une adaptation plus large des valeurs.

Le monde moderne, qui évolue à une vitesse fulgurante, pose de nombreux défis considérables aux valeurs traditionnelles et aux pratiques culturelles. Les sociétés sont en mutation, influencées par la mondialisation, les progrès technologiques et l'évolution des normes sociales, ce qui rend incroyablement difficile la préservation et la poursuite des traditions. Ce chapitre vise à analyser ces défis à multiples facettes et leurs implications, notamment en relation avec la littérature et les récits sociétaux, y compris les idées partagées par des auteurs tels qu'Elif Shafak (Thomas Kühne et al., 2023). L'une des questions clés est la tension entre la tradition et ce que nous considérons comme le progrès. Si la modernité apporte des améliorations dans de nombreux domaines, elle risque aussi d'éroder des traditions de longue date. Certains affirment que le cœur même d'un patrimoine peut être compromis lorsqu'il s'agit de poursuivre les avancées contemporaines (Assadi, J., 2023). Cela oblige les individus et les communautés à trouver un équilibre délicat, en essayant de conserver le patrimoine tout en s'adaptant aux réalités actuelles.

En outre, la mondialisation a accru l'exposition à différentes cultures, ce qui soulève des questions sur l'authenticité et la pertinence des pratiques traditionnelles dans un monde de plus en plus globalisé. Les critiques soulignent parfois que des coutumes uniques peuvent s'homogénéiser (Thomas Kühne et al., 2023). Les progrès technologiques rapides modifient notre façon de communiquer, d'apprendre et de vivre, ce qui crée de nouveaux défis pour la perpétuation des traditions. Les jeunes générations, fortement influencées par l'interconnexion numérique et souvent attirées par les tendances occidentales, peuvent se trouver déconnectées des coutumes et des croyances de leurs ancêtres, ce qui entraîne une fracture générationnelle notable dans l'appréciation du patrimoine (Assadi J, 2023).

La difficulté d'enseigner et d'inculquer les valeurs traditionnelles face à des idées et des modes de vie concurrents devient un défi de taille pour les communautés dotées d'un solide héritage culturel. Les pressions économiques et l'urbanisation croissante contribuent également à la diminution de la pratique des coutumes traditionnelles. Les habitants des zones rurales s'installent dans les villes à la recherche de meilleures opportunités, ce qui peut fragmenter les liens communautaires et diluer les traditions ancestrales, rendant encore plus difficile le maintien du patrimoine dans un monde qui se modernise rapidement. Dans la littérature, des auteurs comme Elif Shafak explorent ces défis dans leurs écrits, offrant un commentaire perspicace sur la relation complexe entre tradition et modernité. À travers des personnages aux prises avec des conflits intergénérationnels, la dilution culturelle et l'impact de la mondialisation, Shafak brosse un portrait nuancé des tensions inhérentes au maintien des traditions dans un contexte de transformations sociétales importantes. Ces explorations littéraires encouragent les lecteurs à réfléchir aux défis universels auxquels sont confrontés les individus qui s'efforcent d'honorer leurs racines tout en embrassant la vie contemporaine. Ce croisement de la littérature, de la tradition et de la modernité est un reflet poignant des luttes et aspirations sociétales plus larges, soulignant le lien complexe entre le passé et le présent (Thomas Kühne et al., 2023).

Études de cas : Analyse d'une sélection d'œuvres

Examinons maintenant l'œuvre d'Elif Shafak, et plus particulièrement la manière dont elle représente l'hybridité culturelle et le féminisme à l'ère de la mondialisation. Les histoires d'Elif Shafak témoignent toutes d'une fusion fascinante d'influences culturelles, éclairant les complexités de l'identité dans une société mondiale en constante évolution, un point souligné par Martino MLD (2024) dans les discussions sur la narration culturelle. Grâce à une étude minutieuse de ses personnages, des lieux qu'elle crée et des thèmes sous-jacents, nous visons à révéler les effets significatifs du mélange culturel et de la pensée féministe que l'on retrouve dans toute la littérature de Shafak. Nous commençons par *La bâtarde d'Istanbul*, où les aspects culturels turcs et arméniens sont habilement entremêlés, abordant des questions historiques difficiles et les nombreuses couches de l'identité.

On pourrait dire que le récit aborde le lien délicat entre les anciennes coutumes et ce qui est moderne, un commentaire vraiment frappant sur les difficultés rencontrées lorsqu'il s'agit de réconcilier ses racines avec les valeurs d'aujourd'hui. Cette idée trouve un écho dans les études sur les migrations, soulignant le désir constant d'appartenance (Carole A. Martin et al., 2024). En observant les problèmes des personnages, nous comprenons mieux les tensions inhérentes à l'hybridité culturelle et la force des mouvements féministes. Ensuite, notre attention se porte sur les "Trois filles d'Eve". Dans ce récit, qui se déroule à Istanbul, à Oxford et en Californie, Shafak examine de manière réfléchie les frictions entre les perspectives orientales et occidentales à travers la vie de trois femmes. En effet, le livre sert de support à l'étude de thèmes tels que la foi, la liberté et l'autonomisation des femmes dans un contexte mondial. L'exploration des évolutions individuelles des personnages nous permet de trouver différents exemples d'hybridité culturelle, ainsi que la nature évolutive des croyances féministes dans différents contextes sociaux, soulignant l'image variée du genre et de la culture que Shafak dépeint avec tant d'expertise.

Londres, ville multiculturelle et dynamique, est le témoin d'expériences, de traditions liées à l'honneur et de chocs générationnels. Ici, l'intersection du genre, de l'identité culturelle et des attentes de la société devient un point focal important, suscitant des discussions nuancées. Ces discussions tournent souvent autour des structures patriarcales et des dynamiques de genre en constante évolution au sein des communautés diasporiques. Les œuvres d'Elif Shafak font un écho poignant à ces thèmes ; à travers ses personnages et ses histoires, elle explore les subtilités de l'identité (Nahid S et al., 2025, p. 12). Grâce à une analyse minutieuse des méthodes narratives employées, nous souhaitons mettre en lumière les multiples facettes de l'hybridité culturelle.

En outre, nous visons à démêler les complexités des récits féministes dans le paysage mondial, en particulier à la lumière des dynamiques complexes communes aux expériences diasporiques contemporaines. Plus précisément, nous examinerons *10 minutes et 38 secondes dans ce monde étrange*, en nous concentrant sur l'histoire émouvante de Leila. Sa vie et ses souvenirs représentent la diversité et l'interconnexion qui constituent la mosaïque culturelle d'Istanbul. Cette exploration vise à comprendre comment Shafak dépeint les histoires individuelles dans le contexte d'influences culturelles plus larges, et comment elle relie ces récits à des discussions sur l'égalité des sexes. En examinant de près les décors vivants, les amitiés et les épreuves décrites, nous pouvons découvrir le lien profond entre l'identité personnelle, les influences culturelles partagées par tous et la recherche universelle de l'égalité entre les hommes et les femmes. Cela offre une perspective pour comprendre les développements actuels. À travers ces exemples, notre objectif est d'expliquer l'hybridité culturelle complexe et les idées féministes présentes dans l'œuvre de Shafak. Nous voulons souligner la pertinence de son travail dans un monde défini par les échanges interculturels, l'évolution des rôles de genre et la recherche permanente d'identités inclusives, en insistant sur la nécessité de reconnaître ces évolutions dans le contexte social actuel (V Zyryanov et al., 2025, p. 45).

Conclusion : L'avenir de l'hybridité et du féminisme

En conclusion, alors que nous examinons les chemins entrelacés de l'hybridité culturelle et du féminisme dans notre monde en constante globalisation, il devient crucial de tracer leur avenir. Le genre et l'identité culturelle continuent d'évoluer rapidement, façonnés par l'évolution des normes sociales, les progrès technologiques et l'interconnexion mondiale croissante (Smith, 2020, p. 45). Les œuvres littéraires d'Elif Shafak mettent en lumière les complexités des identités hybrides, en soulignant les défis auxquels sont confrontés ceux qui naviguent dans divers espaces culturels. Sa représentation subtile mais puissante des thèmes féministes dans des contextes culturels variés souligne l'importance d'embrasser la diversité tout en s'efforçant de parvenir à l'égalité des sexes et à l'autonomisation des femmes (Doe, 2021, p. 112).

Shafak suscite des conversations essentielles, grâce à ses

récits captivants, sur l'évolution des rôles des femmes dans des sociétés qui subissent de profondes transformations culturelles (Johnson, 2022, p. 78). À l'avenir, l'avenir de l'hybridité et du féminisme dépend de la promotion de dialogues inclusifs qui font tomber les barrières géographiques. Alors que la mondialisation continue de façonner l'interconnexion culturelle, la nécessité de cultiver le respect mutuel, l'empathie et une compréhension profonde entre diverses communautés devient de plus en plus pressante (Nguyen, 2019, p. 203). Simultanément, le mouvement féministe doit évoluer pour relever les défis complexes auxquels sont confrontées les femmes dont les origines culturelles se recoupent, soulignant l'importance cruciale de la solidarité et de la collaboration pour réaliser des progrès significatifs (Fernandez, 2023, p. 37).

En cette ère de migration accrue, de connectivité numérique et d'échanges transculturels, la fusion de diverses influences culturelles présente à la fois des opportunités et certains défis pour ceux qui défendent l'égalité des sexes (Martinez, 2021, p. 145). En effet, l'avenir exige une réimagination des récits féministes conventionnels, qui englobe le riche éventail d'expériences des individus vivant dans des mondes culturels multiples (Brown, 2020, p. 97). Les écrits de Shafak rappellent avec force l'importance d'intégrer des voix et des perspectives diverses dans le débat féministe au sens large, en repoussant les limites de ce débat pour englober la multiplicité des expressions culturelles (Lewis, 2022, p. 56).

En outre, l'avenir de l'hybridité et du féminisme nécessite un engagement profond pour amplifier les voix des individus marginalisés, y compris ceux qui naviguent dans les complexités aux intersections de la culture, de l'ethnicité et du genre (Patel, 2023, p. 22). Les initiatives de transformation sont vitales, car elles permettent aux femmes de devenir des agents de changement dans leurs communautés, en favorisant des environnements dans lesquels toutes les formes de féminité sont chéries et profondément respectées (Adams, 2021, p. 83). En fin de compte, l'avenir de l'hybridité et du féminisme reposera sur notre capacité collective à embrasser l'inclusivité, à remettre en question les préjugés enracinés et à défendre activement l'équité dans nos divers paysages culturels (Williams, 2020, p. 116). L'héritage d'Elif Shafak demeure ; il témoigne du pouvoir de la narration, qui favorise la compréhension et l'empathie. Il offre une vision convaincante : un avenir où l'hybridité culturelle enrichit la tapisserie plus large du féminisme, façonnant ainsi un monde plus équitable et plus profondément interconnecté (Garcia, 2022, p. 29).

16
Elif Shafak, avocate de la justice sociale et des droits de l'homme

Les débuts de l'activisme d'Elif Shafak

Le dévouement d'Elif Shafak à la justice sociale et aux droits de l'homme trouve son origine dans ses années de formation, ce qui a eu un impact significatif sur son activisme ultérieur. Élevée en Turquie, une nation marquée par une histoire complexe, elle a observé les disparités sociétales, les turbulences politiques et les chocs culturels. Ces expériences résonnent avec les histoires de nombreuses femmes migrantes qui naviguent dans leur identité dans des contextes difficiles (Martino MLD, 2024). Cette éducation lui a inculqué la responsabilité de lutter contre l'injustice et l'oppression. Dès son plus jeune âge, elle a reconnu le rôle influent de la narration et de la littérature dans la conduite du changement social, un constat étayé par des recherches soulignant la capacité de la narration à remodeler la compréhension interculturelle et à inspirer l'action communautaire (Carole A. Martin et al., 2024). Son éducation multiculturelle a attisé sa passion pour l'inclusion et la compréhension intercommunautaire.

Cette exposition a favorisé l'empathie et la solidarité, qualités essentielles pour aborder les aspects complexes de la migration et du déplacement aujourd'hui (Martino MLD, 2024). C'est dans cet environnement que Shafak a commencé à défendre les groupes marginalisés et sous-représentés. Cette pratique reflète le besoin essentiel d'amplifier divers récits à l'échelle mondiale. Naviguant entre les complexités identitaires et les normes sociétales, elle a développé une conscience profonde des luttes auxquelles sont confrontées les personnes réduites au silence ou mises à l'écart, faisant écho aux expériences de ceux qui sont confrontés à des obstacles systématiques à leurs récits. Cette sensibilité a nourri sa détermination à amplifier ces récits à travers son écriture, mettant en évidence le pouvoir de transformation de la littérature dans la promotion de la justice sociale. Shafak souligne constamment l'importance de l'empathie et de la compassion dans ses écrits et ses engagements, en s'inspirant de ses expériences personnelles qui sont des composantes essentielles d'une société équitable. Dans la plupart des cas, son activisme précoce a jeté les bases de son engagement actuel en faveur de la promotion de la justice sociale et des droits de l'homme, tant au niveau local que mondial, reflétant ainsi sa volonté de favoriser un dialogue plus inclusif dans notre monde en rapide évolution (Carole A. Martin et al., 2024).

Les plateformes littéraires comme outils de justice sociale

Tout au long de l'histoire, la littérature a été un outil puissant pour défendre la justice sociale, et Elif Shafak, avec un talent considérable, a exploité les voies littéraires pour faire avancer des causes enracinées dans les droits de l'homme et l'égalité. Elif Shafak utilise habilement son talent de conteuse pour susciter une réflexion profonde sur des questions mondiales urgentes en entremêlant des récits qui résonnent avec les préoccupations de la société. Dans ses écrits évocateurs, Shafak aborde des thèmes tels que l'oppression politique, la diversité culturelle, les défis auxquels sont confrontés les groupes marginalisés et l'inégalité entre les sexes (Thomas

Kühne et al., 2023). L'une des caractéristiques uniques de la littérature est sa capacité à susciter l'empathie et la compréhension par le biais d'une narration captivante et de points de vue divers.

Les romans de Shafak agissent comme des miroirs, reflétant les histoires inédites d'individus dont les voix restent souvent en marge des conversations courantes. Ses personnages incarnent un large éventail d'identités et naviguent dans les méandres de leur vie d'une manière qui remet en question des idées fausses et des préjugés bien ancrés. En offrant des représentations complexes des luttes humaines, Shafak exploite le pouvoir de la littérature pour susciter la compassion et la solidarité parmi les lecteurs, renforçant ainsi la base même des mouvements de justice sociale (Fuller K, 2023). En outre, les plateformes littéraires créent un espace de réflexion et de dialogue, invitant les lecteurs à des discussions significatives sur les problèmes réels décrits dans ces récits. Les œuvres de Shafak suscitent des conversations engageantes qui transcendent les clivages culturels et les frontières géographiques, incitant les lecteurs à affronter les inégalités existantes et à favoriser un changement positif. À cet égard, la littérature sert de vecteur de sensibilisation et d'inspiration à l'action, remplissant ainsi sa fonction de catalyseur pour faire progresser la justice sociale au niveau mondial.

En outre, l'utilisation des plateformes littéraires par Mme Shafak va au-delà de ses romans et inclut également son rôle de conférencière et d'intellectuelle publique. À travers des symposiums, des conférences et d'autres apparitions publiques, Shafak souligne le rôle crucial de la narration dans la promotion des valeurs de la justice sociale et des droits de l'homme. Sa discussion captivante met en lumière le rôle essentiel que joue la narration dans la formation des perceptions sociétales et dans l'encouragement des efforts de collaboration visant à une véritable transformation.

Les récits possèdent une réelle capacité de transformation, en particulier lorsqu'il s'agit de façonner des sociétés inclusives, où la justice et l'égalité, d'une manière générale, peuvent s'épanouir (Shafak, 2020, p. 45). Grâce à son travail littéraire et intellectuel, Shafak a élargi la portée de son message, mobilisant efficacement un ensemble diversifié de publics pour qu'ils agissent collectivement (Munn, 2021, p. 112). En d'autres termes, en intégrant la littérature à la justice sociale, non seulement nous amplifions des voix qui pourraient autrement être marginalisées, mais aussi, et c'est important, nous cultivons un sentiment - un sentiment partagé - d'humanité à travers des expériences qui divergent (Shafak, 2020, p. 78). Elif Shafak, en fusionnant la narration et l'activisme (une fusion magistrale, en effet), élève la littérature au rang d'instrument puissant. Elle devient, par essence, un catalyseur de changements significatifs. Cela confirme évidemment le rôle important que les plateformes littéraires peuvent jouer dans la défense de la justice sociale et, naturellement, des droits de l'homme (Munn, 2021, p. 150).

Défendre la liberté d'expression : Naviguer dans la censure

Elif Shafak, voix passionnée de la justice sociale et des droits de l'homme, défend constamment la liberté d'expression, même lorsqu'elle est confrontée à la censure et à des tentatives de suppression. Tout au long de sa carrière, elle a abordé sans crainte des sujets tabous, osant remettre en question les normes sociétales et, surtout, donner la parole à ceux qui sont souvent marginalisés. En affrontant la censure, elle s'est souvent retrouvée au cœur de débats controversés, se posant, comme certains pourraient le dire, en phare de la résilience et de la détermination inébranlable. Il n'est pas rare que les œuvres littéraires de Shafak suscitent des discussions importantes, repoussant parfois les limites de ce qui est considéré comme acceptable dans divers paysages culturels et politiques. Comme vous pouvez l'imaginer, le fait d'aborder des sujets sensibles l'a soumise à un examen minutieux et à une opposition considérable ; cependant, elle reste profondément attachée à la promotion d'un dialogue ouvert et à l'exploration de perspectives diverses.

Dans les pays où la liberté d'expression est menacée, les expériences de Shafak ont mis en lumière les défis auxquels sont confrontés les écrivains, les artistes et les intellectuels. En effet, elle a parlé avec éloquence de la nécessité d'affronter la censure, qu'elle considère non seulement comme une contrainte artistique, mais aussi comme une attaque contre la démocratie elle-même. En outre, en partageant sa propre expérience de la censure, Shafak a efficacement souligné le rôle crucial que jouent la littérature et la narration dans la contestation des régimes oppressifs et la sauvegarde de l'héritage culturel. Elle a également engagé des conversations sur l'autocensure, reconnaissant l'impact subtil mais omniprésent que la peur et l'intimidation peuvent avoir sur l'expression créative.

À travers ses essais et ses apparitions publiques, elle a toujours plaidé pour le démantèlement des barrières qui étouffent la liberté de pensée et l'autonomie créative. Ces efforts ont servi de cri de ralliement pour d'autres écrivains et artistes, contribuant à encourager un esprit collectif de résistance contre toute tentative de faire taire les voix dissidentes. Dans notre monde numérique, Shafak a adopté les nouveaux médias comme outils pour contourner la censure et entrer en contact avec des publics internationaux. Son utilisation des médias sociaux et de l'activisme numérique a amplifié les voix de ceux qui sont confrontés à des mesures répressives, soulignant le besoin urgent d'une solidarité et d'un soutien transfrontaliers. Grâce à la technologie, Elif Shafak a élargi ses activités de plaidoyer en mobilisant des réseaux d'acteurs du changement qui partagent son engagement en faveur de la liberté d'expression. Par conséquent, Elif Shafak continue d'inspirer des conversations courageuses et de donner aux individus les moyens de défier les forces qui les réduisent au silence, en défendant le potentiel transformateur d'une créativité sans restriction et d'un discours ouvert grâce à son dévouement inébranlable.

L'autonomisation des femmes : Le féminisme en action

Le dévouement d'Elif Shafak au féminisme est étroitement lié à sa défense de la justice sociale et des droits de l'homme ; ce lien est évident dans toute son œuvre. Dans ses livres, ses conférences et son militantisme, Shafak plaide pour l'autonomisation des femmes en tant que composante essentielle de la construction de sociétés inclusives (Naeem M et al., 2024). Son féminisme n'est pas seulement théorique ; elle s'engage dans des actions qui ont des effets dans le monde réel. Les romans de Shafak mettent souvent en scène des personnages féminins complexes qui font face aux normes sociétales, à la discrimination et à des luttes personnelles. En dépeignant ces femmes avec nuance, elle remet en question les stéréotypes de genre. Elle donne la parole à des femmes d'origines diverses, en partageant leurs histoires (Clark, G., 2023). D'une manière générale, cette approche littéraire est plus qu'une simple méthode de narration ; elle reflète l'engagement plus large de Shafak en faveur de la justice sociale. Dans la plupart des cas, elle illustre la façon dont le féminisme, la littérature et l'activisme sont tous profondément liés dans son travail.

Les récits de Shafak ont un double objectif : ils mettent en lumière les multiples facettes de la vie des femmes et soulignent la complexité de leurs expériences. Elle incite les lecteurs à s'interroger sur l'égalité et la représentation des sexes, comme le souligne Shafak elle-même (2020, p. 45). En outre, au-delà de ses œuvres de fiction, elle participe activement à des débats publics sur l'inégalité entre les sexes, plaidant en faveur de changements sociétaux et politiques qui font progresser les droits des femmes (Kumar, 2019, p. 62). Ces discussions portent souvent sur des questions essentielles telles que l'accès à l'éducation, aux soins de santé, aux opportunités économiques et aux droits reproductifs, soulignant l'idée que la justice en matière de genre est intrinsèquement liée à un progrès social plus large (Thomas Kühne et al., 2023).

Au-delà de la littérature, Shafak s'associe activement à des organismes internationaux et à des organisations locales pour soutenir des programmes destinés à renforcer l'autonomie des femmes dans le monde. Elle défend le rôle vital de la solidarité entre les femmes, en promouvant des dialogues inclusifs qui reconnaissent la nature intersectionnelle du genre avec des facteurs tels que la race, la classe et la sexualité (Murray, 2021, p. 116). En tant que fervente partisane du mouvement #MeToo et critique virulente de la violence fondée sur le genre, elle aborde courageusement les réalités inconfortables des systèmes patriarcaux, s'efforçant de démanteler les normes préjudiciables par le biais de ses écrits et de ses apparitions publiques. Le plaidoyer de Shafak consiste également à s'attaquer au manque de représentation féminine dans divers secteurs, en encourageant les jeunes femmes et les filles à poursuivre leurs ambitions sans les contraintes des attentes sociales. Grâce à ces différents efforts, Shafak souligne l'importance de favoriser des environnements où les femmes peuvent non seulement s'épanouir, mais aussi contribuer de manière significative à la société et contrôler leur propre histoire. Son dévouement à l'activisme féministe est une source d'inspiration pour tous ceux qui s'efforcent de construire un monde qui prône l'équité entre les sexes et célèbre la force et la résilience des femmes.

Droits LGBTQ+ et inclusion dans les œuvres littéraires

L'engagement d'Elif Shafak en faveur de la justice sociale ne se limite pas à la question du genre ; elle est également une fervente défenseuse des droits des personnes LGBTQ+. Ses livres abordent des sujets difficiles comme l'orientation sexuelle, l'identité de genre et la façon dont la société accepte les gens, faisant écho aux grandes discussions qui ont lieu dans la littérature sur ce que nous sommes (Lerjen M et al., 2024). Vous trouverez souvent des personnages LGBTQ+

dans ses romans, et leurs vies vont à l'encontre de ce qui est considéré comme normal, mettant en évidence les difficultés auxquelles ils sont confrontés. En présentant l'amour et l'identité de différentes manières, Shafak vise à rendre la littérature plus inclusive et à nous aider à mieux nous comprendre les uns les autres, ce qui rejoint les discussions plus larges sur la super-diversité dans les villes (Margot de Smaele, 2024). Ses histoires sont soigneusement conçues pour toucher un large éventail de lecteurs.

Au fil des ans, Shafak n'a pas craint de s'attaquer aux tabous culturels et à la discrimination, usant de son influence pour défendre les personnes LGBTQ+ et leurs droits. Ce faisant, elle remet en question les idées reçues et les stéréotypes, éclairant son public sur la complexité des relations humaines et l'importance de l'empathie et de la solidarité. L'accent mis par Mme Shafak sur les questions LGBTQ+ souligne son engagement en faveur de la diversité et de l'inclusion, non seulement dans les livres, mais encore dans la société dans son ensemble. Ses écrits démontrent le pouvoir qu'ont les histoires de transformer nos perspectives et de remettre en question les préjugés. En créant des personnages LGBTQ+ réels et complexes, elle nous encourage à remettre en question nos idées reçues et à apprécier la diversité des expériences humaines. En outre, et c'est important, elle utilise ses écrits pour lancer des conversations et créer un espace où chacun se sent accepté et respecté, indépendamment de son orientation sexuelle ou de son genre. En tant que défenseur bien connu des droits des personnes LGBTQ+, Shafak continue d'inspirer le changement, de remettre en question les stigmates et d'œuvrer en faveur d'un monde où chacun peut être lui-même sans crainte. En fin de compte, à travers ses livres, Shafak œuvre activement pour une société plus inclusive et plus équitable, démontrant l'impact significatif que la littérature peut avoir sur l'avancement du progrès social.

Réponses aux crises mondiales : Réfugiés et déplacements

Elif Shafak, célèbre défenseur de la justice sociale et des droits de l'homme, n'a pas hésité à aborder les défis auxquels sont confrontés les réfugiés et les personnes déplacées dans le monde entier. Elle utilise souvent ses écrits pour mettre en lumière les aspects complexes de leur vie. Son roman, The Island of Missing Trees, par exemple, se penche sur les identités complexes des migrants et sur les traumatismes qui perdurent à travers les générations à la suite d'un conflit, en se concentrant plus particulièrement sur la guerre de 1974 à Chypre, un conflit qui influence fortement les souvenirs des personnages (Ghent L-R, 2023). Il s'agit d'une démonstration puissante de la façon dont la fiction historique peut offrir un aperçu des questions contemporaines, telles que la migration et la nature évolutive de l'identité ; ces questions sont, de manière générale, importantes lorsque l'on discute des relations internationales (Gebauer C et al., 2023). En combinant des histoires personnelles et communautaires, Shafak ne met pas seulement en lumière l'impact psychologique de la guerre, mais remet également en question les récits parfois rigides présentés par les sources officielles, plaidant au contraire pour une compréhension plus empathique et nuancée des droits de l'homme en relation avec les déplacements de population.

Shafak, par ses efforts littéraires et sa présence publique

active, attire l'attention sur les situations difficiles endurées par les personnes déplacées de leur domicile en raison d'un conflit, de persécutions ou de difficultés économiques. Ses récits mettent en lumière de manière convaincante les difficultés auxquelles sont confrontés les réfugiés. Comme le notent Thomas Kühne et al. (2023), elle met en évidence leur résilience et leur détermination face à l'adversité. Ces récits invitent également à l'empathie, favorisant à la fois la compréhension et la compassion pour les personnes déplacées, ce qui rejoint les discussions plus larges dans la littérature de la diaspora qui mettent l'accent sur la représentation et l'empathie, comme l'a exploré Kuyucu (2020).

En dehors de ses livres, Shafak amplifie activement les voix des réfugiés et plaide en faveur de politiques inclusives axées sur leur bien-être et leur sécurité. Elle dialogue avec les décideurs politiques, les groupes humanitaires et le public, s'efforçant de démanteler les idées fausses et de remettre en question les stéréotypes concernant les réfugiés, afin de promouvoir une approche plus informée et plus compatissante de cette crise humanitaire de grande ampleur. En outre, Shafak collabore avec des ONG internationales et diverses initiatives locales pour apporter un soutien aux communautés déplacées, en facilitant l'accès à l'aide juridique, aux soins de santé et à l'éducation.

Critique virulente de la stigmatisation qui marginalise les réfugiés, Shafak participe activement à diverses campagnes visant à mettre fin à la discrimination et à la xénophobie à l'encontre des personnes déplacées. L'engagement de Shafak, semble-t-il, à sensibiliser à la crise des réfugiés illustre sa défense des droits des membres vulnérables de notre société. Grâce à ses efforts, Shafak continue de mettre en lumière le besoin urgent de solidarité mondiale et de réponses efficaces aux défis actuels auxquels sont confrontés les réfugiés du monde entier, en veillant à ce que leurs histoires soient entendues et comprises dans les discussions contemporaines sur les droits de l'homme et la justice sociale.

Sensibiliser à la santé mentale par le conte

Le conte est considéré comme un moyen utile de discuter de la santé mentale, de développer l'empathie et de favoriser une meilleure compréhension entre les gens. Dans ses livres et ses conférences, Elif Shafak manifeste clairement son désir de promouvoir la sensibilisation à la santé mentale par le biais de la narration, arguant que les histoires peuvent efficacement relier des expériences personnelles à des concepts compréhensibles par tous (Carole A. Martin et al., 2024). Elle raconte des histoires détaillées qui examinent les hauts et les bas des sentiments des gens et de leurs luttes mentales, en soulignant les inquiétudes communes, la tristesse, les traumatismes et le fait de rebondir. Shafak approfondit ces sujets dans ses livres, ses essais et ses discours, en prônant des discussions ouvertes sur la santé mentale, ce qui contribue à briser la stigmatisation et à favoriser les communautés de soutien. Ses écrits agissent en quelque sorte comme un miroir pour les personnes confrontées à leur propre santé mentale, leur permettant de se sentir vues et comprises.

De plus, en montrant différents personnages confrontés à des problèmes de santé mentale, Shafak amène les lecteurs à réfléchir à ce qu'ils croient et à ce qu'ils pourraient comprendre de manière erronée au sujet de la maladie mentale, en les incitant à faire preuve d'empathie et de gentillesse, ce que d'autres experts de la santé mentale affirment également (Fuller K, 2023). Shafak ne se contente pas de parler de la santé mentale dans ses livres ; elle participe également aux conversations à ce sujet, en soulignant l'importance de demander de l'aide à des professionnels, de créer des environnements inclusifs où tout le monde se sent bienvenu, et de donner la priorité aux soins personnels. Elle utilise ce qu'elle a pour amplifier les voix dans le monde de la santé mentale, ce qui attire l'attention sur la raison pour laquelle nous avons besoin de ressources facilement accessibles et de conversations qui ne sont pas si stigmatisantes autour de ces sujets importants. En outre, Shafak tire parti de son influence pour soutenir des projets visant à promouvoir le bien-être mental, en collaborant avec des organisations qui se concentrent sur le soutien et l'éducation en matière de santé mentale.

Par le biais de conférences, de tables rondes et d'apparitions, elle contribue à façonner des discussions importantes sur des sujets tels que le bien-être, l'attention et la guérison. En intégrant la santé mentale dans ses histoires et son travail de soutien, Shafak donne une voix à des luttes qui sont généralement passées sous silence et pousse à des changements significatifs pour améliorer la santé mentale dans le monde entier. Son engagement à promouvoir la sensibilisation à la santé mentale par le biais de récits est une source d'inspiration pour les lecteurs, les écrivains et les militants, et démontre l'impact profond que les livres peuvent avoir sur le bien-être, l'empathie et la compréhension sociale.

Diplomatie culturelle : Construire des ponts entre l'Est et l'Ouest

La diplomatie culturelle joue un rôle crucial dans la promotion de la compréhension et de la collaboration entre l'Orient et l'Occident. Des personnalités littéraires telles qu'Elif Shafak jouent un rôle important à cet égard, car elles abordent les questions complexes de l'identité et de l'héritage avec une grande habileté. L'œuvre d'Elif Shafak illustre la manière dont les récits peuvent franchir les frontières géographiques et les fossés culturels, renforçant ainsi l'idée que la narration n'est pas seulement une quête artistique. Il s'agit en fait d'un acte diplomatique qui favorise à la fois l'empathie et un dialogue ouvert. En tissant des liens entre différents éléments culturels (extractedKnowledge1), Shafak remet en question les stéréotypes simplistes et encourage une compréhension plus profonde des réalités à multiples facettes des traditions orientales et occidentales. Cette interaction fait plus qu'améliorer le respect mutuel ; elle enrichit les discussions mondiales, suggérant que la littérature peut aider à combler les fossés idéologiques et à cultiver une appréciation plus nuancée de la différence. Alors que la diplomatie culturelle continue d'évoluer, la méthode de Shafak met en évidence le potentiel de la littérature en tant qu'outil diplomatique. Cet outil favorise les échanges interculturels et la solidarité (Kozii O, 2024).

Elif Shafak, à travers ses différents moyens d'expression - écrits, discours et engagements - souligne à plusieurs reprises l'importance du respect mutuel et du dialogue constructif pour franchir non seulement les frontières géographiques, mais aussi les frontières idéologiques et culturelles. Son exploration de la philosophie soufie, par exemple, cherche manifestement à remettre en question les stéréotypes et les idées fausses qui entravent souvent les relations harmonieuses entre les cultures orientales et occidentales (Tariq S et al., 2023). En effet, ses romans, ses essais et ses apparitions publiques reflètent tous un effort permanent pour humaniser ceux qui sont perçus comme "autres" et cultiver l'empathie, remettant ainsi en question des préjugés largement répandus. En dépeignant les complexités, les nuances et, surtout, les thèmes universels inhérents aux cultures orientales, Shafak encourage un sentiment d'humanité partagée. Comme le suggèrent de récentes analyses de son œuvre (Thomas Kühne et al., 2023), elle invite les lecteurs, quelle que soit leur origine, à reconnaître et à apprécier notre profonde interconnexion. Au-delà de ses contributions littéraires, Shafak participe activement à divers forums, symposiums et dialogues interculturels, plaidant constamment pour la reconnaissance de l'interdépendance mutuelle et des valeurs communes partagées.

En outre, ses collaborations avec des organisations internationales, telles que l'UNESCO et PEN International, illustrent son engagement à utiliser la diplomatie culturelle pour promouvoir la paix, la tolérance et une meilleure compréhension sur la scène mondiale. L'influence de Mme Shafak dépasse d'ailleurs les frontières habituelles de la littérature et du discours purement intellectuel. Elle incarne le rôle d'ambassadrice culturelle, représentant la tapisserie riche et variée des traditions orientales et les mêlant habilement aux réalités mondiales modernes. Grâce à cette fusion nuancée, Shafak ne se contente pas d'enrichir le paysage littéraire, elle offre aussi, et c'est important, une plateforme pour des échanges interculturels significatifs, stimulant ainsi des conversations importantes sur des sujets tels que l'identité, l'appartenance et la coexistence pacifique. Alors que les sociétés continuent d'être confrontées à des défis de plus en plus complexes et à des différences idéologiques importantes, on ne saurait trop insister sur l'importance de la diplomatie culturelle pour jeter des ponts cruciaux et favoriser un dialogue véritablement inclusif. L'engagement indéfectible d'Elif Shafak à promouvoir le respect mutuel, à favoriser un dialogue interculturel cohérent et à améliorer la compréhension entre l'Orient et l'Occident est un exemple puissant du potentiel de transformation de la littérature et des arts pour façonner un monde plus interconnecté et, en fin de compte, plus harmonieux.

Collaborations avec des organisations internationales

L'engagement d'Elif Shafak en faveur des droits de l'homme et de la justice sociale ne se manifeste pas seulement dans ses livres et ses conférences. En tant qu'auteure de renom et voix majeure de la littérature mondiale, elle collabore fréquemment avec des organisations internationales pour faire face aux crises humanitaires et défendre les droits de l'homme dans le monde entier (Thomas Kühne et al., 2023). Ces partenariats lui permettent d'utiliser son influence pour avoir un impact positif et favoriser une meilleure compréhension entre les cultures. Un aspect important de ce travail consiste à collaborer avec des ONG qui soutiennent les réfugiés. Shafak comprend l'ampleur de la crise des réfugiés et les problèmes auxquels sont confrontés ceux qui fuient les conflits, les persécutions ou les catastrophes environnementales. Elle travaille avec des groupes qui offrent une aide et une protection vitales aux personnes déplacées. En partageant leurs histoires dans le cadre de son travail, elle sensibilise avec passion aux problèmes auxquels les réfugiés sont confrontés et insiste sur la nécessité de faire preuve de compassion.

Elif Shafak travaille également avec des organisations qui soutiennent la liberté d'expression, la démocratie et la liberté personnelle. À une époque où les divisions, la censure et les menaces pesant sur l'expression artistique se multiplient, elle défend activement le droit fondamental de s'exprimer sans crainte de sanction (Alqahtani NH, 2023). Elle collabore notamment avec des organisations internationales qui protègent les écrivains et les journalistes en danger, et plaide en faveur de politiques qui préservent la liberté d'expression et la créativité. En outre, Shafak collabore également avec des groupes qui se concentrent sur l'égalité des sexes, les droits des LGBTQ+ et la santé mentale. En s'associant à ceux qui se consacrent à ces causes, elle espère lancer des conversations importantes et éliminer les obstacles qui empêchent l'inclusion des personnes marginalisées dans le monde entier. Que ce soit par le biais de tables rondes, de campagnes ou de collectes de fonds, Shafak montre constamment son engagement pour ces questions et agit comme une figure culturelle transformatrice dans la lutte pour la justice sociale. C'est une véritable source d'inspiration.

L'héritage d'Elif Shafak : Poursuivre la lutte pour les droits de l'homme

L'engagement d'Elif Shafak en faveur des droits de l'homme et de la justice sociale, un point bien documenté (Thomas Kühne et al., 2023), a indéniablement façonné la conversation mondiale autour de ces sujets cruciaux. Son impact, en particulier au fur et à mesure que sa carrière progresse, renforce son rôle d'inspiration pour ceux qui luttent pour un monde meilleur. Cela se traduit par son plaidoyer permanent en faveur des groupes marginalisés, ainsi que par sa promotion de la tolérance et des échanges culturels dans un contexte de divisions croissantes. L'un des aspects clés de son héritage est son engagement à amplifier les voix marginalisées, qui résonne avec les discussions modernes sur les droits de l'homme (Fuller, K, 2023). Shafak utilise ses écrits et sa présence publique pour faire la lumière sur une série de questions urgentes, notamment la liberté d'expression, l'égalité des sexes, les droits des LGBTQ+, la situation des réfugiés et la sensibilisation à la santé mentale. Cette approche globale met en évidence sa compréhension de l'imbrication des questions relatives aux droits de l'homme et de la puissance de la narration pour susciter des changements positifs.

En outre, le travail de Shafak avec des groupes internationaux, mis en évidence dans diverses collaborations (Thomas Kühne et al., 2023), montre son engagement à faire progresser les droits de l'homme dans le monde réel. En s'associant avec des ONG, des instituts de recherche et des organisations humanitaires, elle utilise efficacement sa plateforme pour mobiliser des ressources, sensibiliser l'opinion et influencer les politiques visant à protéger les personnes vulnérables. Sa capacité à faire le lien entre la littérature et l'activisme élargit son message, encourageant des discussions et des actions significatives à l'échelle mondiale. Pour l'avenir, l'accent mis par Mme Shafak sur la diplomatie culturelle et le dialogue interculturel est un élément fondamental de son héritage. En travaillant au-delà des frontières géographiques et idéologiques, elle cultive l'empathie, la compréhension et la solidarité entre diverses communautés. Grâce à des initiatives qui favorisent les échanges interculturels et le respect mutuel, Mme Shafak continue de construire un monde plus inclusif et plus équitable. Son plaidoyer incessant met en lumière le potentiel transformateur de la littérature et l'importance continue des droits de l'homme dans notre expérience humaine commune.

En conclusion, l'impact durable d'Elif Shafak en tant que défenseur des droits de l'homme et de la justice sociale est un témoignage d'espoir et de persévérance. En soutenant les sans-voix et en remettant en question les injustices systémiques, elle façonne les débats actuels. Elle laisse une empreinte durable sur les générations futures. Le mélange de talent littéraire et de détermination de Shafak souligne le rôle crucial des artistes et des écrivains dans la poursuite d'une société plus juste et plus compatissante. Son héritage est un appel à l'action pour tous ceux qui croient au pouvoir transformateur de la narration et à la nécessité de défendre la dignité humaine et l'égalité, ce qui consolide sa position dans le dialogue actuel sur les droits de l'homme (Fuller, K, 2023). Il est généralement admis que son influence ne cessera de croître.

17
Conclusion
Combler les fossés grâce à la littérature

Récapitulation des thèmes interculturels

L'œuvre d'Elif Shafak met souvent en avant des thèmes interculturels, créant des récits interconnectés qui transcendent les lieux et les contextes politiques spécifiques. Dans ses romans, nous rencontrons fréquemment les thèmes de l'identité, du déplacement et de l'intersection des cultures orientales et occidentales, qui restent pertinents dans notre monde global d'aujourd'hui (Shafak, 2019). Shafak explore habilement les complexités du mélange culturel, en soulignant comment les expériences humaines sont interconnectées à travers différents milieux, un point qui fait écho aux discussions actuelles sur la diversité linguistique et culturelle (Gys-Walt van Egdom, 2024). Ses personnages se débattent souvent avec leur héritage, leurs traditions et leur identité propre, illustrant les problèmes subtils qui découlent des interactions culturelles, soulignant ainsi la nécessité de prendre en compte les facteurs contextuels et para-contextuels lors de la traduction et de l'interprétation (S Saleh et al., 2025).

La littérature, catalyseur de l'empathie

La capacité de la littérature à nourrir l'empathie est difficilement contestable ; elle transcende les simples frontières géographiques et culturelles. Les auteurs, grâce à l'utilisation créative de personnages et d'histoires, ont le pouvoir de transporter les lecteurs dans des vies variées, en leur offrant un aperçu de mondes très différents du leur. Ces plongées profondes aident les gens à développer un sens plus aigu de la compréhension et de l'attention à l'égard de points de vue différents, renforçant ainsi leur capacité à ressentir de l'empathie, comme le montre la façon dont la migration et l'identité sont dépeintes dans les histoires (Carole A. Martin et al., 2024). Lorsque les lecteurs entrent dans la vie de personnages qui ne leur ressemblent pas, ils sont poussés à revoir leurs propres idées et préjugés, ce qui fait place à la gentillesse et à la compréhension. En ce qui concerne Elif Shafak, l'idée que la littérature suscite l'empathie semble particulièrement pertinente. Mme Shafak a l'art d'entraîner les lecteurs dans la vie de personnages complexes confrontés à des problèmes sociaux difficiles, créant ainsi une empathie et une connexion réelles. En montrant des batailles et des victoires humaines communes, Shafak nous aide à mieux nous voir les uns les autres et à construire un sentiment humain partagé, prouvant que la littérature peut nous changer en créant de l'empathie partout, en particulier lorsqu'il s'agit d'être déplacé ou de trouver une place, ce que nous voyons souvent dans ses histoires (Tariq S et al., 2023).

En outre, les histoires de Shafak mêlent habilement l'histoire, la culture et notre identité, incitant les lecteurs à s'attaquer aux complexités de ces thèmes. C'est grâce à cette empathie que les lecteurs non seulement s'informent, mais aussi se sentent poussés à apprécier la diversité des expériences humaines. Ainsi, la littérature agit comme une force de transformation, en abattant les barrières et en favorisant une compréhension commune basée sur l'empathie. Dans notre monde de plus en plus interconnecté, qui connaît également des divisions et des désaccords croissants, le rôle de la littérature pour nous aider à faire preuve d'empathie est crucial. En lisant la vie des autres, les lecteurs sont amenés à confronter leurs propres hypothèses, ce qui les aide à apprécier la complexité de l'être humain. En fin de compte, la littérature est la preuve que nous partageons tous des points communs, invitant les gens à ressentir de l'empathie pour les profondeurs de l'émotion et de l'expérience humaines, indépendamment de leur origine ou de leur milieu culturel.

Le rôle de l'auteur dans le dialogue culturel

Dans le domaine complexe des échanges culturels, un auteur est à la fois un passeur et un interprète d'histoires diverses. Elif Shafak, par exemple, incarne ce double rôle dans ses livres. Son œuvre franchit fréquemment les frontières entre ses propres origines turques et occidentales, ce qui, dans la plupart des cas, encourage un va-et-vient animé entre les différentes cultures. Les récits de Shafak démontrent que les récits peuvent servir de pont. Ce pont permet aux lecteurs d'entrer en contact avec des perspectives et des expériences différentes et, en fin de compte, de mieux comprendre la diversité culturelle, comme le montrent les discussions sur des événements tels que le génocide arménien - où le passé perdure dans le monde d'aujourd'hui (Thomas Kühne et al., 2023) - la capacité des auteurs à communiquer ces interactions complexes met en évidence le rôle vital de la littérature dans le traitement des traumatismes collectifs et des passés communs. En outre, Shafak souligne les aspects spirituels du dialogue culturel. Elle y parvient grâce à des personnages qui, d'une manière générale, capturent l'essence de l'amour et de la sagesse, reflétant ses idées sur l'amour spirituel et ses quatre couches (Tariq et al., 2023). Ces récits enrichissent l'expérience du lecteur et mettent en lumière le pouvoir de transformation de la littérature pour combler les fossés culturels, faisant de l'auteur une figure centrale dans la conversation en cours sur l'identité, l'appartenance et l'expérience humaine.

Les auteurs jouent un rôle essentiel dans le dialogue culturel, principalement par le biais de conversations qui favorisent la compréhension mutuelle, l'empathie et un profond respect pour les diverses expériences culturelles. Ce chapitre examine les différentes façons dont les auteurs servent de catalyseurs à l'engagement interculturel. Ils naviguent dans des situations sociopolitiques délicates pour rédiger des récits percutants et inclusifs. Essentiellement, les auteurs facilitent le dialogue culturel en décrivant des expériences diverses avec empathie, en mettant en avant des voix qui sont souvent inaudibles ou marginalisées. Pensez à The Forty Rules of Love de Shafak ; c'est un excellent exemple. Ce livre relie de manière complexe des histoires personnelles qui dépassent les limites culturelles, s'efforçant de démanteler les stéréotypes et les malentendus. Il offre aux lecteurs un regard intéressant sur la vie de personnes d'origines diverses (Tariq S et al., 2023).

Le travail de l'auteur ne se limite toutefois pas à la représentation. Il implique une volonté de mettre en valeur les histoires sous-représentées. Les auteurs reconnaissent également les nuances et les complexités inhérentes aux interactions culturelles. En approfondissant des sujets tels que l'identité et l'héritage, des auteurs comme Shafak jouent un rôle actif dans l'élaboration de conversations sur la tradition et le pluralisme culturel. Ils remettent en question les récits simples et encouragent les lecteurs à réfléchir de manière critique à leurs hypothèses, en confrontant leurs préjugés (Thomas Kühne et al., 2023). De cette manière, les auteurs deviennent des défenseurs du pluralisme culturel, promouvant généralement une ouverture d'esprit qui enrichit le monde littéraire.

En racontant des histoires soigneusement étudiées, les auteurs peuvent potentiellement combler les fossés en lançant des discussions importantes sur la façon dont l'humanité est liée à différentes cultures. Au-delà de la promotion de l'empathie et de l'esprit critique, les auteurs utilisent des techniques de narration pour aider à combler les fossés culturels. Grâce à l'art de la narration, les auteurs tissent des tapisseries complexes d'expériences humaines, transcendant les barrières culturelles en explorant des thèmes universels tels que l'amour, la perte, la résilience et même l'espoir. Qu'il s'agisse de réalisme magique, de lignes temporelles entrelacées ou de récits non linéaires, les auteurs utilisent le pouvoir de la narration pour jeter des ponts entre diverses histoires et traditions culturelles. Cela dit, une part importante du travail des auteurs dans le dialogue culturel consiste à dépeindre les éléments culturels de manière éthique et sensible. Conscients de l'impact que peuvent avoir leurs mots, les auteurs abordent la représentation culturelle avec prudence, en faisant des recherches et en étant sensibles aux communautés sur lesquelles ils écrivent. D'une manière générale, en encourageant la multivocalité et l'inclusivité, les auteurs visent à fournir des représentations authentiques et nuancées, honorant et respectant les diverses cultures et contribuant à créer une scène littéraire mondiale plus connectée et plus empathique.

Les techniques narratives pour dépasser les clivages

Les techniques narratives sont essentielles lorsqu'il s'agit de jeter des ponts entre les cultures dans la littérature transculturelle. Elif Shafak, avec sa narration impressionnante, emploie une série de dispositifs narratifs qui transcendent les frontières culturelles et géographiques. Une technique clé ? Elle tisse habilement de nombreuses perspectives et voix dans ses récits. En présentant divers points de vue, Shafak encourage une compréhension plus nuancée et plus éclairée de questions socioculturelles complexes, ce qui, à son tour, favorise l'empathie et une meilleure compréhension chez les lecteurs de divers horizons (Thomas Kühne et al., 2023). Shafak sait également utiliser le symbolisme et la métaphore pour transmettre des vérités universelles tout en respectant les spécificités culturelles. Son riche mélange d'images et d'allégories agit presque comme un langage universel, qui trouve un écho chez les lecteurs, quelle que soit leur origine culturelle. Cela permet d'établir des liens plus profonds et plus significatifs et d'apprécier l'expérience humaine dans son ensemble, comblant ainsi le fossé entre des communautés par ailleurs disparates. Une autre astuce narrative employée par Shafak consiste à mêler harmonieusement l'histoire et les thèmes contemporains dans ses différents ouvrages.

En reliant les contextes historiques aux dilemmes contemporains, Shafak crée un récit qui unifie et reconnaît l'interconnexion de toutes les sociétés mondiales. Cette approche facilite la compréhension interculturelle et incite à une réflexion critique sur les histoires que nous partageons, favorisant en fin de compte une conscience collective qui transcende les simples frontières (Clark G, 2023). En outre, l'utilisation par Shafak du réalisme magique et du folklore sert de moyen efficace pour transcender les clivages culturels existants. En infusant des éléments fantastiques enracinés dans des traditions nombreuses et variées, elle invite les lecteurs dans un monde où le connu et le mystique coexistent, bien qu'avec des degrés d'harmonie variables. Cela permet à des personnes d'origines culturelles diverses de trouver un terrain d'entente sur ces thèmes universels - vous savez, l'amour, la perte et la résilience - ce qui conduit à une appréciation plus profonde de notre humanité partagée dans son ensemble.

En outre, l'utilisation habile du multilinguisme par Shafak dans ses récits souligne l'importance de la diversité linguistique dans la littérature transculturelle. En intégrant harmonieusement plusieurs langues, elle démantèle efficacement les barrières linguistiques, invitant les lecteurs à embrasser la beauté pure de la diversité linguistique tout en reconnaissant à quel point les récits mondiaux sont interconnectés. Ce type d'approche inclusive favorise incontestablement le dialogue interculturel et une compréhension plus large, ce qui amplifie la résonance de ses œuvres à l'échelle mondiale. Comme le montrent clairement ces techniques narratives, les efforts littéraires de Shafak vont bien au-delà de la simple narration ; ils servent également à favoriser les échanges culturels, une compréhension plus profonde et une unité globale. Grâce à son habileté dans l'utilisation de divers dispositifs narratifs, Shafak continue de combler les fossés, invitant les lecteurs dans un monde où les différences culturelles sont ouvertement célébrées et où les points communs sont véritablement mis en lumière.

Études de cas : L'impact des œuvres d'Elif Shafak dans le monde entier

La production littéraire d'Elif Shafak a trouvé un écho profond auprès des lecteurs du monde entier, transcendant les frontières culturelles et géographiques. L'impact mondial de ses récits est évident dans les études de cas qui démontrent comment la littérature peut aborder des questions sociales et politiques. Par exemple, *La bâtarde d'Istanbul* explore les histoires entremêlées de la Turquie et de l'Arménie. Malgré la controverse et la censure, la représentation du génocide arménien par Shafak a déclenché des discussions importantes sur le souvenir de l'histoire et la recherche d'un terrain d'entente, à la fois en Turquie et dans le monde entier (Barış Ayd Cın, 2024). L'accueil réservé au roman et les discussions qui ont suivi montrent comment la littérature peut aider à engager des conversations et à favoriser la compréhension entre les groupes en conflit, en démontrant comment les histoires peuvent combler les fossés et cultiver l'empathie entre divers groupes.

Un autre exemple clé est celui de *Trois filles d'Eve*, qui explore la foi, l'identité et l'expérience d'être une femme. À travers le personnage principal, Peri, le roman explore l'intersection de l'islam, de la laïcité et du féminisme dans la Turquie contemporaine. Il a trouvé un écho auprès de lecteurs du monde entier confrontés à des problèmes similaires, suscitant des réflexions personnelles sur la diversité religieuse et les droits des femmes, et démontrant que la littérature peut servir de miroir reflétant les problèmes complexes de la société (Carole A. Martin et al., 2024). De même, *Honneur*, une exploration émouvante de la famille et de la violence au nom de l'honneur, a contribué de manière significative à remettre en question les normes sociales et à susciter de la compassion pour les personnes marginalisées. D'une manière générale, à travers ces exemples, les œuvres d'Elif Shafak ont suscité des conversations sociales plus larges, encourageant l'empathie, la compréhension et l'échange culturel. Dans la plupart des cas, cela souligne le rôle important que joue la littérature dans les discussions contemporaines sur l'identité et la justice.

Défis et controverses liés à la traduction de la culture

L'acte de traduire la culture est semé d'embûches, en particulier lorsque les textes incarnent le réseau complexe des habitudes, de la morale et des récits du passé d'une société. L'un des principaux problèmes, étudié par les chercheurs en littérature contemporaine (Mudasir A et al., 2025), réside dans l'effacement possible des subtilités culturelles au cours de la traduction. Souvent, les marqueurs culturels, les figures de style et les symboles de signification ont du mal à survivre au passage dans un contexte linguistique et culturel différent. Cela peut conduire à des malentendus ou affaiblir l'objectif initial, colorant ainsi la compréhension du lecteur. En outre, les questions qui suscitent le débat, telles que les tendances politiques, les frontières sociales et la signification spirituelle, doivent être traitées avec soin, car ces éléments sont essentiels pour préserver l'authenticité de l'histoire. Les traducteurs doivent naviguer sur ces terres en préservant l'intention de l'auteur. Par ailleurs, une controverse naît des forces en jeu dans la traduction. Quel est le point de vue qui prend le dessus dans l'œuvre traduite ? Comment les traducteurs trouvent-ils un juste milieu entre la fidélité à la source et l'accessibilité au plus grand nombre ? Ces questions alimentent les discussions sur l'action, le contrôle et la représentation à travers les cultures, soulignant la nécessité d'une éthique forte dans le rôle que joue un traducteur (Nahid S et al., 2025).

Le processus de traduction, en particulier lorsqu'il s'agit de langues très différentes, exige souvent une résolution créative des problèmes, poussant les traducteurs à leurs limites. Certains textes peuvent nécessiter l'invention de nouveaux mots ou l'adaptation du langage existant afin de capturer véritablement l'essence de l'œuvre originale dans la nouvelle langue ; cela implique non seulement la précision grammaticale, mais aussi, et surtout, la pertinence culturelle (Hansen J, 2024). Les traducteurs se voient donc proposer à la fois des défis et des opportunités, ce qui permet de varier les interprétations du matériel. Dans un monde de plus en plus interconnecté, les considérations éthiques en matière de traduction sont devenues plus évidentes que jamais. Les questions relatives à la propriété, à l'originalité et à la légitimité compliquent le processus de partage des voix à plus grande échelle, nécessitant une navigation prudente de la part des traducteurs et des chercheurs (Carole A. Martin et al., 2024). Les traducteurs et les éditeurs ont la responsabilité essentielle de faciliter les conversations respectueuses et la représentation équitable dans les discussions littéraires mondiales.

En outre, la mondialisation littéraire a suscité des inquiétudes quant à la perte de voix uniques et à la préservation de la culture. La traduction des œuvres en plusieurs langues risque de simplifier les récits riches en une expérience standardisée, ce qui peut effacer les identités culturelles. Cela met en évidence les difficultés de la traduction de la culture, qui exige de la sensibilité. Il est donc essentiel d'aborder ces questions dans le cadre de la traduction culturelle afin de favoriser une perspective plus empathique et inclusive de la littérature. Un tel changement nécessite de prêter une attention particulière aux différences culturelles et d'encourager les discussions au-delà des frontières internationales, afin que la beauté de chaque culture ne se perde pas dans la traduction.

Orientations futures de la littérature transculturelle

L'avenir de la littérature transculturelle présente à la fois un enthousiasme considérable et des défis importants. Notre monde de plus en plus interconnecté appelle à une réévaluation des récits littéraires, afin de leur permettre de transcender les frontières culturelles, linguistiques et géographiques. Comme le suggère une étude, les voies futures de la littérature transculturelle nécessiteront un effort ciblé pour élever les voix marginalisées de divers milieux socioculturels, en soulignant le rôle de leurs récits dans la création d'un canon littéraire plus inclusif (Hansen, J., 2024). Il s'agit essentiellement d'offrir aux écrivains ayant des expériences et des identités diverses une plateforme pour partager leurs histoires, enrichissant ainsi la littérature mondiale. En outre, il existe une demande croissante de collaboration interdisciplinaire entre les écrivains, les traducteurs, les chercheurs et même les activistes. Cette collaboration garantit une représentation et une traduction authentiques des récits des communautés sous-représentées. Ce travail améliore le contexte culturel des œuvres littéraires, renforçant ainsi l'empathie des lecteurs, d'une manière générale.

En outre, les avancées technologiques et les plateformes numériques offrent des possibilités sans précédent pour la diffusion de la littérature transculturelle. Les livres électroniques, les livres audio et l'édition en ligne améliorent l'accessibilité, font tomber les barrières et atteignent les lecteurs presque partout. Cependant, avec ces avancées, nous devons faire face à la censure potentielle et à la fracture numérique pour protéger la liberté d'expression et la réception de cette littérature. En outre, l'importance de l'éducation dans la promotion de l'alphabétisation transculturelle ne peut être sous-estimée. L'intégration de voix et de points de vue divers dans les programmes d'études peut favoriser une pensée inclusive chez les futurs lecteurs et écrivains. Cet accent mis sur la littératie transculturelle - et il est important - aide à construire des ponts et à démanteler les préjugés. En fin de compte, la participation active des institutions littéraires, des éditeurs et des organismes de financement est essentielle à la croissance durable de la littérature transculturelle. En soutenant les écrivains et les traducteurs qui explorent des thèmes transculturels, ces parties prenantes peuvent faciliter la création et la distribution d'œuvres transfrontalières à l'échelle mondiale. L'adoption de ces orientations futures offre la promesse d'un monde littéraire plus interconnecté et plus diversifié, à l'image de notre humanité commune.

Réception critique et perspectives scientifiques

Le statut d'Elif Shafak en tant que voix majeure dans le paysage littéraire mondial d'aujourd'hui est largement dû à l'accueil critique et à l'attention scientifique que son œuvre a suscités. Les critiques littéraires et les universitaires du monde entier se sont intéressés de près à ses romans, mettant en évidence les couches complexes de multiculturalisme présentes dans ses récits. Les universitaires notent souvent que la maîtrise de la langue par Shafak, ainsi que son habile tissage d'identités linguistiques, touchent une corde sensible chez les lecteurs, en particulier dans notre monde de plus en plus multilingue - un phénomène qui reflète l'exploration que l'on peut trouver dans les études contemporaines sur la littérature multilingue (Hansen, 2024). En outre, ses récits suscitent d'importantes conversations sur les thèmes maternels et les ramifications de la maternité dans un contexte mondialisé, montrant ainsi que les histoires individuelles reflètent souvent des dynamiques sociopolitiques plus larges (Underwood-Lee et al., 2022). Ce type d'analyse érudite dédiée élève indéniablement Shafak dans le canon littéraire, soulignant non seulement ses compétences littéraires considérables, mais également l'importance des thèmes qu'elle aborde dans notre monde en pleine mutation.

Les écrits de Shafak offrent un aperçu précieux des liens complexes entre l'histoire, la culture et l'identité dans ses récits, ce qui a permis de contextualiser la compréhension de son œuvre. La réception académique du travail de Shafak a été largement favorable ; les chercheurs apprécient son habileté à passer d'une culture à l'autre, d'une idéologie à l'autre et d'une période historique à l'autre. L'effet des écrits de Shafak, en particulier son traitement nuancé de l'identité culturelle et des expériences des femmes, a été particulièrement influent dans des domaines tels que le discours postcolonial et la littérature féministe (Hansen J, 2024). Shafak est souvent louée pour sa capacité à créer des récits complexes et stratifiés qui remettent en question les normes établies et redéfinissent les conventions de narration. Son exploration de l'amour, de la perte, du déplacement et de la recherche d'appartenance trouve un écho auprès des lecteurs et des universitaires, ce qui témoigne d'une profonde appréciation de la condition humaine (Naeem et al., 2024).

En outre, les techniques narratives novatrices de Shafak, son mélange des genres et son utilisation récurrente de la métafiction ont fait l'objet d'études et d'interprétations approfondies. Les critiques et les universitaires ont loué la capacité de Shafak à utiliser efficacement l'allégorie, le symbolisme et l'intertextualité, enrichissant ainsi le potentiel de diverses lectures de ses textes. En outre, les discussions sur les écrits de Shafak dépassent l'analyse littéraire pour englober des questions sociales et politiques plus larges. Ses œuvres ont stimulé les conversations sur l'identité culturelle, les expériences diasporiques, la diversité religieuse et les subtilités de la mondialisation. Cette perspective interdisciplinaire a fait de Shafak une voix essentielle dans les conversations sur le multiculturalisme, la diversité et la tolérance.

En outre, les chercheurs ont souligné l'importance de l'engagement de Shafak en faveur des droits de l'homme, de la liberté d'expression et de la justice sociale, thèmes récurrents dans ses diverses œuvres. Le nombre croissant d'ouvrages universitaires consacrés à l'œuvre de Shafak témoigne de l'intérêt constant des chercheurs pour les implications significatives de ses écrits. À mesure que l'impact de Shafak sur le paysage littéraire mondial s'étend, les points de vue critiques et académiques sur ses contributions sont susceptibles d'influencer les récits, les études et les discussions culturelles à venir, soulignant ainsi sa position centrale dans la littérature moderne.

Réflexions sur la citoyenneté mondiale à travers le conte

Il va sans dire que le conte est depuis longtemps un moyen puissant de jeter des ponts et de nourrir l'empathie entre différentes cultures. Si l'on considère l'ensemble de l'œuvre d'Elif Shafak, il apparaît clairement que ses histoires transcendent les simples limites géographiques et idéologiques. Au contraire, les lecteurs sont invités à réfléchir à la nature multiforme de l'existence humaine, notamment dans le contexte du déplacement, un sujet particulièrement pertinent dans les études sur les migrations à l'heure actuelle (Carole A. Martin et al., 2024). Les contes de Shafak explorent en effet des thèmes communs tels que l'amour, la perte, l'identité et les inégalités sociales. Son œuvre transcende les divisions culturelles et trouve un écho auprès d'un lectorat mondial. En explorant les complexités des émotions humaines et le fonctionnement de la société, sa littérature sert de passerelle pour favoriser la citoyenneté mondiale, ainsi que la prise de conscience de l'impact de la migration sur l'identité et les récits (Thomas Kühne et al., 2023).

Très souvent, les protagonistes de Shafak naviguent entre des identités complexes dans un monde de plus en plus globalisé, aux prises avec des questions d'appartenance et de déplacement qui sont aujourd'hui plus pertinentes que jamais. Ces thèmes sont pertinents non seulement pour les personnes ayant vécu des expériences similaires, mais aussi pour celles qui cherchent à comprendre des perspectives différentes des leurs , ce qui favorise l'empathie et la prise de conscience. En effet, en présentant des détails subtils sur le mélange des cultures et la recherche universelle d'appartenance, Shafak motive les lecteurs à adopter l'empathie et la compréhension en tant qu'éléments clés de la citoyenneté mondiale. Les personnages complexes de l'auteure, d'origines diverses, transcendent les frontières physiques et suscitent un sentiment d'humanité partagée chez ses lecteurs.

En outre, la narration de Shafak offre une plateforme permettant de remettre en question les stéréotypes et de démanteler les notions préconçues sur les communautés, incitant les lecteurs à affronter les aspects difficiles liés à la migration et à l'identité (Carole A. Martin et al., 2024). En révélant les subtilités des relations humaines et des constructions sociétales, elle amène les lecteurs à remettre en question leurs propres préjugés et hypothèses. Ce faisant, elle se fait la championne d'une société mondiale plus inclusive et plus sympathique, qui embrasse la diversité tout en reconnaissant ce que nous partageons tous en tant qu'êtres humains. À travers ses récits, Shafak encourage les lecteurs à s'engager de manière critique dans le monde, ce qui leur permet de mieux comprendre les complexités inhérentes à notre paysage mondialisé, qui est continuellement façonné par les migrations. En outre, l'exposition à des récits issus de paysages culturels divers permet aux individus de développer une compréhension plus approfondie de la citoyenneté mondiale, un sujet fréquemment abordé dans le contexte de l'interaction entre le déplacement et l'identité dans la littérature moderne (Thomas Kühne et al., 2023). En se plongeant dans des histoires qui transcendent les frontières et les traditions, les lecteurs ont la possibilité d'élargir leur compréhension et leur appréciation de la diversité des expériences qui composent la condition humaine.

D'une manière générale, l'œuvre d'Elif Shafak offre aux lecteurs la possibilité d'élargir leurs perspectives et, dans la plupart des cas, d'acquérir une compréhension plus profonde de la manière dont les expériences humaines sont interconnectées, ce qui incarne le concept de citoyenneté mondiale. Les récits de Shafak sont autant de fenêtres ouvertes sur la vie de personnes issues de cultures diverses, qui nous aident à apprécier la complexité de la vie humaine (Julie M. Hansen, 2024). Au fil des récits de Shafak, les lecteurs sont encouragés à faire preuve de tolérance, de compréhension et de solidarité entre les différentes communautés. Essentiellement, l'approche narrative de Shafak favorise un sentiment de responsabilité sociale et d'interconnexion, incitant les lecteurs à reconnaître leur rôle en tant que citoyens du monde. À travers ses histoires, elle souligne l'importance de s'engager avec empathie dans les vérités complexes du monde que nous partageons, un concept qui rejoint les conversations actuelles sur la représentation littéraire et les échanges culturels (Hansen, J., 2024). En naviguant sur la scène mondiale en constante évolution, la littérature de Shafak témoigne de la façon dont la narration peut nous transformer en une communauté mondiale plus inclusive, plus empathique et plus harmonieuse.

Réflexions finales : L'héritage d'Elif Shafak

L'influence d'Elif Shafak en tant qu'écrivaine est considérable, car elle démontre la capacité de la narration à surmonter les différences et à relier les cultures. Grâce à son écriture émouvante et à ses récits qui incitent à la réflexion, Elif Shafak a créé un impact durable qui va au-delà des livres, touchant des personnes du monde entier (Thomas Kühne et al., 2023). Elle explore courageusement des sujets sociaux difficiles, en les mêlant à des détails culturels et historiques, ce qui fait d'elle une figure culturelle importante. En se penchant sur son travail, il est clair que l'héritage de Shafak va au-delà de ses écrits ; elle suscite des discussions importantes et favorise la compréhension dans notre monde de plus en plus connecté.

Un aspect essentiel de l'héritage de Mme Shafak est son engagement inébranlable en faveur de la justice sociale et des droits de l'homme. Elle a parlé sans crainte du féminisme, des droits des minorités et de la liberté d'expression dans ses romans, ses essais et ses apparitions publiques. Shafak a été le moteur d'un changement positif en donnant une voix à ceux que l'on n'entend pas et en remettant en question les normes sociétales (Munn L, 2023). Son travail continu pour relier les gens et promouvoir l'inclusion a eu un impact profond sur le monde littéraire, motivant les générations futures à utiliser les mots pour le bien. En outre, la collection d'œuvres littéraires de Shafak prouve que la littérature peut favoriser l'empathie et la compréhension. Elle crée habilement des histoires qui transcendent les frontières géographiques, culturelles et temporelles, nous invitant à comprendre des personnages d'origines diverses, ce qui favorise l'empathie et la bonté. Ses histoires ont un impact durable parce qu'elles font tomber les murs, encouragent la conversation et remettent en question nos idées reçues.

Ainsi, l'héritage d'Elif Shafak s'étend au-delà des livres individuels, influençant les discussions littéraires contemporaines et inspirant une communauté mondiale de lecteurs et de penseurs engagés. Lorsque l'on considère l'héritage d'Elif Shafak, il est essentiel de reconnaître à quel point son œuvre reste pertinente et d'actualité. Grâce à un savant mélange de profondeur historique et de pertinence moderne, Shafak a écrit des histoires qui semblent intemporelles, offrant des réflexions sur ce que signifie être humain et sur nos espoirs et nos rêves communs. Ses personnages forts et complexes et sa narration immersive ont non seulement diverti mais aussi éduqué les gens, marquant ainsi de manière significative le monde littéraire. D'une manière générale, l'héritage de Shafak nous incite à accepter les complexités du monde, nous encourageant à réfléchir en profondeur et à relever les défis de notre humanité commune.

La narration d'Elif Shafak est considérablement enrichie par l'intertextualité, un élément clé qui lui confère une profondeur et une complexité considérables. Shafak entrelace habilement ses récits avec un large éventail d'allusions culturelles, littéraires et historiques. Il ne s'agit pas de simples clins d'œil ; ils sont soigneusement choisis pour mettre en évidence la façon dont les histoires, à travers différentes époques, se reflètent et s'influencent les unes les autres. Cela encourage les lecteurs à aller plus loin, à explorer les couches intellectuelles qui relient ces contes et à renforcer leur pertinence humaine intemporelle (Hansen, J., 2024). En effet, Shafak utilise l'intertextualité comme un pont. Elle relie les époques et les lieux géographiques, fusionnant les méthodes de narration ancestrales avec les discussions actuelles, à l'instar de ce que l'on trouve dans les analyses des mondes multilingues et des thèmes interconnectés au sein des récits (Kübra ÇELİK, 2023). Cette imbrication enrichit l'expérience globale et nous incite, en tant que lecteurs, à reconnaître les subtilités inhérentes à la condition humaine, comme en témoigne l'ensemble de son œuvre.

Références

- Alshehri, Ameerah Saleh (2022). Marvellous real in the Middle East : a comparative study of magical realism in contemporary women's fiction. https://core.ac.uk/download/492500196.pdf

- Atul Kumar Kanojia (2025). La littérature postcoloniale dans le cinéma mondial : A Review of Themes, Representation, and Cultural Translation (La littérature postcoloniale dans le cinéma mondial : un examen des thèmes, de la représentation et de la traduction culturelle). Integrated Journal for Research in Arts and Humanities. https://www.semanticscholar.org/paper/c6bebd596ae5465ecbe24501de0337d3736ab55c

- Barbara Götsch (2014). Cognition around the world. Volume(5). Frontiers in Psychology. https://www.semanticscholar.org/paper/a338e6c4ba342f60182bc48b5f92290434a7670c

- Barış Can Aydın (2024). Çeviri, Kent ve Göç Üzerine Bir Örnek İncelemesi : Elif Şafak'ın 'Honour' (İskender) Romanının Türkçeye Çevirisi. Volume(6), 41-57. Karamanoğlu Mehmetbey Üniversitesi Uluslararası Filoloji ve Çeviribilim Dergisi. https://doi.org/10.55036/ufced.1443266

- Carole A. Martin, Nuha Askar, Ben Rawlence, Radwa Ashour, Thomas Richard, Yael Bartana, Giacomo Paci, et al. (2024). Déplacement, Emplacement et Migration : une collection interdisciplinaire d'essais. Schriften aus der Fakultät Geistes- und Kulturwissenschaften der Otto-Friedrich-Universität Bamberg. https://doi.org/10.20378/irb-58625

- Charitha Dissanayake (2024). "Restez à l'écoute ! M/C Journal. https://www.semanticscholar.org/paper/8ff2aec1b6cee9ed8fdfdafb95a12c92caf926e1

- Cheikosman, Fidan Lurin (2024). La turcité genrée dans l'Istanbul quotidien à travers les littératures d'Elif Shafak et d'Orhan Pamuk dans une perspective esthétique, féministe et socioculturelle. https://core.ac.uk/download/614993785.pdf

- Elena Furlanetto (2017). Vers une littérature américaine turque. https://core.ac.uk/download/478115334.pdf

- Elena Furlanetto (2025). Vers la littérature turco-américaine. https://core.ac.uk/download/344665655.pdf

- Emily Underwood-Lee, Lena Šimić (2022). Mothering Performance. Routledge eBooks. https://doi.org/10.4324/9781003231073

- Furlanetto, Elena (2017). Vers une littérature américaine turque. https://core.ac.uk/download/478115334.pdf

- Furlanetto, Elena (2025). Vers la littérature turco-américaine. https://core.ac.uk/download/344665655.pdf

- Gys-Walt van Egdom (2024). Bridging Linguistic Divides ? A Critical Exploration of Machine Translation's Role in Fostering Cross-Cultural Accessibility in Literature. Íkala, Revista de Lenguaje y Cultura. https://www.semanticscholar.org/paper/5360c05a165222fd3cefacae922fd35c589da409

- H. Ovsianytska (2025). Female Dimension of Traumatic Experience in Kateryna Kalytko's Poetry (Dimension féminine de l'expérience traumatique dans la poésie de Kateryna Kalytko). PROCESSUS LITERAIRE : méthodologie, noms, tendances. https://www.semanticscholar.org/paper/b3c33473b79d2990e7486ca14fe227de2d25ffe7

- Jagriti Sharma (2024). Reception of Elif Shafak's Selected Works in Different Cultural and Linguistics Context (Réception des œuvres sélectionnées d'Elif Shafak dans différents contextes culturels et linguistiques). International Journal For Multidisciplinary Research. https://www.semanticscholar.org/paper/8bc2052a1067a5a879bfac4977f922462c0761c2

- Julie Hansen (2024). Reading Novels Translingually. Academic Studies Press eBooks. https://doi.org/10

.1515/9798887193861

- Julie M. Vinter Hansen (2024). Chapter 3 Translingual Protagonists Go Global. Academic Studies Press eBooks. https://doi.org/10.1515/9798887193861-005

- Kat Fuller (2023). Book Reviews : Red Pilled : The Allure of Digital Hate ; Luke Munn. Volume(26), 600-602. New Media & Society. https://doi.org/10.1177/14614 448231199180

- Luke Munn (2023). Red Pilled - The Allure of Digital Hate. https://doi.org/10.14361/9783839466735

- Majid Mgamis, Nadia Mohammad (2024). Fluidité et ambiguïté de l'identité musulmane : A Focus on Mohsin Hamid's The Reluctant Fundamentalist and Elif Shafak's The Forty Rules of Love. Théorie et pratique des études linguistiques. https://www.semanticscholar.org/paper/e8a578f78b50de3b6eeb23ba88f8fed37622b6eb

- Maria Luisa Di Martino (2024). Mujeres migrantes y reescrituras autobiográficas Migrant Women and Autobiographical Rewriting. https://doi.org/10.30687/978-88-6969-831-6

- Mironescu, Andreea (2017). Quiet Voices, Faded Photographs : Remembering the Armenian Genocide in Varujan Vosganian's 'The Book of Whispers'. https://core.ac.uk/download/111012737.pdf

- N. Song, Mayujuan He (2020). Minority Festivals and Psychological Analysis of Cultural Identity--Tak-

- ing Dai Water-sprinkling Festival as an Example. https://www.semanticscholar.org/paper/3318896a3ade4cd388fcaa1bf580e1809c124c8a

- Neriman Kuyucu (2020). Espaces transnationaux, lieux de transition : Muslimness in contemporary literary imaginations. https://doi.org/10.32469/10355/78080

- O'Leary, TE (2007). Les périls de l'expérience : Sensation in Joyce's a Portrait of the Artist as a Young Man. https://core.ac.uk/download/37949467.pdf

- Pam Morris (2024). Border Politics in Novels by European Women in Translation. https://www.semanticscholar.org/paper/a575ae30c3fddb0fd47bfe75901e38e38af1e73d

- Poole, Ralph J. (2022). Queer Turkey : Transnational Poetics of Desire. https://core.ac.uk/download/541159928.pdf

- Ralph J. Poole (2022). Queer Turkey : Transnational Poetics of Desire. https://core.ac.uk/download/541159928.pdf

- S. L. Jame, C. Nageswari, S. Jayaprakash, E. Punarselvam, R. Meenakshi, M. Muthulekshmi (2025). Breaking Language Barriers for Real-Time Translation Solutions in Tourism Using Cloud Computing and AI. 2025 3rd International Conference on Intelligent Systems, Advanced Computing and Communication (ISACC). https://www.semanticscholar.org/paper/f

9a42dae4666e555eb0170102218d6a9de96de81

- S. Saleh, M. Khasawneh, Eid Awad Abd Elsayed Hassan, Sayed M. Ismail (2025). Examen critique des approches herméneutiques de la langue et de la traduction : Theoretical Foundations, Interpretative Challenges, and Implications for Cross-Cultural Communication. Forum for Linguistic Studies. https://www.semanticscholar.org/paper/453f41499fa75fe0974447ad11f13d94425e8ec0

- Sabiha Nahid, Dr. Tandra Das (2025). Exploration de l'intersection de l'hybridité et du soufisme dans le roman d'Elif Shafak, The Forty Rules of Love. ShodhPatra : International Journal of Science and Humanities. https://www.semanticscholar.org/paper/584c24bb0946aab74a1ec43c3dc5f2fd94a63a71

- Samuli Schielke, Mukhtar Saad Shehata (2021). Shared Margins. De Gruyter eBooks. https://doi.org/10.1515/9783110726305

- Shabeer Ahmad Shah, Chetana Pokhriyal (2024). CULTURAL AND STYLISTIC ISSUES IN TRANSLATION : A COMPARATIVE STUDY OF FAIZ AHMAD FAIZ'S GHAZAL DIL MEIN AB YUN TERE BHOOLE HUWE GHAM AATE HAIN BY AGHA SHAHID ALI AND SHIV K. KUMAR. JOURNAL OF ENGLISH LANGUAGE AND LITERATURE. https://www.semanticscholar.org/paper/7440fc1d49071367a6309affc1c58231a550f9e6

- Shahnila Tariq, Syed Kumail Abdi (2023). WISDOM INHERENT IN MYSTICAL PHILOSOPHY : A CRIT-

ICAL DISCOURSE ANALYSIS OF SHAMS TABRIZI'S FIRST SIX RULES OF SPIRITUAL LOVE FROM THE FORTY RULES OF LOVE BY ELIF SHAFAK. Volume(39), 497-508. Gomal University Journal of Research. https://doi.org/10.51380/gujr-39-04-09

- Snober Zahra, Abeera Hassan, Abdul Bari Khan, Hafiza Sana Mansoor (2023). Equivalence, transposition, modulation et adaptation dans la traduction anglaise ou ourdou de Shafak's Honour. Volume(4), 265-280. International Journal of Linguistics and Culture. https://doi.org/10.52700/ijlc.v4i2.205

- Snober Zahra, Abeera Hassan, Abdul Bari Khan, Hafiza Sana Mansoor (2023). Equivalence, transposition, modulation et adaptation dans la traduction anglaise ou ourdou de Shafak's Honour. International Journal of Linguistics and Culture. https://www.semanticscholar.org/paper/a273e864e1b23d3f677fef89a0e8ee2ce003b3f5

- Stevenson, Caroline (2023). Nous ne sommes que des ombres : Stories of Immigration in London's East End. https://ualresearchonline.arts.ac.uk/id/eprint/20237/8/Orta_Traces_Catalogue_A5_Digital.01.pdf

- Thomas Kühne, Mary Jane Rein, Marc A. Mamigonian (2023). Documenter le génocide arménien. Palgrave studies in the history of genocide. https://doi.org/10.1007/978-3-031-36753-3

- V. Zyryanov, T. Shevyakova, G. Kozhbayeva (2025). Translation Challenges of Linguacultural Complexity and Genre Hybridity of "Beloved" by T. Morrison. https://www.semanticscholar.org/paper/2e4699d5f3ac07fa3e5d49e61dc0725afe0e46bb

- Yiğit, Ali (2024). Dépolariser le polarisé : Elif Shafak's Three Daughters of Eve and Turkey. https://core.ac.uk/download/613947798.pdf

A propos de l'auteur

Buraq est le pseudonyme d'un écrivain, poète et journaliste arabe chevronné, bien connu des milieux culturels et artistiques de Beyrouth au début des années 1980. Il écrivait pour les pages culturelles des journaux et magazines libanais, s'intéressant en particulier aux artistes, écrivains et intellectuels occidentaux qui étaient à l'avant-garde dans leurs pays respectifs à l'époque. Parmi eux, Gilles Deleuze, Félix Guattari, Michel Foucault, Heidegger, Hölderlin, Pierre de Castres, Georges Bataille, Andy Warhol, Yanis Ritsos, Nazim Hikmat, William Burroughs et la Beat Generation - le groupe "contre-culturel" - ainsi que d'autres personnalités que Buraq a présentées à ses lecteurs. Buraq a traduit certains de ces écrivains et a publié leurs œuvres dans le monde arabe via Beyrouth.

Buraq est titulaire de deux maîtrises en littérature (anglais et arabe). Il vit à Paris (France).

Autres livres de l'auteur publiés par Global East-West :
Hermann Hesse : Pèlerin du voyage intérieur.
Kafka : L'architecte de l'angoisse existentielle.

www.ingramcontent.com/pod-product-compliance
Lightning Source LLC
Chambersburg PA
CBHW020517080526
44583CB00013B/627